Rasso Knoller

KOPENHAGEN

MIT MALMÖ UND ÖRESUND

„Gutmütigkeit und Mäßigkeit sind die hervorstechenden Eigenschaften der Bevölkerung."
Meyers Konversationslexikon von 1890 über die Einwohner Kopenhagens

IMPRESSUM

Rasso Knoller

KOPENHAGEN
mit Malmö und Öresund

Reise Know-How Verlag Peter Rump GmbH
Osnabrücker Str. 79, 33649 Bielefeld

1. Auflage 2007

Gestaltung
Umschlag: M. Schömann, P. Rump (Layout); K. Werner (Realisierung)
Inhalt: U. Kögerler
Fotos: siehe Bildnachweis Seite 214
Karten: A. Medvedev

Lektorat: U. Kögerler

Druck und Bindung
Media-Print, Paderborn

ISBN 978-3-8317-1514-5

Printed in Germany

Dieses Buch ist erhältlich in jeder Buchhandlung Deutschlands, der Schweiz, Österreichs, Belgiens und der Niederlande. Bitte informieren Sie Ihren Buchhändler über folgende Bezugsadressen:

Deutschland: Prolit GmbH, Postfach 9, D-35461 Fernwald (Annerod) sowie alle Barsortimente
Schweiz: AVA-buch 2000, Postfach, CH-8910 Affoltern
Österreich: Mohr Morawa Buchvertrieb GmbH, Sulzengasse 2, A-1230 Wien
Niederlande, Belgien: Willems Adventure, Postbus 403, NL-3140 AK Maassluis

Wer im Buchhandel trotzdem kein Glück hat, bekommt unsere Bücher auch im Internet:
www.reise-know-how.de

Wir freuen uns über Kritik, Kommentare und Verbesserungsvorschläge:
info@reise-know-how.de

INHALT

Wir haben die Sehenswürdigkeiten mit Sternen versehen, damit der Leser schnell erfassen kann, wo die Höhepunkte der Stadt zu finden sind. Nicht besuchenswerte Sehenswürdigkeiten gibt es in unserem Buch jedoch nicht, sonst hätten wir sie nicht erwähnt.

★★★ *Die mit drei Sternen bewerteten Kirchen, Plätze, Museen und Schlösser sollte man auf keinen Fall verpassen. Sie machen Kopenhagen aus und bilden sozusagen das Netzwerk, das die Stadt zusammenhält.*

★★ *Mit zwei Sternen haben wir all das gekennzeichnet, was zwar besonders sehenswert, aber vielleicht nicht für jeden Besucher interessant ist.*

★ *Orte mit einem Stern gehören zu den wichtigen Sehenswürdigkeiten der Stadt, sind aber doch nur für Besucher mit einem ausgeprägten Interesse an dieser bestimmten Sehenswürdigkeit zu empfehlen.*

EXKURSE ZWISCHENDURCH

KARTEN UND PLÄNE

HINWEISE ZUR BENUTZUNG

Die Sehenswürdigkeiten werden u. a. im Abschnitt „Kopenhagen entdecken" beschrieben und mit einer fortlaufenden Nummer, z. B. ❶*, und dem Planquadrat, z. B.* [D3]*, gekennzeichnet. Die Nummer ist sowohl im Cityatlas als auch in den Detailkarten eingetragen und findet sich auch im Text, z. B.* ❶*, wieder.*
Weitere beschriebene Örtlichkeiten wie Informationsstellen, Theater usw. sind in den Detailkarten eingetragen. Die Angabe in eckigen Klammern, z. B. [II D3]*, verweist auf die Detailkarte (hier* II*) und das Planquadrat (hier* D3*). Steht in der eckigen Klammer lediglich das Planquadrat, so befindet sich die Örtlichkeit außerhalb der Detailkarten, aber innerhalb des Cityatlas.*
Adressen ohne Angabe des Planquadrats befinden sich außerhalb des vom Cityatlas abgedeckten Gebietes.

DAS BESTE AUF EINEN BLICK

Kopenhagen ist eine kleine Hauptstadt. Selbst in einem halben Tag kann man daher schon viel erleben. Anderseits jedoch bietet die Stadt auch genügend Interessantes und Sehenswertes für drei Tage oder gar eine Woche.

In diesem Kapitel findet der Leser Hinweise darauf, wie man seine Zeit in der dänischen Hauptstadt am besten nutzen kann – ganz egal, ob man nur wenige Stunden, einen ganzen oder mehrere Tage hier verbringt.

KOPENHAGEN AN EINEM TAG – DURCH DAS ZENTRUM VON KOPENHAGEN

Ein Tag ist zwar sehr wenig Zeit, um Kopenhagen wirklich kennenzulernen. Da das Zentrum der Stadt jedoch sehr kompakt ist, kann man selbst in Kürze einiges erleben.

MORGENS

Nach dem Frühstück im Hotel geht es frisch gestärkt auf zum Stadtrundgang. Ausgangspunkt ist der Bahnhof. Nur wenige Schritte sind es von dort bis zur **Ny Carlsberg Glyptotek** ❷. Besonders seit der Renovierung im Jahr 2005 ist das Museum eine ausgiebige Besichtigung wert. Man könnte dort leicht einen ganzen Vormittag verbringen, aber auch wenn draußen die Sonne lockt und die Zeit drängt, sollte man sich etwas Zeit nehmen und einen Blick in die Säle im Anbau (Nr. 56–66) werfen. Dort hängen die Werke der französischen Impressionisten – es lohnt sich.

Der Weg geht weiter Richtung **Slotsholmen** ❺, dem Ort in Kopenhagen, an dem sich die meisten Sehenswürdigkeiten ballen: **Schloss Christiansborg** ❻, eine ganze Reihe von Museen und die neu erbaute **Königliche Bibliothek** ❿. Jeder findet hier etwas nach seinem Geschmack und schnell ist der Vormittag vorbei. Weiter führt der Rundgang dann zum **Kongens Nytorv** ⓮ und dem benachbarten **Nyhavn** ⓱.

MITTAGS

Nach dem vormittäglichen Besichtigungsprogramm ist Nyhavn der ideale Ort für ein Mittagessen. Entlang des Kanals liegt ein Restaurant am anderen. Die Speisenauswahl ist von Lokal zu Lokal unterschiedlich, die Aussicht auf den Kanal und die bunten Häuser an seinem Ufer aber überall gleichermaßen gut. Im Sommer sitzt man hier gemütlich draußen in der Sonne. Fischliebhaber kehren vorzugsweise in *Nyhavns Færgekro* 3 ein, der für sein preisgünstiges Heringsbuffet bekannt ist.

Nach dem Essen geht es mit dem Boot weiter. Von Nyhavn legen die **Rundfahrtboote** und die städtischen Wasserbusse ab. Egal, ob man sich für die kommerziellen Touren mit Kommentar oder eine Fahrt auf den Linienbooten entscheidet, der Blick auf **Kopenhagen vom Wasser aus** lohnt auf jeden Fall. Außerdem bekommt man auf den Rundtouren auch Sehenswürdigkeiten zu Gesicht, die man wegen der Kürze der Zeit während eines nur eintägigen Aufenthalts nicht sehen würde. Nach ein- bis eineinhalb Stunden ist man wieder in Nyhavn zurück und es bleibt noch genügend Zeit, um einen kurzen Abstecher zur **Marmorkirche** ㉘ und zum **Schloss Amalienborg** ㉙ zu machen. Den etwas mühsamen Aufstieg zur Kuppel der Kirche sollte man auf sich nehmen, im milden Licht des Nachmittags hat man von hier oben einen herrlichen Blick über die Innenstadt.

Wer unbedingt die **Kleine Meerjungfrau** ㉛ sehen will, der erreicht sie am ehesten von hier aus – bis zu ihr ist es eine halbe Stunde strammer Fußmarsch oder man nimmt das Taxi. Man sollte jedoch nicht zu viel erwarten: Die Meerjungfrau ist zwar berühmt, aber ansonsten vor allem klein.

Den verbleibenden Nachmittag nutzt man zu einem Bummel durch die **Einkaufszone Strøget** ⓲, einer der größten Fußgängerzonen Europas. Hier kann man jedoch nicht nur gut einkaufen, sondern zugleich den Puls der dänischen Hauptstadt fühlen. Am Amagertorv liegen nicht nur Edelgeschäfte, hier trifft sich auch die Szene der Straßenmusiker, Clowns und Jongleure.

Wie von der Kuppel der Marmorkirche aus hat man auch vom **Runden Turm** ⓴, der nur wenige Meter abseits der Einkaufsmeile liegt, einen schönen Blick über die Innenstadt. Hier geht es nicht über Treppen, sondern über einen gepflasterten Schneckengang nach oben.

ABENDS

Hungrig nach dem Stadtrundgang? Dann ist der **Gråbrødretorv** ㉔ mit seinen Restaurants der richtige Ort um zu Abend zu essen. Leicht kann es in den gemütlichen Kneipen spät werden. Wer aber noch mehr erleben will, macht sich nach dem Essen auf zum **Tivoli** ❶. Nach einem etwa 15-minütigen Spaziergang, der auch am **Rathaus** ㉗ vorbeiführt, erreicht man den Vergnügungspark, der zu den bekanntesten Sehenswürdigkeiten der Stadt zählt. Besonders in den Nachtstunden, wenn alles hell erleuchtet ist, ist der Park einen Besuch wert. Wer will, kann hier gut zu Abend essen. Im Unterschied zu Deutschlands Rummelplätzen ist die Restaurantauswahl vielfältig: Von einfach bis luxuriös findet man hier alles.

001kh Abb.: WoCo/Christian Alsing

▶ *Kopenhagen vom Wasser aus: Bei knapper Zeit eine gute Lösung*

KOPENHAGEN AN EINEM WOCHENENDE

Bei einem zweitägigen Kopenhagenaufenthalt kann man etliche Sehenswürdigkeiten erleben – und es bleibt auch Zeit genug, interessante Orte zu besuchen, die außerhalb der Innenstadt liegen.

1. TAG

Siehe „Kopenhagen an einem Tag“.

2. TAG: NACH CHRISTIANSHAVN UND HOLMEN

Vormittags

Der zweite Tag beginnt gemütlich in einem der Cafés in der Wildersgade oder der Overgaden neden Vandet im Stadtteil **Christianshavn.** Danach geht es zur **Vor Frelsers Kirche** 39, die wegen ihrer an der Außenseite zur Turmspitze hinaufführenden Wendeltreppe bekannt ist. Schwindelfrei? Dann auf zur Turmbesteigung. Der nächste Programmpunkt ist **Christiania** 41. Die „Stadt“ der Hausbesetzer liegt nur ein paar Gehminuten von der Kirche entfernt und zählt zu den meistbesuchten Sehenswürdigkeiten Kopenhagens. In der Hippie-Republik kann man handgemachte Souvenirs kaufen und danach in einem der vielen Restaurants einkehren.

Mittags

Gestärkt geht es weiter zur Halbinsel Holmen und von dort zur **Neuen Oper** 44. Erbaut von dem Architekten *Hennig Larsen,* zählt sie mittlerweile zu den bekanntesten modernen Gebäuden Europas. Vor der Oper legt der Wasserbus ab, mit dem man zur Statue der **Kleinen Meerjungfrau** 31 hinausfahren oder sich nach **Nyhavn** 17 bringen lassen kann. Wer hier am Vortag schon zu Mittag gegessen hat, wird in einem der Restaurants vielleicht nochmals eine Pause einlegen wollen.

Abends

Kopenhagen ist eine Hochburg des Jazz. Was läge da näher, als im **Copenhagen Jazz House** [8] in der Niels Hemmingsen Gade 10 einen Abend zu verbringen? Hier treten häufig internationale Stars auf. Mit Fachleuten durch die Kopenhagener Jazzszene ziehen kann man übrigens auf den Touren der Jazz Guides (www.jazzguides.dk).

002kh Abb.: rk

▶ *Die Wendeltreppe an der Vor Frelsers Kirche ist nur etwas für Schwindelfreie!*

KOPENHAGEN IN FÜNF TAGEN

Wer fünf Tage in Kopenhagen bleibt, hat genügend Zeit, auch die Umgebung der Stadt zu erkunden und über die Öresundbrücke hinüber nach Schweden zu fahren.

Nach dem Programm für die ersten beiden Tage steht am dritten Tag eine Rundfahrt um den Öresund auf dem Programm. Wer früh aufbricht, kann diese Tour sowohl mit dem eigenen Wagen als auch mit dem Zug (siehe „Praktische Reisetipps Kopenhagen") an einem Tag schaffen. Besser wäre es allerdings, man könnte sich für die Tour zwei oder mehr Tage Zeit lassen.

1. UND 2. TAG

Siehe „Kopenhagen an einem Wochenende".

3. TAG: RUNDFAHRT UM DEN ÖRESUND

Morgens

Man verlässt Kopenhagen am besten schon am frühen Morgen mit gepacktem Picknickkorb. In Hellerup, nur wenige Kilometer hinter der Stadtgrenze, wartet die erste Sehenswürdigkeit: **Danmarks Aquarium**, eines der schönsten Aquarien Europas. Es öffnet zwar erst um 10 Uhr morgens seine Pforten, aber da es am Meer liegt, kann man dort auf einer Wiese frühstücken. Auch der Hirschpark **Jægerborg Dyrehave**, nur einige Kilometer weiter in Klampenborg, ist ein schöner Ort für ein Picknick oder einen morgendlichen Spaziergang (beide 61).

Frisch gestärkt geht es weiter zum **Karen Blixen Museum** 62 in Rungstedlund. Hier ist die berühmte Schriftstellerin aufgewachsen und kehrte auch nach ihrem Afrikaaufenthalt wieder hierher zurück. Alternativ lockt **Louisiana** 63, eines der beeindruckendsten Museen moderner Kunst in Nordeuropa. Es liegt ein paar Autominuten weiter nördlich und lohnt einen Besuch.

Mittags

Rechtzeitig zum Mittagessen erreicht man **Helsingør** 64. Im Restaurant *Madam Sprunck* in der Stengade 48 isst man gut – vorzugsweise dänisch oder italienisch. Im Sommer kann man draußen im Garten sitzen. Wer an einem Tag die ganze Öresundrundfahrt schaffen will, wird seinen Helsingørbesuch aufs Nötigste, also den Besuch des Hamletschlosses **Kronborg** und der kleinen **Altstadt**, beschränken müssen. Die kurze Fährüberfahrt nach Helsingborg sollte man an Deck des Schiffes verbringen, denn vom Wasser aus hat man einen tollen Blick zurück auf Schloss Kronborg.

Tipp: Man kann auch an Bord der Fähre zu Mittag essen. Die Schiffsrestaurants bieten sehr gutes Essen und wer nach der kurzen Überfahrt noch Reste auf dem Teller hat, fährt einfach so lange hin und her über den Sund, bis er gemütlich aufgegessen hat. Egal, wie oft man auf diese Weise zwischen Helsingør und Helsingborg hin- und herfährt, bezahlt werden muss nur für eine Überfahrt.

Die Hauptsehenswürdigkeit **Helsingborgs** 104 ist **Dunckers Kulturhus** 107. Weiter geht es die schwedische Küste entlang wieder Richtung Süden. Wer Zeit hat, sollte den **Dom von Lund** 98 auf alle Fälle in sein Programm aufnehmen. Die

Universitätsstadt lohnt ohnehin einen längeren Aufenthalt. Wer inzwischen wieder Hunger bekommen hat, findet hier einige sehr schöne Cafés.

Am späten Nachmittag erreicht man **Malmö.** Dort, in der drittgrößten Stadt Schwedens, könnte man auch ein paar Tage verbringen. Im Zuge der eintägigen Öresundrundfahrt beschränkt man sich aber auf die Hauptsehenswürdigkeiten: Die **Festung Malmöhus** 83, den **Turning Torso** 85 und den **Rathausplatz** 72.

Abends

Zum Abendessen bleibt man in Malmö. Am netten **Lilla torg** 76 reiht sich ein Restaurant an das andere, im Sommer kann man hier gemütlich draußen sitzen. Gut, dass im Norden die Sommernächte lang sind, denn dann kann man auch auf der Rückfahrt Richtung Kopenhagen noch den grandiosen Blick von der **Öresundbrücke** genießen.

4. TAG: KOPENHAGENS UMLAND MIT ROSKILDE

Dieser Ausflug ins Kopenhagener Umland führt unter anderem zu einem spektakulären Schloss, Dänemarks wichtigster Kirche und alten Wikingerschiffen.

Morgens

Wieder verlässt man Kopenhagen in Richtung Norden. Diesmal aber folgt man der Straße 6 nach Hillerød. Die Stadt selber lohnt allenfalls einen kurzen Aufenthalt, für das **Schloss Frederiksborg** 65 sollte man sich aber länger Zeit nehmen. Es wurde zu Beginn des 17. Jahrhunderts erbaut und gilt als das schönste Renaissancegebäude des Landes. Wenige Kilometer vor den Toren der Stadt liegt ein zweites Schloss: **Fredensborg** 66 am Esrum See kann zwar nur im Juli besichtigt werden, der barocke Schlossgarten lohnt aber auch so einen Besuch. Über

Nebenstraßen erreicht man am Nordufer des Sees das **Kloster Esrum** 67.

Mittags

Das Klosterrestaurant *Broder Rus' Kælder* ist die ideale Zwischenstation für die Mittagspause. Nach der Klosterbesichtigung geht es weiter in Richtung **Roskilde** 68. Wer dorthin fährt, besucht vor allem den Dom aus dem 12. Jahrhundert mit den Königsgräbern und das Wikingerschiffmuseum.

Abends

Zum Abendessen ist der *Raadhuskælderen* in Roskilde eine gute Adresse. Die Karte bietet eine Mischung verschiedener europäischer Küchen, die Einrichtung ist sehr modern und bildet einen interessanten Gegensatz zum alten Gemäuer. Vor der Rückfahrt nach Kopenhagen bietet sich ein kleiner **Spaziergang entlang des Roskildefjords** an oder man bummelt alternativ Arm in Arm durch den Folkeparken.

5. TAG: DAS UNBEKANNTE KOPENHAGEN

Den letzten Tag der „Kopenhagenwoche" verbringt man wieder in der Stadt. Nachdem man in den ersten Tagen die bekannten Hauptsehenswürdigkeiten kennengelernt hat, führt der Rundgang nun in die weniger bekannten Stadtteile der dänischen Hauptstadt: Vesterbro, Frederiksberg und Nørrebro.

◄ *Die allgegenwärtige Öresundbrücke verbindet Dänemark und Schweden*

Morgens

Ausgangspunkt für den Spaziergang nach Vesterbro, Frederiksberg und Nørrebro ist der Hauptbahnhof. Von dort aus wendet man sich aber nicht in Richtung Innenstadt, sondern folgt der Vesterbrogade stadtauswärts. Dort kann man gleich das **Tycho Brahe Planetarium** 46 oder das **Stadtmuseum** 47 besuchen. **Vesterbro** ist aber eines der Szeneviertel Kopenhagens und hierher kommt man weniger, um Sehenswürdigkeiten zu besichtigen, sondern vielmehr, um in die lebhafte Atmosphäre einzutauchen. Vesterbro war früher der Rotlichtbezirk der Stadt, einige Erotikshops und Stripshows finden sich dort heute immer noch. Besonders in der Istedgade zwischen Gasværksvej und Hauptbahnhof hat die Erotikindustrie noch ihren festen Platz. Trotzdem ist Vesterbro ein Viertel, das man auch als alleinreisende Frau oder als Familie mit Kindern problemlos besuchen kann – und zwar zu jeder Tageszeit.

Das Café *Bang & Jensen* in der Istedgade 130 ist der ideale Ort fürs Frühstück (günstiges Frühstücksbuffet für 50 DKK, Mo.–Fr. 8–11 Uhr) oder für einen Kaffee zwischendurch. Frisch gestärkt geht es dann weiter zum Bummel in die Fußgängerzone der Dannebrogsgade, Matthæusgade und Vestre Gågade.

Mittags

Mit dem Bus 6A (der entlang der Vesterbrogade verkehrt) geht es weiter nach **Frederiksberg.** Nach dem Shopping kann man sich in **Frederiksbergs Have** [A5], einem großen Park, erst einmal erholen. Wer sein Picknick dabei hat, kann hier auch seine Mittagspause verbringen. Oder man stärkt sich vorher bei einem kleinen Imbiss im Hackenbusch 6.

Eine gute Grundlage sollte man sich aber schon verschaffen, denn als Nächstes steht eine Brauereibesichtigung auf dem Programm. Im Gamle Carlsberg Vej liegt die **Carlsberg Brauerei** 53. Dort wird von 10 bis 16 Uhr zur Führung mit anschließender Bierverkostung eingeladen. Achtung bei der Planung: Montags ist die Brauerei geschlossen.

Die Buslinie 18, die in der Valby Langgade nur wenige Schritte von der Brauerei losfährt, bringt die Passagiere zum nächsten Punkt der Besichtigungstour: den **Assistens Kirkegård** 54 im Stadtteil Nørrebro. Auf diesem parkähnlichen Friedhof, auf dem sich die Bewohner des Viertels auch schon mal zum Picknick verabreden, liegen viele berühmte Dänen begraben, darunter *Niels Bohr* und *Hans Christian Andersen*.

Abends

Nørrebro ist der ideale Stadtteil, um seinen Rundgang bei einem guten Glas Bier oder beim Essen ausklingen zu lassen. In diesem **Ausgehviertel** ist die Auswahl an Kneipen und Restaurants besonders groß. Beliebt ist die Gegend um die Elmegade. Dort liegt in der Hausnummer 15 The Laundromat 7, eine witzige Kombination aus Waschsalon und Lesekaffee, und hinter der Hausnummer 2 verbirgt sich Ølbaren 7, die Bierbar. Der Name ist hier Programm.

Bier spielt im *Nørrebro Bryghus* 7 (Ryesgade 3) ebenfalls eine große Rolle. In dieser Mikrobrauerei kann man die unterschiedlichsten selbstgebrauten Biersorten probieren und auch der Koch setzt den Gerstensaft immer wieder zur Verfeinerung der delikaten Speisen ein – so könnte der perfekte Abschluss eines langen Tages aussehen.

ZUR RICHTIGEN ZEIT AM RICHTIGEN ORT

JANUAR/FEBRUAR

- In Dänemark gibt es besonders viele Jazzliebhaber. Kein Wunder, dass die lange Reihe der Feste und Festivals mit dem **Vinterjazz** (www.vinterjazz.dk) beginnt. Ende Januar/ Anfang Februar findet an verschiedenen Orten im Land das zehntägige Jazz-Festival statt. Auch in Kopenhagen treten dann nationale und internationale Jazzgrößen auf.
- Im Februar wird auch in Kopenhagen **Karneval** (www.karneval.dk) gefeiert: **Fastelavn** ist vor allem ein Fest für Kinder, die verkleidet durch die Stadt ziehen.
  Im Süden von Kopenhagen, auf der Halbinsel Amager 56, finden zu Fasching traditionelle **Umzüge** statt. Um 10 Uhr morgens am Karnevalssonntag (in Dragør) bzw. Rosenmontag (in Store Magleby im Amagermuseet) versammeln sich festlich gekleidete Reiter auf geschmückten Rössern zu einem Ritt durch die Gemeinde. Zuvorderst reiten zwei Flaggenträger, die die dänische Flagge auf geschmückten Stangen tragen. Sie stoppen an vielen Häusern – überall dort, wo sie Halt machen, erhalten sie von den Gastgebern ein Glas Rumpunsch. Als Dank gibt es einen „Skålsang“, ein Trinklied. Um 16 Uhr folgt schließlich als Höhepunkt das „Katzenschlagen“ (siehe Exkurs).

APRIL

- Am 16. April wird der **Geburtstag der Königin** mit einer große Parade vor dem Schloss Amalienborg 29 gefeiert.

▶ *Kopenhagen-Marathon*

MAI

- Im Mai halten heiße Rhythmen und Sambaschulen im hohen Norden Einzug: Der **Alternative Pfingstkarneval** (www.karneval.dk), der etwas an den Karneval der Kulturen in Berlin und anderen deutschen Großstädten erinnert, steht an. Von Studenten in den 80er Jahren des 20. Jahrhunderts ins Leben gerufen, ist er heute fester Bestandteil des Festtagkalenders. An drei Tagen wird im Fælledparken gefeiert, den Abschluss bildet eine große Parade auf dem Strøget (18), die bis zu 100.000 Zuschauer anlockt.
- Jedes Jahr Ende Mai drängen sich beim **Kopenhagen-Marathon** Tausende Läufer durch die Straßen der Stadt (www.copenhagenmarathon.dk).

004kh Abb.: WoCo/Ted Fahm

„SLÅ KATTEN AF TØNDEN" – „KATZENSCHLAGEN"

Was sich brutal anhört, war ursprünglich tatsächlich ein nicht gerade tierfreundlicher Brauch: In einem Holzfass steckte eine lebendige Katze, am besten schwarz, denn dies symbolisierte das Böse und die dunklen Kräfte. Man schlug nun auf die Tonne ein, bis sie zerbrach und die Katze so aus der Stadt gejagt werden konnte. Heute wird beim Katzenschlagen nur noch ein Katzenbild auf das Fass aufgemalt, im Fassinneren selbst befinden sich hingegen Süßigkeiten. Abwechselnd dürfen die Kinder auf die so präparierte Tonne schlagen. Wer das letzte Holzbrett abschlägt, wird zum Katzenkönig gekürt – und bekommt Schokolade und Bonbons.

JUNI

- Rockmusik klingt im dänischen Sommer anlässlich vieler Festivals aus den Lautsprechern. Von Juni bis August finden im Amager Strandpark fast jeden Sonntag **Rockkonzerte** statt.
- Am 23. Juni feiert man an **Mittsommer** bzw. **St. Hans** den längsten Tag im Jahr. Überall im Land werden „Sankt-Hans-Feuer" entzündet, mit denen einst die Hexen verjagt werden sollten. Oft werden auch Fackel- und Laternenumzüge veranstaltet. In Kopenhagen entzündet man an folgenden Orten Feuer: Amager Strand (Badeanstalt Helgoland), Frederiksberg Park, Fælledparken, Islands Brygge und DGI-byen/Vesterbro. Die meisten öffentlichen Feiern beginnen um 20 Uhr.

JULI

- Im Juli findet das berühmte **Rockfestival von Roskilde** (siehe Exkurs „Roskildefestival") statt, eines der größten seiner Art in Europa.
- In Kopenhagen treffen sich ab dem ersten Freitag im Juli zehn Tage lang Jazzfreunde zum **Copenhagen Jazz Festival** (www.festival.jazz.dk).

AUGUST

- Beim **Dragør Musik Fest** Anfang August fühlen sich Pop- und Rockfans der etwas älteren Generation wohl. Vor allem Bands, die sich der Musik der 1950er bis 1980er Jahre verschrieben haben, treten hier auf. (www.dragoermusikfest.dk)
- Ebenfalls Anfang August werden beim **Copenhagen Summer Festival** im Schloss Charlottenborg 16 Kammerkonzerte aufgeführt (www.copenhagensummerfestival.dk).
- Später im Monat treten beim **Copenhagen International Ballettfestival** in Klampenborg internationale Tanzgrößen auf (www.copenhageninternationalballet.com).
- Mitte August bis Ende August schließlich steht das **Internationale Filmfestival** (www.copenhagenfilmfestival.com) auf dem Programm.

OKTOBER

- Seit 1993 wird jedes Jahr im Oktober die **Kulturnacht** (www.kulturnatten.dk) veranstaltet. Mehr als 300 Institutionen nehmen daran teil und mehr als 60.000 Kopenhagener und Gäste der Stadt besuchen die zahlreichen Veranstaltungen. Galerien, Museen, Buchgeschäfte, Theater, Kinos, Kirchen und viele andere Kultureinrichtungen sind an diesem Abend geöffnet und bieten ein umfangreiches Programm.

DEZEMBER

- Weihnachtsmärkte sind ja eigentlich eine deutsche Spezialität, der **Weihnachtsmarkt im Tivoli** 1 kann es aber mit denen hierzulande aufnehmen – vorausgesetzt das Wetter spielt mit und beschert der dänischen Hauptstadt Schnee.

FEIERTAGE UND FERIEN

- *1. Januar (Neujahr)*
- *Gründonnerstag*
- *Karfreitag*
- *Ostermontag*
- *Buß- und Bettag*
- *Christi Himmelfahrt*
- *Pfingstmontag*
- *5. Juni (Verfassungstag, halber Arbeitstag, Banken ganztags geschlossen)*
- *24., 25. Dezember (Weihnachten)*
- *26. Dezember (Stefanstag)*

Staatlich festgelegt ist der Start der ***Sommerferien.*** *Diese fangen immer am letzten Samstag im Juni an und enden in der Regel Anfang August. Die Herbstferien liegen normalerweise in der 42. Woche, die Winterferien finden im Februar meist in der 7. oder 8. Woche statt.*

AUF INS VERGNÜGEN

„Kopenhagen für alle“, könnte die Devise lauten, denn die Stadt hat viele Gesichter. Je nach Lust und Laune lädt sie zum entspannten Citybummel, zur aufregenden Sightseeing-Tour, zum lustvollen Shopping und zu vielen weiteren Aktivitäten ein.

In diesem Abschnitt haben wir die besten Möglichkeiten für verschiedene Erlebnisarten zusammengestellt. Natürlich lassen sich unsere Anregungen beliebig zu Ihrer individuellen Erlebnistour abwechslungsreich kombinieren.

KOPENHAGEN FÜR CITYBUMMLER

Kopenhagen ist DIE Stadt für Fußgänger und Flaneure. Das Stadtzentrum ist so groß bzw. klein, dass man alle wichtigen Sehenswürdigkeiten problemlos zu Fuß erreichen kann.

Außerdem sind Fußgänger hier gleichberechtigte Verkehrsteilnehmer, sodass man sich beim Überqueren der Straße auch nicht mit einem Hechtsprung vor herannahenden Autos retten muss. Allenfalls die Fahrradfahrer sind wegen ihrer Masse an manchen Sommertagen ein Problem. Dann ist es am besten, man mischt sich selbst unters zweiradfahrende Volk, denn das kann man sogar kostenlos tun: An vielen Stellen der Innenstadt stehen Leihfahrräder bereit (siehe „Reisetipps Kopenhagen/Radfahren").

Paradiese für Fußgänger sind natürlich **Strøget** (18) und **Strædet** – die beiden Fußgängerzonen in der Mitte der Stadt. **Strøget** ist jedoch keine einzige Straße, sondern ein miteinander verwobenes Straßennetz. Der „Hauptweg" führt vom Rathausplatz über den Amagertorv bis nach Nyhavn und damit quasi durch das Herz Kopenhagens. Wenn man den Rückweg zum Rathausplatz dann via Slotsholmen wählt, hat man innerhalb eines Spaziergangs, der großteils durch autofreie Straßen führt, schon die wichtigsten Punkte der Stadt erlaufen.

In der vom Amagertorv abzweigenden **Købmagergade** liegen viele Kneipen und Cafés, vor allem aber Boutiquen und kleine schicke Läden. Auch in der Gegend um den **Blågårds Plads** [D3] im Stadtteil Nørrebro liegt eine kleine Fußgängerzone, in der vor allem Einheimische unterwegs sind.

Citybummler müssen sich jedoch nicht immer allein auf den Weg machen: Bei **Geistertouren** (www.ghosttour.dk) oder einem **Stadtspaziergang mit einem Nachtwächter** (www.nattevaegterne.dk) lernt man das nächtliche Kopenhagen auf eine völlig andere Art und Weise kennen (siehe hierzu „Reisetipps Kopenhagen/Stadttouren").

006kh Abb.: WoCo/Christian Alsing

▶ *Auch Schloss Rosenborg wurde unter der Herrschaft von König Christian IV. errichtet*

◀ *Bummeln auf der Einkaufsmeile Strøget*

KOPENHAGEN FÜR ARCHITEKTUR- UND KUNSTFREUNDE

Es war vor allem König Christian IV. (1588–1648), der mit seinen Plänen Kopenhagen seinen architektonischen Stempel aufdrückte und sich dadurch ein beeindruckendes Denkmal setze. Er ließ Kopenhagen nahezu neu gestalten, auf ihn geht beispielsweise die Gründung des Stadtteils Christianshavn zurück. Auch die großen Schlösser in der Hauptstadt und ihrer Umgebung wurden nahezu alle während der Zeit seiner Regentschaft errichtet.

Deswegen ist eine architektonische Wanderung durch Kopenhagen und eine Fahrt zu den Schlössern notwendigerweise auch immer eine Tour auf den Spuren von Christian IV.

SCHLÖSSER IN KOPENHAGEN UND UMGEBUNG

Frederiksborg (65) liegt knapp 50 km außerhalb Kopenhagens am Rande von Hillerød. Es wurde zwischen 1600 und 1620 erbaut und gilt als das schönste Renaissanceschloss des Landes. 1859 niedergebrannt, wurde es umgehend wieder aufgebaut und zum Nationalhistorischen Museum umgewandelt.

Ebenfalls unter der Herrschaft von *Christian IV.* entstand zwischen 1606 und 1634 **Schloss Rosenborg** (37). Es diente ursprünglich nur als Sommerpalast, wurde später aber zu einem „richtigen" Schloss erweitert. Heute ist im

014kh Abb.: rk

KOPENHAGENS „GOLDENES ZEITALTER"

Die Zeit zwischen 1800 und 1850 gilt in Kopenhagen als das „Goldene Zeitalter". Damals ***setzten Kunst und Kultur zu einem Höhenflug an*** *und die Stadt brachte überragende Persönlichkeiten wie den Märchendichter Hans Christian Andersen (1805-1875), den Philosophen Søren Kierkegaard (1813-1855), den Tänzer und Ballettmeister August Bournoville (1805-1879) und den Bildhauer Bertel Thorvaldsen (1770-1844) hervor.*

Nach den Verheerungen durch Stadtbrände in den letzten Jahrzehnten des 18. Jahrhunderts und Plünderungen der Engländer im Jahre 1807 erhielt Kopenhagen zu Beginn des 19. Jahrhunderts zudem ein neues Gesicht.

Zu den wichtigsten ***Bauwerken*** *aus dieser Zeit zählen die* ***Schlosskirche von Christiansborg*** *❻, zu der* ***Bertel Thorvaldsen*** *die Engelsfiguren in der Kuppel beigesteuert hat, und die imposante* ***Vor Frue Kirke*** *㉒, deren Innenausstattung zu großen Teilen auf ihn zurückgeht. Wer sich intensiver für Leben und Werk des Bildhauers interessiert, für den ist der Besuch des Thorvaldsen Museums ❼ auf Slotsholmen Pflicht. Auch das Hauptgebäude der Universität ㉑ stammt aus dieser Zeit und wurde 1836 von Peter Malling (1761-1865) erbaut. Die Statuen davor zeigen berühmte Absolventen wie den Philologen und Politiker Johan Nicolai Madvig (1804-1886), den Theologen Henrik Nicolai Clausen (1793-1877) und den Botaniker und Politiker Joachim Fredrik Schouw (1789-1852). Alle absolvierten ihr Studium im „Goldenen Zeitalter".*

Ein bedeutender ***Maler*** *aus dieser Epoche ist* ***Christen Købke*** *(1810-1848), dessen Portraits, Landschafts- und Architekturbilder u. a. in der Dänischen Nationalgalerie (Statens Museum for Kunst) ㉜, der Hirschsprungschen Sammlung ㉝ und der Ny Carlsberg Glyptotek ❷ zu sehen sind.*

Die ***Musik*** *des „Goldenen Zeitalters" war leicht und spielerisch. Singspiele, historische Dramen und romantische Schauspiele bildeten das Repertoire der Theater. Besonders populär waren die Stücke von* ***Johan Ludvig Heiberg*** *(1791-1860). Seine Stücke waren die Kassenmagneten am* ***Königlichen Theater*** *⓯ von Christiansborg. Kein Wunder, dass Heiberg später auch zum Direktor eben dieses Theaters ernannt wurde. Zu seinen Bewunderern gehörte übrigens der junge Sören Kierkegaard, der so manchen Abend im Königlichen Theater verbrachte.*

Ebenso populär war damals der Märchendichter ***Hans Christian Andersen*** *– allerdings nicht als Schauspieler. Am Königlichen Theater hatte Andersen nämlich seinen einzigen und äußerst erfolglosen Versuch unternommen, als Schauspieler Fuß zu fassen. Als „achter Troll" in einem Ballett erntete er nur wenig Beifall. Trotzdem gab Andersen nicht auf und bat die Ballerina Madame Shall darum, ein gutes Wort für ihn einzulegen. Die aber hielt ihn für verrückt und der Leiter des Theaters, bei dem er ebenfalls vorsprach, für „zu dünn fürs Theater".*

Schloss u. a. eine Ausstellung zur Geschichte des dänischen Königshauses zu sehen und in der Schatzkammer werden die dänischen Kronjuwelen aufbewahrt.

Das „Hamlet-Schloss" **Kronborg** wiederum liegt nördlich von Kopenhagen in Helsingør (64). Es wurde ursprünglich zwischen 1574 und 1585 im Auftrag von König *Frederik II.* (1559–1588) errichtet. Das Schloss brannte 1629 bis auf die Grundmauern nieder und wurde dann von König *Christian IV.* wiederaufgebaut – auf große Veränderungen zum Ursprungsbau wurde dabei verzichtet.

Das einzige Schloss, das den Namen *Christians* führt, **Christiansborg** (6), geht jedoch nicht auf *Christian IV.*, sondern auf König *Christian VI.* (1730–1746) zurück. Er gab den Repräsentationsbau 1736 in Auftrag und es entstand ein protziger Rokoko-Palast mit Reitbahn, Hoftheater und Schlosskirche. 1794 und 1884 wurde Christiansborg zweimal durch Brände schwer beschädigt.

Von dem zu Zeiten *Christians VI.* errichteten Gebäue sind lediglich die Reitbahn und das darüberliegende Theater (beherbergt heute das Theatermuseum [1]) erhalten. Da man die Reparatur- und Wiederaufbauarbeiten im Stil der jeweiligen Zeit veranlasste, ist das Schloss heute eine Mischung aus mehreren Stilrichtungen. Das heute zu sehende Hauptgebäude wurde beispielsweise erst zwischen 1907 und 1928 im Stil des Neobarock erbaut.

[1] MUSEEN

Kunstmuseen

(16) [G4] **Schloss Charlottenborg,** Nyhavn 2, Tel. 33134022, www.charlottenborg-art.dk, tgl. 10–17 Uhr, Mi. 10–19 Uhr, Eintritt: 30 DKK. Um 1670 im Stil des holländischen Barocks erbaut ist Schloss Charlottenborg Heimat der Kunstakademie. Dort finden regelmäßig Ausstellungen statt.

(33) [F3] **Hirschsprungsche Sammlungen,** Stockholmsgade 20, Tel. 35420336, www.hirschsprung.dk, tgl. außer Di. 11–16 Uhr, Eintritt: 35 DKK, Ermäßigung für Studenten und Rentner, Mi. kostenlos, für Personen unter 18 Jahren generell freier Eintritt. Hervorragende Sammlung dänischer Maler des 19. Jahrhunderts, darunter viele Werke von *P.S. Krøyer* (1851–1909).

007kh Abb.: rk

▶ *Blick in die Dänische Nationalgalerie (Statens Museum for Kunst)*

2 [E5] **Ny Carlsberg Glyptotek,** Tietgengsgade 25, Tel. 33418141, www.glyptoteket.dk, tgl. 10–16 Uhr, Mo. geschl., Eintritt: 20 DKK, Mi. und So. freier Eintritt. Die Ny Carlsberg Glyptotek ist eines der spannendsten Kunstmuseen in Europa, beherbergt es doch u. a. eine großartige Sammlung dänischer und französischer Kunst aus dem 19. und 20. Jahrhundert. *Bonnard, Degas, Delacroix, Gauguin* und *Monet* sind nur einige berühmte Impressionisten, deren Werke hier hängen.

32 [F3] **Statens Museum for Kunst – Dänische Nationalgalerie,** Sølvgade 48–50, Tel. 33748494, www.smk.dk, Di.–So. 10–17 Uhr, Mi. 10–20 Uhr, Eintritt Sonderausstellungen: 70 DKK bzw. 50 DKK (Studenten und Rentner), freier Eintritt unter 18 Jahren, permanente Ausstellung kostenlos. Die einzigartige Sammlung in- und ausländischer Kunst beherbergt Skulpturen und Gemälde von 1300 bis zur Gegenwart. Ein Schwerpunkt liegt auf holländischen und flämischen Malern des 18. Jahrhunderts.

50 [B5] **Storm P. Museum,** Frederiksbergs Runddel, Tel. 38860523, im Sommer Di.–So. 10–16 Uhr, im Winter Mi., Sa., So. 10–16 Uhr, www.stormp-museet.dk, Eintritt: 30 DKK. Das Museum befasst sich mit Leben und Werk des dänischen Malers und Karikaturisten *R. S. Pedersen* (1882–1949).

3 [E5] **Zentrum für dänisches Design,** H.C. Andersen Boulevard 27, Tel. 33693369, www.ddc.dk, werktags 10–17 Uhr, Mi. bis 21 Uhr, am Wochenende 11–16 Uhr, Eintritt: 40 DKK. Sehr interessante kleine Ausstellung zu dänischem Design.

Museen für politisch und historisch Interessierte

36 [E3] **Arbeitermuseum,** Rømersgade 22, Tel. 33932575, www.arbejdermuseet.dk, tgl. 10–16 Uhr, Eintritt: 50 DKK, Ermäßigung für Studenten und Rentner. Museum zur Geschichte der dänischen Alltagskultur und der Arbeiterbewegung. Man kann u. a. auch einen Sitzungssaal besichtigen, in dem *Rosa Luxemburg* gesprochen hat.

9 [F5] **Jüdisches Museum,** Proviantpassagen 6, Tel. 33112218, www.jewmus.dk, Juni–Aug. Di.–So. 10–17 Uhr, sonst Di.–Fr. 13–16 und Sa., So. 12–17 Uhr, Eintritt: 40 DKK. Das überaus sehenswerte Museum zur Geschichte der Juden in Dänemark wurde von *Daniel Libeskind* (*1946) erbaut, nach dessen Plänen auch das Jüdische Museum in Berlin errichtet wurde.

4 [E5] **Nationalmuseum,** Ny Vestergade 10, Tel. 33134411, www.natmus.dk, tgl. (außer Mo.) 10–17 Uhr, freier Eintritt. Hier wird die Geschichte des Landes von den Anfängen bis zur Gegenwart nachgezeichnet.

47 [D5] **Stadtmuseum,** Vesterbrogade 59, Tel. 33210772, www.bymuseum.dk, Do.–Mo. 10–16 Uhr, Mi. 10–21 Uhr, Di. geschl., freier Eintritt. In dem Museum wird die Stadtentwicklung von 1530 bis in die Gegenwart dargestellt. Ein Schwerpunkt liegt auf dem Leben und Werk des Philosophen *Søren Kirkegaard* (1813–1855).

Museen für Theater, Literatur und Architektur

48 [B6] **Bakkehusmuseum,** Rahbeks Allé 23, Tel. 33314362, www.bakkehusmuseet.dk, Mi., Do., Sa., So. 11–15 Uhr, Eintritt: 10 DKK. Museum, das sich mit der Literatur und Kultur der Zeit zwischen 1780 und 1830 befasst, eingerichtet im ehemaligen Wohnhaus des Schriftstellers *Knud Lyne Rahbek.*

► *Im Thorvaldsens Museum*

49 [B5] **Revymuseet,** Allégade 5, Tel. 38102045, www.revymuseet.dk, Di.-So. 11-16 Uhr, Eintritt: 35 DKK bzw. 25 DKK (Studenten, Kinder und Senioren). Das dänische „Museum für Unterhaltung" stellt eine große Sammlung an Requisiten, Kostümen und Plakaten aus.

M 1 [I F5] **Theatermuseum,** Christiansborg Ridebane 18, www.teatermuseet.dk, Tel. 33115176, Di., Mi., Do. 11-15 Uhr, Sa., So. 13-16 Uhr, Eintritt: 30 DKK, unter 18 Jahren freier Eintritt. Untergebracht im 1767 erbauten Hoftheater befasst sich das Museum mit der dänischen Theatergeschichte vom 18. Jahrhundert bis heute.

7 [F4] **Thorvaldsens Museum,** Bertel Thorvaldsens Plads 2, Tel. 33321532, www.thorvaldsensmuseum.dk, Di.-So. 10-17 Uhr, Eintritt: 20 DKK, Mi. freier Eintritt. Das Museum widmet sich den Werken des großen dänischen Bildhauers *Bertel Thorvaldsen* (1770-1844).

Militärmuseen

8 [F5] **Königliches Zeughaus - Tøjhus,** Tøjhusgade 3, Tel. 33116037, www.thm.dk, Di.-So. 12-16 Uhr, im Juli tgl. 10-16 Uhr, Eintritt: 40 DKK, Mi. freier Eintritt. Die Militärausstellung ist in der 156 m langen Zeughaushalle untergebracht, der größten Halle aus der Zeit der Renaissance.

40 [G5] **Museum der Dänischen Marine - Orlogsmuseet,** Overgaden oven Vandet 58, Tel. 33116037, www.orlogsmuseet.dk, Di.-So. 12-16 Uhr, Eintritt: 40 DKK, Mi. freier Eintritt. Das Museum zeichnet die Geschichte der Marine von 1650 bis heute nach und verfügt u. a. über eine beeindruckende Sammlung an Schiffsmodellen.

Museen für Kunsthandwerk

M 2 [I F4] **Georg Jensen Museum,** Amagertorv 4, www.georgjensen.com, Tel. 33140229, Mo.-Do. 10-18 Uhr, Fr. 10-19 Uhr, Sa. 10-17 Uhr, freier Eintritt.

Verkaufsausstellung des bekannten Silberschmieds.

M 3 [G3] **Kunstgewerbemuseum,** Bredgade 68, www.kunstindustrimuseet.dk, Tel. 33185656, Di., Do., Fr. 10–16 Uhr, Mi. 10–18 Uhr, Sa., So. 12–16 Uhr, Eintritt: 40 DKK. Kunsthandwerk und Industriedesign aus den Bereichen Möbel, Silber, Glas und Textilien wird hier ausgestellt.

51 [A4] **Royal Copenhagen Welcome Centre,** Søndre Fasanvej 5, Tel. 38149297, www.royalcopenhagen.com, Mo.–Fr. 9–16 Uhr, Eintritt: 40 DKK. In dem Zentrum für weltbekanntes Porzellan finden Ausstellung und Fabrikverkauf zugleich statt.

37 [F3] **Schloss Rosenborg,** Øster Voldgade 4a, www.rosenborgslot.dk, Tel. 33123286, Juni–Aug. tgl. 10–17 Uhr, Mai, Sept. tgl. 10–16 Uhr, Okt. tgl. 11–15 Uhr, Nov.–April Di.–So. 11–14 Uhr, Eintritt: 65 DKK. Im ehemaligen Sommerpalast von *Christian IV.* sind heute die Kronjuwelen ausgestellt.

Ausgestellte Kuriositäten

M 4 [I E5] **Louis Tussaud's Wax Museum,** H. C. Andersens Boulevard 22, Tel. 33118900, www.tussaud.dk, Mitte April–Ende Aug. tgl. 10–23 Uhr, sonst 10–18 Uhr, Eintritt: 80 DKK, Ermäßigung für Kinder und Jugendliche. In einem alten Gebäude aus dem 18. Jahrhundert werden die „wächsernen Doppelgänger" von mehr als 200 Figuren der Weltgeschichte ausgestellt.

19 [F4] **Museum Erotica,** Købmagergade 24, Mai–Sept. tgl. 10–23 Uhr, Okt.–April So.–Do. 11–20, Fr., Sa. 10–22 Uhr, Eintritt: 109 DKK inkl. Ausstellungskatalog.
In diesem Museum geht es nur um das Eine – das aber auf seriöse Weise.

M 5 [I E5] **Ripley's Believe It or Not Museum / H. C. Andersen Eventyrhuset,** Rådhuspladsen 57, Tel. 33323131, www.ripleys.dk, Mitte Juni–Ende Aug. tgl. 9.30–22.30 Uhr, sonst Mo.–Sa. 10–20 Uhr, So. 10–18 Uhr, Eintritt: 83 DKK (für eine Ausstellung) bzw. 141 DKK (für beide Ausstellungen), Ermäßigung für Kinder und Jugendliche.
Im Ripley's werden Merkwürdigkeiten und Kuriositäten ausgestellt: Ob das zweiköpfige Kalb oder der Brief auf dem Reiskorn – alles, was auch die Bild-Zeitung auf der Titelseite abdrucken würde, ist hier als Rekonstruktion zu sehen.
Im selben Haus liegt das 2005 zum 200. Geburtstag des Dichters eröffnete H. C. Andersen Eventyrhuset. Im Stile von Disneyland erfährt man etwas über das Leben des Dichterfürsten.

Museen zu Kopenhagens Klassikern

53 [B6] **Carlsberg Brauerei,** Gamle Carlsberg Vej, Tel. 33271314, www.visitcarlsberg.dk, Di.–So 10–16 Uhr, Eintritt frei. Ausstellung und Führung durch eine der größten Brauereien der Welt. Im Anschluss an die Führung darf man sich mit einem Bierchen stärken.

M 6 [I E5] **Tivoli Museum,** Vesterbrogade 3, www.tivoli.dk, Tel. 33151001, Mitte April–Ende Sept. So.–Do. 11–23 Uhr, Sa. 11–24 Uhr, Fr. 11–0.30 Uhr. Museum zur Geschichte des Tivoli-Vergnügungsparks 1.

Museen für Naturfreunde

34 [F3] **Geologisches Museum,** Øster Voldgade 5–7, www.nathimus.ku.dk/geomus, Tel. 35322345, Di.–So. 13–16 Uhr, Eintritt: 25 DKK, Mi. freier Einritt.
Hier geht es um die Geologie Dänemarks und Grönlands. So werden Mineralien aus aller Welt und ein Stein vom Mond ausgestellt, den Apollo 17 mitgebracht hat.

46 [D5] **Tycho Brahe Planetarium,** Gammel Kongevej 10, Tel. 331211224, www.tycho.dk, tgl. 10.30–22.30 Uhr, Do. ab 9.45 Uhr, Eintritt: 25 DKK. Das

Zentrum ist Planetarium, astronomische Ausstellung und IMAX-Kino in einem.

55 [D1] **Zoologisches Museum,** Universitetsparken 15, www.zoologiskmuseum.dk, Tel. 35311001, Di.–So. 11–17 Uhr, Eintritt: 40 DKK. Das Museum beschäftigt sich mit drei großen Themenbereichen: der dänischen Tierwelt, der Tierwelt der Arktis und Antarktis und dem Leben in den Ozeanen. Besonders sehenswert ist ein 14 m langes Skelett eines Grönlandwals.

KOPENHAGEN FÜR FEINSCHMECKER

DIE DÄNISCHE KÜCHE

Smørrebrød und Pølser – sobald man erfährt, dass die beiden größten Spezialitäten der dänischen Küche belegte Brote und Würstchen sind, stellt sich zuerst Ernüchterung ein.

Ein **Smørrebrød** ist aber kein gewöhnliches Brötchen, sondern eine mit allerlei Delikatessen kunstvoll belegte „Superschnitte". Wurst, Käse oder Fisch – auf eine richtiges Smørrebrød kann alles drauf, Hauptsache in üppigen Mengen und schön angerichtet. Das Smørrebrød wurde Ende des 19. Jahrhunderts im Lokal von *Oskar Davidsen* erfunden. In seiner Kneipe war die Küche nämlich so klein, dass keine warmen Gerichte zubereitet werden konnten. Die findige Köchin fing deswegen an, Schnittchen zu streichen, und diese waren bald so populär, dass *Davidsen* fast 180 Variationen anbot. Inzwischen ist *Oskar Davidsen* längst tot, aber seine Urenkelin *Ida* verkauft immer noch Smørrebrød – und hat die Angebotspalette auf 250 Kreationen erweitert (Store Kongensgade 70). *Ida Davidsens* Brote sind ausgezeichnet, allerdings nicht ganz billig. Wer denkt, er benötige zwei oder drei der Schnittchen, um satt zu werden, und wer dabei keinen Ärger mit der Geldbörse bekommen will, speist günstiger bei *Gitte Kik* im Slotskælderen, gleich gegenüber vom Parlament (Fortunstræde 4).

An den **Pølser** (Hotdog) scheiden sich die Geister: Entweder man liebt oder man

EXTRATIPP

Gourmettempel am Wasser

Drei Gourmetrestaurants unter einem Dach in exklusiver Lage direkt am Hafen: Das **Custom House** liegt in den historischen Gebäuden der umgebauten Zollkammer unweit der Flaniermeile Nyhavn. Hinter dem Konzept steht der englische Designer und Restaurantbetreiber *Sir Terence Conran,* der weltweit bereits 25 Restaurants besitzt, darunter in Metropolen wie Paris, London und New York. Jedes der Restaurants im Custom House wird von einem anderen Küchenchef betrieben, sodass die Gäste verschiedene Gourmetwelten erleben.

In der Brasserie **Custom House Bar & Grill** stehen typisch dänische und europäische Gerichte auf der Speisekarte. Italienische Küche bietet das **Bacino,** während im **Ebisu** japanische Spezialitäten auf den Tisch kommen. Zusätzlich zu den Restaurants beherbergt das neue Gastrohaus zwei Cocktailbars und ein Deli, eine Art Edel-Imbiss, in dem Eilige eine Tasse Kaffee trinken oder frisch gebackenes Brot sowie Delikatessen und Wein aus aller Welt kaufen können.

1 [G4] Custom House, Havnegade 44, Tel. 33310130, www.customhouse.dk

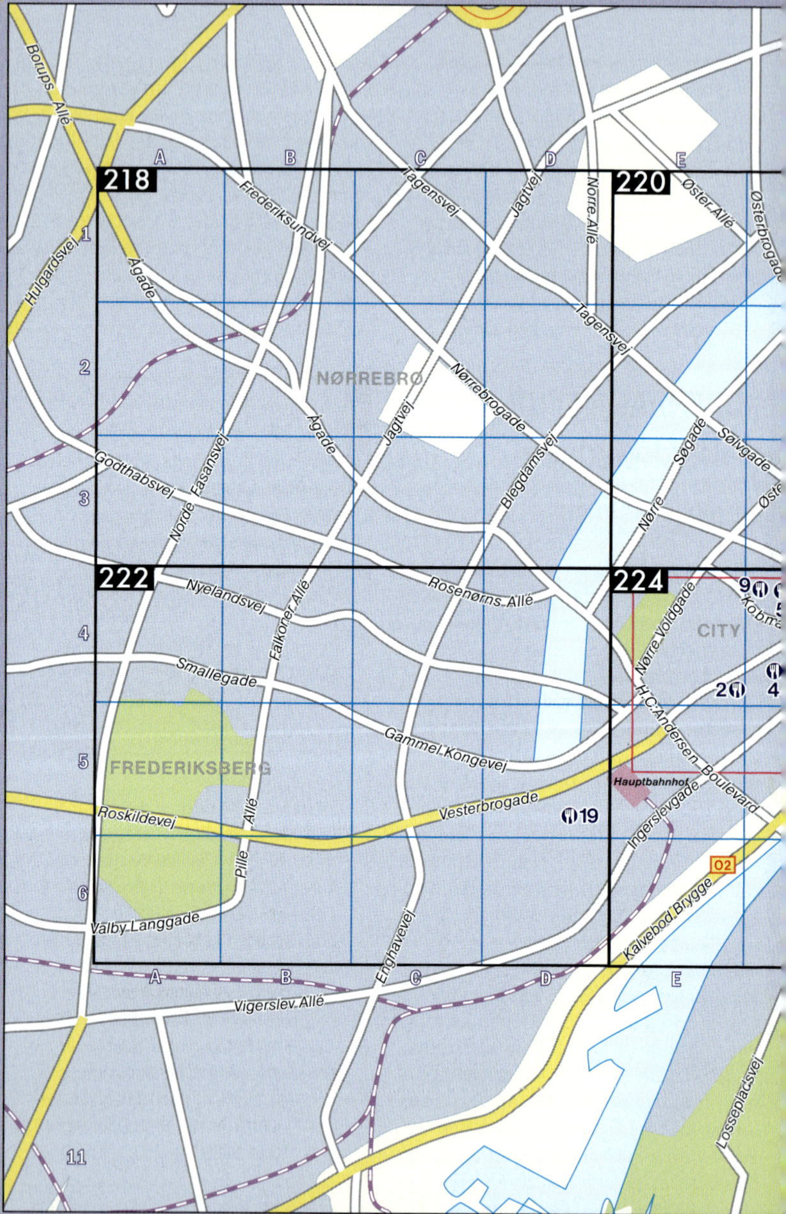
218
220
222
224
NØRREBRO
FREDERIKSBERG
CITY
Hauptbahnhof
Borups Allé
Hulgardsvej
Frederiksundvej
Tagensvej
Jagtvej
Nørre Allé
Øster Allé
Østerbrogade
Ågade
Nørrebrogade
Godthåbsvej
Nordre Fasansvej
Blegdamsvej
Søgade
Sølvgade
Nørre
Nyelandsvej
Falkoner Allé
Rosenørns Allé
Nørre Voldgade
Smallegade
Gammel Kongevej
H.C.Andersen Boulevard
Roskildevej
Vesterbrogade
Pile Allé
Ingerslevgade
Kalvebod Brygge
Valby Langgade
Enghavevej
Vigerslev Allé
Løssepladsvej
19
2
4
9
O2
11

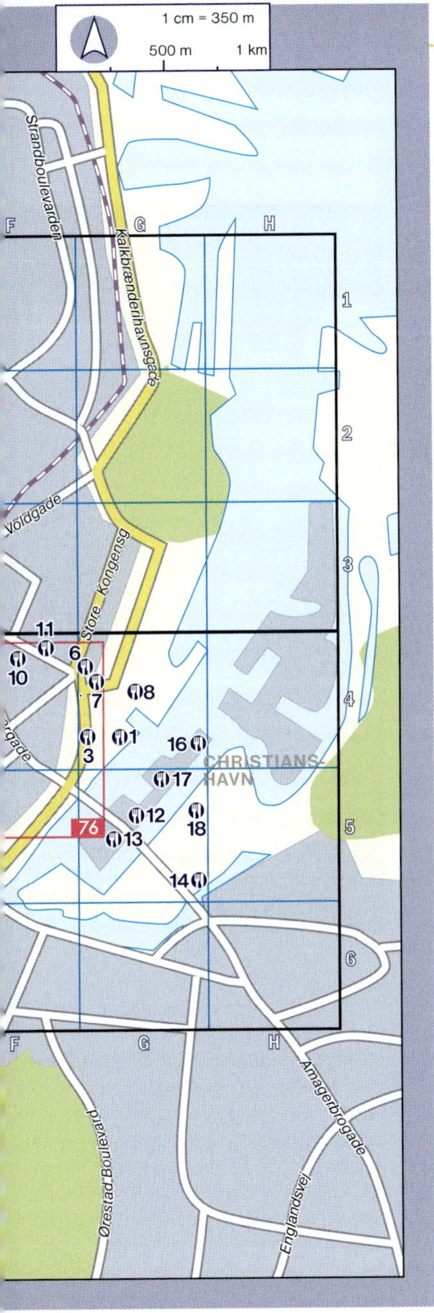

- 1 Custom House [G4] €€ (s. S. 25)
- 2 Domhuskælderen [I E4] 3 €€
- 3 Ensemble [I G4] 3 €€€
- 4 Restaurant Peder Oxe [I F4] 3 €€
- 5 Den Grøene Kælder [I F4] 3 €
- 6 Nyhavns Færgekro [I G4] 3 €
- 7 Restaurant Fyrskibet [I G4] 3 €€
- 8 Told & Snaps [G4] 3 €€
- 9 Restaurant Schønnemann [I F4] 3 €
- 10 Gold Prag [I F4] 4 €
- 11 Den tatoverede Enke [I F4] 4 €
- 12 Era Ora [G5] 5 €€€
- 13 Grisobasowitz [G5] 5 €€
- 14 Bastionen & Løven [G5] 5 €€
- 16 Restaurant Noma [G4] 5 €€€
- 17 Restaurant Kanalen [G5] 5 €€
- 18 Sofiekælderen [G5] 5 €€
- 19 Cofoco [D5] 6 €€

Die Zeichen und Farben bedeuten:

1	laufende Nummer
[I F7]	Nummer der Detailkarte und Planquadrat
8	Nummer der Liste, in der das Restaurant ausführlich beschrieben wird (s. Inhaltsverzeichnis)
€	preiswertes Restaurant
€€	mittleres bzw. gehobenes Niveau
€€€	exklusiv und hochpreisig
rot	vorwiegend dänische Küche
grün	internationale und dänische Küche
blau	exotische Küche

WOHIN AUSGEHEN?

In Kopenhagen gibt es mehrere Ausgehviertel. ***Nyhavn*** *⓱, der einstige Rotlichtbezirk, ist seit Jahren ein beliebter Treffpunkt. Hier sitzt man im Sommer in der Sonne am Kanal und trinkt gemütlich sein Bier. Obwohl sich hier Restaurant an Restaurant reiht, ist es gerade an sonnigen Tagen nicht ganz einfach, einen Tisch zu ergattern. Der* ***Gråbrødretorv*** *㉔ ist einer der schönsten Plätze der Stadt und von Bürgerhäusern aus dem 18. und 19. Jahrhundert umrahmt. Im Sommer sitzt man gemütlich draußen, im Winter bieten die historischen Innenräume der meisten Restaurants ein tolles Ambiente.*

In den hochklassigen Restaurants am ***Gammel Strand*** *[F4] verkehrt eine Klientel mit einem etwas dickeren Geldbeutel. Die Jugend zieht es dagegen in die zahlreichen Cafés in der Gegend um den* ***Kongens Nytorv*** *⓮. Auf eine eher alternative Kneipenkultur stößt man in den Stadtteilen* ***Nørrebro,*** *dort u. a. in der Elmegade, und* ***Vesterbro.*** *In* ***Christianshavn*** *gibt es in* ***Christiania*** *㊶ einige Kneipen und Lokale. Beliebt ist aber auch die Gegend um die Straßen Overgaden neden Vandet und Wildersgade.*

008kh Abb.: WoCo/Jens Stoltze

hasst sie. Leuchtend rot sehen sie aus, während sie ihr kurzes Leben eingeklemmt in einem pappigen Brötchen und verziert mit unendlich viel Senf oder Ketchup verbringen. Dazu gibt es süße Gurken und Röstzwiebeln. Wurstbuden, die Pølser feilbieten, stehen fast an jeder Ecke, eine der besten ist aber angeblich *Basses Pølser* am Nørrebros Runddel. Am meisten Betrieb ist hier mitten in der Nacht, wenn sich die Kneipenbummler für die lange Nacht stärken.

Ohnehin liebt der Däne die **deftige Küche.** Hackfleischklößchen sind daher unter den Favoriten. Je nachdem, ob sie aus Schweine- oder Rindfleisch bestehen, heißen sie *Frikadeller* oder *Hakkebøf.* Gut, aber nicht gerade linienfreundlich ist *Flæskesteg* (Schweinebraten), der traditionell mit Rotkraut, *Rødkål,* gegessen wird. Das sieht man aber inzwischen nicht mehr so eng und Kartoffeln jeder Art sind als Beilage mindestens ebenso beliebt. Alles, was die deftige dänische Küche ausmacht, bekommt man im *Dansk* (Store Kongensgade 90). Hier ist der Name Programm: Leberpastete, Roastbeef und Frikadellen werden hier ebenso hervorragend zubereitet wie das in Bier marinierte Schweinekotelett. Hering, Lachs, Krabben und Flundern bekommt man natürlich auch, denn Fisch gehört zu den Leibspeisen der Dänen. Heringsbuffets werden in mehreren Restaurants der Hauptstadt angeboten. Ein sehr gutes und noch dazu preisgünstiges gibt es im *Nyhavns Færgekro* [3].

Als **Nachspeise** beliebt ist Rote Grütze mit Sahne, *Rødgrød med Fløde,* oder man bestellt ein *Wienerbrød,* eine Hefeteigteilchen, das es auch bei uns gibt ... allerdings unter dem Namen *Kopenhagener.* Die besten davon bekommt man angeblich in den Läden von *Rainhard van Hauen* in der Østergade 22, Gammel Kongevej 177, Store Kongensgade 45 und in der Ndr. Frihavnsgade 5. *Kransekage,* der urtypisch dänische Marzipankuchen mit Mandeln, ist als klassische Nachspeise gefragt oder man verzehrt ihn zum Kaffee, den die Dänen übrigens in Unmengen trinken. In der kleinen Konditorei *Kransekagehuset* (Ny Østergade 9), die etwas versteckt im Hinterhof liegt, kauft man den Kuchen frisch aus dem Ofen. Und noch ein Tipp für Naschkatzen: Im *La Glace* (Skoubogade 3), Dänemarks ältester Konditorei, bekommt man die größte Kuchenauswahl der Stadt.

Bei den **alkoholischen Getränken** ist **Bier** die Nummer eins, *Carlsberg* und *Tuborg* kennt man auch hierzulande. Wer im Winter in Kopenhagen ist, kann mit einem *Julebrygg,* einem besonders starken und süffigen Weihnachtsbier, die Kälte aus den Gliedern vertreiben. Auch **Hochprozentiges** ist beliebt. Der Magenbitter *Gammel Dansk* gehört sogar schon zum Frühstück mit dazu. Und als Verdauungshilfe nach schwerer Kost wird gern ein eisgekühlter Aquavit zu sich genommen. Schnaps in großer Auswahl bietet *Told & Snaps* [3] in der Toldbogade 2.

STERNELOKALE IN KOPENHAGEN

Man bekommt in Kopenhagen natürlich nicht nur Hausmannskost serviert, internationale Küche und Spitzengastronomie ist hier ebenso vertreten. Wer bereit ist, für exzellentes Essen den angemessenen Preis zu zahlen, kann zwischen neun Gourmet-Restaurants wählen, die 2006 mit einem bzw. zwei Michelin-Sternen ausgezeichnet wurden.

- 3 [I G4] **Ensemble,** Tordenskjoldsgade 11, www.restaurantensemble.dk (siehe [3])
- **Era Ora,** Overgaden neden Vandet 33b, Tel. 32540693, www.era-ora.dk
- **Godt,** Gothersgade 38, Tel. 33152122
- **Formel B,** Frederiksberg, Vesterbrog. 182, Tel. 33251066, www.formel-b.dk
- **Kokkeriet,** Kronprinsessegade 64, Tel. 33152777, www.kokkeriet.dk
- **Kommandanten,** Ny Adelgade 7, Tel. 33120990
- **Kong Hans Kælder,** Vingårdsstræde 6, Tel. 33116868, www.konghans.dk
- **Noma,** Nordatlantisk Brygge, Tel. 32963297, www.noma.dk
- **The Paul,** Vesterbrogade 3 (im Tivoli), Tel. 33750775, www.thepaul.dk

Weitere Restauranttipps finden Sie am Ende jeder Stadtteilbeschreibung im Kapitel „Kopenhagen entdecken".

009kh Abb.: rk

KOPENHAGEN FÜR DEN NACHWUCHS

Ein Stadturlaub mit Kindern kann sich problematisch gestalten. Besichtigungsmarathons stehen bei ihnen nicht besonders weit oben auf der Beliebtheitsskala. So mancher Museumsbesuch und manche Shoppingtour hat daher schon tränenreich geendet. Kopenhagen bietet aber einiges, was auch für Kinder den Stadtbesuch attraktiv macht.

Die **entspannte Atmosphäre** Kopenhagens ist ideal für Familien. Nirgendwo geht es gehetzt und hektisch zu und auch wer mit den Kleinen im Schlepptau etwas langsamer ist, erntet keine bösen Blicke. In allen Museen ist der **Eintritt** – je nach Alter – für Kinder kostenlos bzw. stark ermäßigt. Kindermenüs auf den Speisekarten sind normal. In **öffentlichen Verkehrsmitteln** reisen Kinder und Jugendliche unter 16 Jahren je nach Strecke und Ticketart mit bis zu 50 % Ermäßigung. Mit einem 24-Stunden-Ticket können zwei Kinder, die jünger sind als zwölf Jahre, auf einem Erwachsenenticket kostenlos mitgenommen werden, je zwei Kinder unter zehn Jahren können die Copenhagen Card in Begleitung eines voll zahlenden Erwachsenen mitbenutzen (Details zum öffentlichen Nahverkehr siehe „Praktische Reisetipps Kopenhagen").

Praktisch sind auch die **kostenlosen Fahrräder**, die man an vielen Stellen der Innenstadt ausleihen kann. Das Fahrradwegenetz ist hervorragend ausgebaut und somit können sich auch Familien mit Kindern gefahrlos auf eine Stadtrundfahrt auf zwei Rädern machen.

Vergnügungsparks lassen Kinderherzen meist höher schlagen. Kopenhagen kann gleich mit zwei Parks aufwarten: Im Stadtzentrum befindet sich das berühmte **Tivoli** ❶ und einige Kilometer außerhalb der Stadt in Klampenborg **Bakken**, der älteste Freizeitpark der Welt. In dessen unmittelbarer Nachbarschaft liegt **Jægerborgs Dyrehaven**, ein recht großer Hirschpark, in dem man ausgezeichnet spazieren gehen oder spielen kann. Auch das **Danmarks Aquarium** liegt gleich um die Ecke in Charlottenlund und ist bei Erwachsenen wie Kindern gleichermaßen beliebt (vgl. 61). Auch der **Zoo** 52 ist einen Ausflug wert, zählt er doch zu den ältesten und größten Tiergärten Europas.

Museen sind in der Regel keine Sache für Kinder. Aber selbst hier bietet die dänische Hauptstadt Kindgerechtes. In dem zum Nationalmuseum 4 gehörenden **Kindermuseum** darf man die Ausstellungsstücke ebenso anfassen wie im **Experimentarium** (vgl. 61), wo man über 300 Experimente selbst ausführen kann. Besonders beliebt ist der Lügendetektor, mit dem Kinder auch mal ihre Eltern testen können.

In **Louis Tussaud's Wachsfigurenkabinett** 1 stehen nicht nur die Ebenbilder historischer Persönlichkeiten, sondern auch die von berühmten Schauspielern, Sportlern und Sängern. Wie groß ist der größte Mann der Welt?

Wie lang ist der längste Bart und wie schwer der dickste Mensch? Fragen wie diese werden im **Guinness World of Records** beantwortet und im **H.C. Andersen Eventyrhuset** 1 erwachen Figuren aus der Welt der Märchen zum Leben.

12 Uhr mittags sollte man aber in keinem Museum sein, denn dann steht die **Wachablösung im Schloss Amalienborg** 29 auf dem Programm. Wenn die Soldaten in historischen Uniformen und Bärenfellmützen marschieren und strammstehen, dann ist das auch für Kinder ein kleines Spektakel. Sind die Kinderfüße

EXTRATIPP

Wickelplätze und Stillräume

In der Stadtmitte findet man auf den Plätzen Amagertorv und Rådhuspladsen unterirdisch gelegene öffentliche Toiletten mit Wickelmöglichkeiten. Das Gleiche gilt für die Zug-, S-Bahn- und Metro-Stationen. Auch die meisten Kaufhäuser bieten Kundentoiletten mit Wickeltischen an – im Magasin du Nord 2 gibt es sogar einen Stillraum. Und: In der Kopenhagener Tourismusinformation (siehe „Praktische Reisetipps/Informationsquellen") ist ein Guide über die öffentlichen Toiletten erhältlich!

dann müde, bietet sich eine **Schiffsrundfahrt** an. Von Nyhavn 17 aus erkundet man mit dem Boot die Stadt.

Kopenhagen ist eine der wenigen europäischen Großstädte, in der man Badeurlaub machen kann. Im Umland gibt es einige sehr schöne **Strände** (siehe dazu „Praktische Reisetipps"), an denen Eltern wie Kinder Energie für weitere Stadtabenteuer oder für Ausflüge ins Umland von Kopenhagen tanken können.

Dort sind vor allem das **Wikingerschiffmuseum in Roskilde** 68 und das **Freilichtmuseum in Lejre** 69 einen Besuch wert. In Lejre unternimmt man eine Zeitreise zurück in die Stein- und Eisenzeit. Dort kann man nicht nur die Bewohner des „Feuertals" besuchen, sondern auch aktiv mit Hand anlegen und dem Schmied helfen, Holzschwerter zu basteln, oder mit einem Einbaum paddeln.

◀ *Beliebt auch bei Mini-Kopenhagenern: Schulausflug in den Botanischen Garten*

010kh Abb.: WoCo/Morten Jerichau

KOPENHAGEN ZUM TRÄUMEN UND ABHÄNGEN

Kopenhagen ist keine Stadt, in der es übermäßig hektisch zugeht. Oasen der Ruhe und Entspannung findet man dementsprechend überall.

Gerade der **Amagertorv** (26) mitten in der Fußgängerzone ist auf den ersten Blick aber kein solcher Ort, denn dort geht es meist geschäftig zu. Dass aber auch der Platz, an dem pro Tag die meisten Menschen vorbeikommen, ein Ort der Entspannung ist, spricht für Kopenhagen. Am Amagertorv kann man, am Rande des Storchenbrunnens oder in einem der Cafés sitzend, das Treiben auf der Straße genießen. Oder aber man hört den Straßenmusikern zu, bewundert die Fähigkeiten der Gaukler und lacht sich über die Clowns halbtot. Am Amagertorv ist immer etwas los, Hektik kommt jedoch niemals auf. Wer es trotzdem ruhiger will, der kann sich mit der Fahrradrikscha zum **Gråbrødretorv** (24) fahren lassen. Auch der ist ideal für eine Auszeit vom Alltagsstress. Nach einem kühlen Bier in einer der vielen gemütlichen Kneipen und Restaurants am Platz sieht die Welt gleich viel entspannter aus.

Kneipen und Restaurants, diesmal direkt am Wasser – im Sommer mit viel Sonne – gibt es am **Nyhavn** (17). Man kann aber auch einfach am Kanal entlang spazieren gehen und den Booten zusehen. Wen es dann selber aufs Wasser hinauszieht, der steigt hier in ein Rundfahrtboot ein. Sehr touristisch – aber trotzdem empfehlenswert!

Der Park vor **Schloss Rosenborg** (37) war zu den Zeiten absolutistischer Herrschaft die Liebesinsel für den ganzen

▲ *Entspannende Bootstour durch die Kanäle von Frederiksberg Have*

Hof. Heute trifft man sich hier zum Picknick inmitten der Stadt und – nicht anders als damals – auch zum ein oder anderen verliebten Stelldichein. Aber ein Friedhof als Ort zum Abhängen? Das kann es nur in Kopenhagen geben. Der **Assistens Kirkegård** (54) im Stadtteil Nørrebro ist für die Anwohner Picknickwiese und Ort für Yogaübungen – warum es ihnen nicht gleichtun?

Der Stadtteil **Christianshavn** mit seinen Kanälen bietet viel Platz zum Träumen und mit seinen unzähligen Kneipen auch zum Abhängen. In diesem Stadtteil liegt zudem **Christiania** (41), die „Hauptstadt der Hausbesetzer". Sie ist vielleicht nicht gerade romantisch, entspannte Stimmung findet man hier aber – auch ohne Marihuanaschwaden in der Luft – zur Genüge.

Tropische Temperaturen, üppiges Grün und das alles, obwohl draußen der Himmel weint? Das alte **Palmenhaus des Botanischen Gartens** (35) ist besonders bei schlechtem Wetter der ideale Ort für eine Kopfreise nach „ganz weit weg". Etwas außerhalb des Zentrums liegt **Fredrikbergs Have** [A5], eine romantische Parklandschaft mit kleinen Kanälen und künstlichen Inseln – beliebt für einen Familienausflug am Wochenende, aber auch bei frisch verheirateten Paaren, die hier gerne ihre Hochzeitsfotos schießen lassen.

Achtung: Obwohl der Name vielleicht anderes vermuten ließe, geht es bei der **Kleinen Meerjungfrau** (31) nicht sonderlich romantisch zu. Auf Postkarten sieht die Kleine ja wirklich süß aus, in der Realität treffen sich bei ihr am Langelinie-Kai aber nicht die Verliebten, sondern eine große Zahl an fotografierenden Touristen aus aller Welt.

2 KOPENHAGEN FÜR KAUFLUSTIGE

Minimalistisches, Teures und Trendiges, aber auch Altes und Günstiges findet sich in ganz Kopenhagen.

Strøget (18) ist die längste Fußgängerzone Europas und das Herz des Kopenhagener Einkaufslebens. Sie erstreckt sich vom Rathausplatz bis zum **Kongens Nytorv** (14) und misst, alle Nebenstraßen mit eingerechnet, mehr als drei Kilometer. Am oberen Ende der Einkaufszone, in der Nähe des Rathausplatzes, liegen die eher günstigen Geschäfte, während man im weiteren Verlauf mehr und mehr Designerläden findet.

Parallel zur Strøget verläuft eine weitere, aber kleinere Fußgängerzone. Die Kompagnistræde und die Læderstræde sind als **Strædet** bekannt. Hier findet man kleine Boutiquen, Porzellan- und Silberläden und Buchläden.

In der **Nørre Voldgade** und der **Nørregade** liegen Boutiquen, die den „unabhängigen" Geschmack bedienen, und einige gut sortierte Plattenläden.

Die **Kronprinsensgade** zieht Kunden mit etwas dickerer Geldbörse an, denn hier findet man die bekanntesten Designerläden der Stadt. Modische Designerkleidung wird auch in der **Grønnegade** verkauft. Billiges sucht man dort zwar vergebens, im Vergleich zur Kronprinsensgade bieten die Läden hier allerdings Schnäppchenpreise.

In der **Bredgade** und der **Ravnsborggade** finden Antiquitätenliebhaber ihr Eldorado und in der **Elmegade** [D3] im Stadtteil Nørrebro kaufen all diejenigen ihre Kleidung, die auf Alternatives und nicht allzu Teures Wert legen.

MODE

Modeschöpfer und Designer scheinen sich im kreativen Umfeld der dänischen Hauptstadt besonders wohlzufühlen. Entsprechend groß ist die Auswahl an Boutiquen, die Designerkleidung oder solche von kleinen unbekannten Marken anbieten.

1 [I F4] **1206,** Naboløs 2, www.1206.dk. Hier findet man mangainspirierte Design T-Shirts, hippe Männerkleidung und teure Sonnenbrillen.

2 [D6] **Asfalt,** Istedgade 83. Junge und sexy Mode der Designerin *Hanne Zachariassen.*

3 [F2] **Cloud Nine,** Classensgade 6. Kleidung für die feine Dame im Stile der 1940er und 1950er Jahre.

011kh Abb.: WoCo/Miklos Szabo

4 [D3] **Fünf,** Elmegade 2. Dass der Laden „Fünf" heißt, ist unlogisch, denn hier bieten sechs dänische Nachwuchsdesignerinnen ihre Kreationen an. Und diese sind meist für Damen.

5 [I E4] **Kaufmann,** Nygade2, www.kaufmann.dk. Hier kauft der Geschäftsmann seine Anzüge: edel, geschmackvoll, teuer.

6 [I F4] **Kassandra,** Grønnegade 27. Hier kauft die Frau von Welt Damenschuhe von Prada, Chloé und Jil Sander.

7 [H1] **Langelinie Outlet,** Langelinie Allé. Outletstore, in dem Markenkleidung zu günstigen Preisen angeboten wird.

8 [C6] **Lea Sara,** Istedgade 89. Zwei Schwestern, zwei Designerinnen und ein Laden mit eher verspielter Damenmode.

9 [I E4] **Nature Wear,** Sct. Peders Stræde 31. Designermode für „Ökos" – hier ist alles Natur.

10 [I F4] **Notabene,** Kronprinsensgade 10. Das Notabene hält eine große Auswahl an Damenschuhen parat, auch ausgefallene Modelle findet man hier.

11 [I E4] **Pede og Stoffer,** Klosterstræde 15. Ein Modeladen, der Kleidung und auch Schuhe für den Herrn anbietet.

12 [I F4] **Puzzle,** Silkegade 5. Hier kaufen vor allem die jungen Hippen unter 30 ihre Kleidung.

13 [I E5] **Randers Handsker,** Frederiksberggade 36, Strøget. Die Handschuhe aus der ältesten Handschuhmanufaktur sind nicht nur schön, sondern eine Investition fürs Leben – das jedenfalls könnte man meinen, wenn man einen Blick auf die Preise wirft. Immerhin: Auch die Königin kauft hier ein.

14 [I E4] **Wood Wood,** Krystalgade 4. Designerladen mit eigenem T-Shirt-Label. Hier gibt's auch Mode für Jungs.

15 [D5] **Yiip,** Bagerstræde 5, www.yiip.dk. Designermode für junge Frauen.

EDLES FÜR DEN HAUSHALT

Alle Skandinavier sind für ihr Faible für schöne Wohnungseinrichtung bekannt. Nicht umsonst sind Vorhänge vor den Wohnungen verpönt. Jeder soll auch von außen sehen können, wie toll man eingerichtet ist. Wer seine Accessoires im Haushalt aufpeppen will, findet in Kopenhagen reichlich Auswahl.

16 [I F4] **Bodum,** Østergade 10, www.bodum.com. Die edlen Haushaltswaren von Bodum sind auch bei uns bekannt.

17 [I F4] **Georg Jensen,** Amagertorv 4, www.georgjensen.com. Dänische Silberschmiede mit Weltruf, bekannt für seine Besteckkollektion.

18 [F3] **Keramik & Glasværkstedet,** Kronprinsessegade 36. Tischschmuck aus Keramik und Glas: edel, aber auch funktionell.

19 [I F4] **Royal Copenhagen Porcelain,** Amagertorv 4–10, www.royalcopenhagen.com. Porzellanwaren, wie sie bei der dänischen Königin zu Hause auf dem Tisch stehen, verkauft der Hoflieferant auch dem einfachen Volk. **Tipp:** Billiger als am Amagertorv kauft man im Factory Outlet von Royal Copenhagen Porcelain im Søndre Fasanvej 9 in Frederiksberg ein.

WOHNEN

Riesige Möbelkaufhäuser auf der grünen Wiese gibt es auch in Dänemark, trotzdem ist die Nachfrage nach Designermöbeln riesig ... ebenso das Reservoir an Nachwuchsdesignern, die immer wieder neue Möbel kreieren.

◀ *Puristisches Design aus Dänemark: Stühle von Gubi International*

GALERIEN MIT VERKAUF

- G **Galleri Specta,** Peder Skrams gade 13
- G **Galerie Asbæk,** Bredegade 20
- G **Galerie Pi,** Das Hammarskjölds Allé 33
- G **Galleri Faurschou,** St. Strandstræde 21

20 [I F4] **Casa Shop,** Store Regnegade 2. Wer seiner Wohnung etwas Gutes tun will, bringt ihr aus dem Casa Shop ein Souvenir aus Kopenhagen mit. Wohnaccessoires vom Feinsten.

21 [G3] **Fil de fer,** Kongensgade 83A. Ein Laden, in dem es all das gibt, was man eigentlich nicht braucht: Dekoartikel und edler Krimskrams.

22 [I F4] **Gubi International,** Grønnegade 10. Eines der führenden Design-Geschäfte Kopenhagens. Hauptsächlich Möbel, aber auch Kleidung und Lederwaren.

23 **Paustian,** Kalkbrænderiløbskaj 2, www.paustian.dk. Das dänische Designeinrichtungshaus lohnt einen Rundgang auch wegen des Gebäudes. Leicht zu erreichen, weil direkt an der Station Østerport gelegen.

24 [I E4] **R.o.o.m,** Nørregade 12, www.room.dk. Möbel und alles rund ums schöne Wohnen. Für jene Kunden, die Geschmack – und insbesondere Geld – haben.

25 [I F4] **Seating concept,** Store Kongensgade 21. Sofas und Stühle sowie allerlei Wohnaccessoires in exklusivem Design.

26 **Tapet Café,** Brogårdsvej 23, Gentofte, www.tapet-cafe.dk. Tapeten, Gardinen, Möbelstoffe. Wer sich für exklusive Materialien interessiert, muss sich auf in den Kopenhagener Vorort Gentofte machen.

27 [C5] **Urbanite,** Vesterbrogade 83. Wohnungsaccessoires von jungen dänischen Designern, erstaunlich preisgünstig.

KUNST UND ANTIQUITÄTEN

Unter allen Städten des Nordens findet man in Kopenhagen die meisten Antiquitätenhändler und auch Kunstgalerien werden immer mehr.

- **28 Green Square,** Strandlodsvej 11B, Amager. Der größte Antiquitätenhandel Skandinaviens führt auch eine große Auswahl chinesischer Antiquitäten.
- **29** [G3] **Raabjerg Antik & Kunst,** Bredgade 47, www.raabjerg.com. Einer der vielen Antiquitätenhändler in der Bredgade.

KAUFHÄUSER

Kaufhäuser gibt es in Kopenhagen viele, die beiden hier aufgeführten sind Einkaufstempel abseits von Grabbeltisch und Schnäppchenjagd.

- **30** [I F4] **Illum,** Østergade 52, www.illum.dk. Kaufhaus für Designerlabels, daneben gibt es auch Kosmetik, Haushaltsartikel und Möbel.
- **31** [I F4] **Magasin du Nord,** Kongens Nytorv 12, www.magasin.dk. Edel einkaufen im traditionsreichen Shoppingtempel.

EINKAUFSZENTREN

- **32 Field's,** Arne Jacobsens Allé 12. Größtes Einkaufszentrum Skandinaviens mit mehr als 150 Geschäften, beherbergt auch einige Cafés und Restaurants.
- **33 Fisketorvet,** Kalvebod Brygge 59. Direkt am Hafen gelegen, beherbergt das Zentrum mehr als 100 Geschäfte sowie Restaurants und Kinos.
- **34** [B4] **Frederiksbergs Centret,** Falkoner Allé 21. Einkaufszentrum mit breitem Sortiment, direkt an der Metro-Station Frederiksberg gelegen.

KULINARISCHES

Dänen essen gern. Entsprechend groß ist die Auswahl an Lebensmittel- und Delikatessenläden. Allerdings sind die Preise leider meist auch deutlich höher als in Deutschland.

- **35** [I F4] **A.C. Perch's,** Kronprinsensgade 5, www.perchs-the.dk. Eine der ältesten Teeläden Europas, die Originaleinrichtung aus dem 19. Jahrhundert ist noch erhalten. Ein Besuch lohnt sich auch für Kaffeetrinker.
- **36** [F1] **Cirkus,** Rosenvængets Allé 7A. Große Auswahl an Weinen, Würsten und Käsen.
- **37** [B5] **Frederiksberg Chokolade,** Frederiksberg Allé 64, www.frederiksberg-chokolade.dk. Einkaufstipp für Schleckermäulchen. Hier gibt es selbst hergestellte Schokolade und Trüffel in allen nur denkbaren Geschmacksrichtungen.
- **38** [I F4] **Gammel Strand øl og vin,** Naboløs 6. Laden mit über 200 Biersorten.
- **39** [I E4] **L'Education Gourmand'is,** Larsbjørnsensstræde 15. Nicht als Souvenir für die Daheimgebliebenen zu Hause zu verwenden, aber man gönnt sich selbst ja oft viel zu wenig: Edle französische Eiscremekreationen in 40 Geschmacksrichtungen.
- **40** [I F4] **Ostkælder,** Gothersgade 41. Kleines Käsegeschäft mit langer Tradition und großer Auswahl. Hier gibt es alle dänischen Käsesorten, aber auch das Beste aus Holland und Frankreich.
- **41** [I E4] **Sømods Bolcher,** Nørregade 36b, www.soemod.dk. Süßigkeitengeschäft, in dem die Leckereien frisch zubereitet werden. Der Kunde kann zusehen.

▶ *Dänisches Design, jedoch secondhand und damit bezahlbar*

AUS ZWEITER HAND

Ob es an den hohen dänischen Preisen liegt oder daran, dass die Kopenhagener wissen, dass auch und insbesondere Altes schick sein kann – in Secondhandläden kaufen jedenfalls nicht nur Leute mit wenig Geld.

- **42** [I F4] **Boutique chic,** Naboløs 4. Designerklamotten und -schuhe.
- **43** [I F4] **Ca Roule Ma Poule,** Silkegade 7. Designerkleidung, edle Schuhe und Accessoires für die Dame – zwar schon getragen, aber trotzdem elegant.
- **44** [I F4] **Kitch Bitch,** Læderstræde 30. Schnäppchen aus zweiter Hand, hauptsächlich (aber nicht nur) Kleider.
- **45** [I E4] **Second Hand Records,** Larsbjørnsstræde 20. Alte Schallplatten zum Schnäppchenpreis. Wer geduldig sucht, kann hier auch seltene Ausgaben vinyler Klassiker finden.

FLOHMÄRKTE

- **Frederiksberg Flohmarkt** (auf dem Parkplatz hinter dem Rathaus Frederiksberg), April–Okt. Sa. 8–14 Uhr
- **Flohmarkt auf dem Israels Plads,** Mai–Okt. Sa. 8–12 Uhr
- **Gammel Strand Flohmarkt,** Mai–Sept. Fr. 9–18 Uhr und Sa. 9–15 Uhr
- **Kongens Nytorv Flohmarkt,** Juni–Okt. Sa. 10–17 Uhr

- **46** [I E4] **The Second Way,** Studiestræde 15. Hier findet man Mode der 1970er und 1980er Jahre.
- **47** [G4] **Yo-Yo,** Sankt Annæ Plads 31. Besonders edler Secondhandladen, der der Mutter des dänischen Supermodels *Helena Christensen* gehört.

016kh Abb.: WoCO/Morten Bjarnhof

EROTIK

Als 1967 in Dänemark das Pornografie-Verbot aufgehoben wurde, entstand ein regelrechter europäischer Sextourismus und Kopenhagen wurde zum Erotik-Mekka. Nach der Legalisierung gab es in der dänischen Hauptstadt etwa 60 Pornoläden, ein Viertel der Kunden war Ausländer. Inzwischen kann man längst auch in Deutschland oder Österreich pornografische Schriften kaufen und Dänemark hat seinen Ruf als Pornoeinkaufsparadies verloren. Geschäfte, die sich mit Reizvollem und Erregendem beschäftigen, gibt es aber immer noch – allerdings auf deutlich höherem Niveau als zu vergangenen Zeiten.

48 [I E4] **Party Uartig,** Peter Hvitfeldts Stræde 17, www.partyuartig.dk. Erotikladen der etwas anderen Art, niveau- und anspruchsvoll. Da nimmt es nicht wunder, dass 70 % der Kunden weiblich sind.

49 [I F4] **Tekinoktay finest lingerie,** Silkegade 13. Exquisite Lingerie, die Besitzerin berät ausführlich und freundlich.

ETWAS ANDERE MITBRINGSEL

50 [D3] **Finurlighed,** Birkegade 1. Ein Tipp für alle, die aus dem Urlaub Selbstgemachtes mit nach Hause bringen wollen, denn hier kann man Porzellan selbst bemalen.

51 [G5] **Tranhuset,** Strandgade 100, Bygning F. Hier kann man Kunsthandwerk, Schmuck und Gebrauchsgegenstände aus Island, Grönland und von den Färöer Inseln stilecht in einer ehemaligen Trankocherei von 1781 erstehen.

AM PULS DER STADT

Wann immer Umfragen gemacht werden, in welchem Land die Menschen am glücklichsten seien, landet Dänemark auf einem Spitzenplatz. Was kann es besseres geben, als die Hauptstadt des glücklichsten Landes der Welt zu besuchen? Dieses Kapitel bereitet den Kopenhagen-Besucher mit etwas Hintergrundwissen auf die Stadt am Öresund, seine Eigenarten und seine Bewohner vor.

018kh Abb.: WoCo

DAS ANTLITZ DER STADT

Kopenhagen ist die Hauptstadt Dänemarks und mit ca. 600.000 Einwohnern auch die **größte Stadt des Landes.** Im Großraum um die Stadt leben 1,7 Millionen und in der Öresundregion zwischen 3 und 3,5 Millionen Menschen. Diese Spannbreite in der Einwohnerzahl rührt daher, dass die Öresundregion ein „gefühltes", also nicht durch feste Grenzen definiertes Gebiet ist.

Kopenhagen ist eine **relativ kleine Hauptstadt.** Die meisten Sehenswürdigkeiten sind daher gut zu Fuß erreichbar oder aber mit einem der kostenlosen Fahrräder, die man überall ausleihen kann. In einem gemütlichen zwei- oder dreistündigen Spaziergang erschließt man sich die Innenstadt. Auch die Szeneviertel Vesterbro im Westen, Nørrebro und Fredriksberg im Nordwesten bzw. Norden sind nur einen Katzensprung vom Zentrum entfernt. Christianshavn und Holmen im Osten sind ebenfalls zu Fuß zu erreichen. Wer seine Kräfte trotzdem schonen will, dem steht ein hervorragend ausgebautes öffentliches Nahverkehrssystem zur Verfügung.

Klar ist Kopenhagen eine **Weltstadt,** aber eine **ohne Hektik.** In der Innenstadt gibt es mehr als 50 Museen, manche davon, wie die Ny Carlsberg Glyptotek ❷, genießen zu Recht Weltruhm. Auch die Theater- und Musikszene hat internationales Niveau erlangt. Als **Jazzhauptstadt Europas** ist Kopenhagen schon lange bekannt, spätestens seit der Eröffnung der Neuen Oper im Jahr 2005 wird aber auch die klassische Musik über die Landesgrenzen hinaus wahrgenommen.

Kopenhagen ist eine **Stadt am Wasser.** Egal, wo man wohnt, man ist immer in der Nähe der Ostsee. Aber auch die Nordsee liegt nicht weit. Eine Stunde Autofahrt auf die andere Seite der Insel Seeland und schon erreicht man die Küste der Nordsee. Das Meer spielt im Leben der Einwohner eine große Rolle. Den **Sommer** verbringt man am Strand und wer in der Stadt bleiben muss, genießt die Sonne in einem der zahlreichen Straßencafés, idealerweise in Wassernähe. Man lebt, so viel es geht, draußen – auch dann, wenn es die Temperaturen eigentlich nicht mehr zulassen. Heizpilze oder Decken locken auch dann noch zum Biergenuss im Freien, wenn der Kalender schon deutlich Spätherbst anzeigt.

In Kopenhagen wird das Bier aber nicht nur getrunken, sondern auch gebraut. *Tuborg* und *Carlsberg,* die beiden größten dänischen **Brauereien**, haben vor einiger Zeit fusioniert und gehören seitdem zu den größten der Welt. Viele kleine dänische Brauereien sind jedoch dem „Hunger" der Großen zum Opfer gefallen. Jetzt aber setzt eine Gegenbewegung ein. Kopenhagen ist nämlich auch eine Stadt der Vielfalt – selbst beim Bier. In den vergangenen Jahren entstanden unzählige **Mikrobrauereien** und seitdem bieten viele Restaurants ihren Gästen selbstgebraute Kreationen an.

Kopenhagen lebt aber nicht nur vom Bier allein. Hier haben sich noch viele andere **Wirtschaftsunternehmen** angesiedelt, *Bang & Olufsen* zum Beispiel oder die Königliche Porzellanmanufaktur. Auch Banken und Versicherungen haben sich niedergelassen sowie Unternehmen der Computertechnologie. Kopenhagen entwickelt sich mehr und mehr zu einem **Hightechzentrum**. Der Energiesektor spielt eine wichtige Rolle, ebenso die Designbranche, die Biotechnologie, die Telekommunikation, die Umwelttechnologie und nicht zuletzt die medizinische Forschung. Auch der Pharmakonzern *Novo Nordisk,* bekannt für seine Enzym- und Insulinproduktion, hat in Kopenhagen seinen Stammsitz.

◄ Jazz und Wasser – zwei der bestimmenden Elemente der Stadt vereint

Kopenhagen ist außerdem eine Stadt der Bildung und der Lehre. Die **Universität** wurde im Jahr 1479 gegründet und ist damit nach der Universität Uppsala die zweitälteste Hochschule in Skandinavien. Als einzige Universität des Nordens wird die Kopenhagener Uni in internationalen Rankings zudem unter den Top 100 geführt.

Und: In Kopenhagen lebt man gerne. Die Stadt taucht immer wieder ganz oben in verschiedenen Top-10-Listen auf. Die bekannte Unternehmensberatung *William M. Mercer* platzierte Kopenhagen auf Rang 5 der Städte, in denen es sich **besonders gut leben** lässt – weltweit! Und auch das *Wallpaper Magazine* sprach Kopenhagen einen Platz in den Top 10 der lebenswertesten und „trendiesten" Großstädte zu.

Nicht nur die Einheimischen mögen Kopenhagen, auch die **Touristen** sind von der kleinen Hauptstadt am Meer begeistert. Und deswegen kommen Jahr für Jahr mehr von ihnen in die Stadt: Für 2004 weist die Statistik fast fünf Millionen Übernachtungen auf. 12.230 Hotelzimmer stehen den Gästen zur Verfügung. Dies sind ofensichtlich zu wenige, denn in der Hauptsaison und zu Messezeiten kommt es immer wieder zu Engpässen. Eine frühzeitige Vorausbuchung ist dann angeraten.

DER ALLTAG DER KOPENHAGENER

Kopenhagener sind **Weltstädter, tolerant und immer gut drauf** – so jedenfalls sehen sie sich gerne selbst. Und zum großen Teil haben sie mit dieser positiven Sicht auf sich selbst recht. Nicht umsonst hat wieder einmal eine Statistik die Dänen als das glücklichste Volk der Welt eingestuft (siehe Exkurs „Das glücklichste Land der Welt"). Da ist es sicher nicht von Nachteil, in der Hauptstadt genau dieses gesegneten Landes zu leben. Wahrscheinlich sieht man deswegen in Kopenhagen auffällig viele lächelnde Menschen.

Dienstleistungen werden nicht selbstverständlich hingenommen, sondern man bedankt sich für jede Kleinigkeit ausführlich. Die bloße Tatsache, dass einem der Busfahrer ein Ticket verkauft, ist den Kopenhagenern ein mehrfaches „Tak" – „Danke" – wert. Und der wiederum bedankt sich dafür, dass sich der Fahrgast bedankt, mit einem mindestens ebenso freundlichen „Tak". Man geht höflich und rücksichtsvoll miteinander um.

Dänen sehen das Leben etwas weniger problembeladen als Deutsche und bleiben deswegen in Stresssituationen eher **unverkrampft.** Noch heute ist der Erfolg der dänischen Fußballnationalmannschaft bei der Europameisterschaft 1992 legendär. Damals war das Team nur kurzfristig als Nachrücker nominiert worden (für die wegen des Krieges ausgeschlossene jugoslawische Nationalmannschaft) und die Nationalspieler

019kh Abb.: WoCo/Christian Alsing

reisten untrainiert und direkt aus dem Urlaub zur Meisterschaft. Trotzdem: Was an Kondition fehlte, wurde durch Lockerheit wettgemacht und man gewann im Hurra-Stil nicht nur völlig überraschend die Europameisterschaft, sondern auch die Herzen aller Fußballfans.

Die **dänische Toleranz** ist in den letzten Jahren etwas unter die Räder gekommen. Einst von vielen Linken als Vorzeigeland der Ausländerfreundlichkeit gehandelt, hat die Regierung inzwischen eine radikale „Das Boot ist voll"-Position eingenommen. Allerdings hört man fremdenfeindliche Sprüche und dumpfe „Ausländer raus"-Parolen selbst von den 14 % Wählern der (sehr) rechts-konservativen Volkspartei kaum. Ein Widerspruch: Man wählt zwar rechts, verhält sich im täglichen Leben aber tolerant. Vielleicht lässt einfach die den Dänen innewohnende Freundlichkeit keine Rücksichtslosigkeit im Alltag zu.

Eine skandinavische Eigenheit ist das **Jantelov, das Jantegesetz.** Erfunden hat dieses „Gesetz" der dänische Schriftsteller *Axel Sandemose* in seinem Roman „Ein Flüchtling kreuzt seine Spur" aus dem Jahre 1933. Benannt nach der fiktiven dänischen Provinzstadt Jante, hat das Jantelov aber im ganzen Norden Gültigkeit – auch in Dänemarks Hauptstadt Kopenhagen.

Interpretiert man das Jantegesetz positiv, steht es für **Bescheidenheit.** Besagt es doch, dass niemand glauben solle, er

► *Entspannte Kopenhagener am Strand von Amager*

DAS GLÜCKLICHSTE LAND DER WELT

Am 20. Oktober 2006 vermeldete VisitDenmark, die Fremdenverkehrsorganisation des Landes, stolz: „Dänemark ist das glücklichste Land der Welt, so das Ergebnis einer Untersuchung der Universität von Leicester. Die Untersuchung des britischen Sozialpsychologen Adrian White basiert auf Daten aus 178 Ländern und 100 Untersuchungen, u. a. der UNESCO und der Weltgesundheitsorganisation WHO. Die wichtigsten Faktoren der Studie sind Gesundheit, Wohlstand und Bildung. ‚Wir haben den Grad der Zufriedenheit mit dem Leben und der Umwelt betrachtet', sagt Adrian White, der die erste ‚Weltkarte des Glücks' erstellt hat. Nach Dänemark folgen die Schweiz, Österreich, Island und die Bahamas. An 23. Stelle stehen die USA, Deutschland landet auf Platz 35."

sei besser als sein Nachbar. Dementsprechend strebt man in Dänemark auch nicht danach, der Beste zu sein, sondern das Ziel ist das **Mittelmaß.** Die Übersetzung mit dem deutschen Wort Mittelmaß ist aber eigentlich falsch. Unser Begriff des Mittelmaßes hat nämlich eine negative Bedeutung, im Norden ist dieser hingegen durch und durch positiv besetzt.

Will man einem Dänen ein Kompliment machen, dann sagt man ihm, dass er ein ganz normaler Kerl sei, so einer wie alle anderen auch. Damit macht man ihm garantiert eine Freude, egal, ob er Handwerker, Nobelpreisträger oder der Kronprinz ist. Während man in den meisten anderen Ländern danach strebt, der Beste zu sein, bemüht man sich in Dänemark, so wenig wie möglich aus der Menge herauszuragen. Auch derjenige, der durch große Leistungen herausragt, stellt sich so durchschnittlich wie möglich dar. Mit überlegenem Wissen gibt man in Dänemark ebenso wenig an wie mit Reichtum.

Das mag charmant klingen, doch das Jantegesetz hat seine **negativen Seiten:** Ehrgeiz wird oft mit Egoismus gleichgesetzt. Und wer auf seiner kritischen, vom Mainstream abweichenden Meinung beharrt, wird schnell als arrogant angesehen. Da hilft es dann auch nicht, wenn die Ansicht des „Abweichlers" nachweislich die richtige ist. **Anpassung** wird nicht nur von Ausländern erwartet, die in Dänemark leben wollen, sondern auch von den eigenen Leuten. „Wir machen das hier soundso" ist eine oft gehörte Floskel, die sich auf jeden Lebensbereich anwenden lässt. Sie bedeutet nichts anderes als: „Wenn du dazugehören willst, dann passe dich an. Wir sind nichts Besonderes, aber du bist es auch nicht."

Die **jüngere Generation** löst sich allmählich von den alten Verhaltensmustern und auch in Skandinavien zieht der **Individualismus** ein. Inzwischen darf man sogar gut sein. Als *Jakob Andkjær,* Dänemarks bester Schwimmer, völlig überraschend bei der Schwimm-WM im Frühjahr 2007 eine Bronzemedaille gewann, äußerte er fast entschuldigend, dass er es schön finde, dass man es in Dänemark inzwischen eher akzeptiere, wenn einer gewinnen wolle, und das Jantegesetz weniger Anwendung finde.

VON DEN ANFÄNGEN BIS ZUR GEGENWART

Kopenhagen entwickelte sich bald nach seiner Gründung zum wirtschaftlichen, kulturellen und politischen Zentrum des Landes. Seit dem 15. Jahrhundert residieren dort die dänischen Könige. Es leuchtet ein, dass die Geschichte Kopenhagens daher weitgehend identisch mit der gesamtdänischen ist.

DAS FISCHERDORF HAVN

Vermutlich lebten schon vor mehr als 6000 Jahren Menschen auf der dänischen Insel Seeland – also dort, wo heute Kopenhagen liegt. Die Geschichte der Stadt beginnt aber erst um das Jahr 1000 n. Chr. Damals siedelten sich in der Gegend um den Öresund Bauern und Fischer an. Kopenhagen, auf Dänisch *København,* wird erstmals 1043 erwähnt, allerdings noch unter dem Namen *Havn* (dt. Hafen). Das Dorf machte seinem Namen alle Ehre, befand es sich doch am **bestgeschützten natürlichen Hafen** am Öresund. Deswegen war es für Fischer und Händler der bevorzugte Anlaufpunkt in der Region. Die Siedlung *Havn* lag ungefähr dort, wo sich heute der Rådhuspladsen (Rathausplatz) 27 befindet. Wer sich wundert, wo hier das Meer geblieben ist: Das Land hat sich in den letzten Jahrhunderten gehoben und deswegen findet man heute die Überreste von Havn relativ weit weg vom Wasser.

Um 1160 verschenkte König *Waldemar I.* (1157–1182) *Havn* an Bischof *Absalon* (1128–1201). Der machte sich sogleich daran, den Ort, der bis dahin immer wieder von Piraten heimgesucht wurde, zu befestigen, und ließ eine Burg errichten. Überreste der **Absalonsburg** kann man noch heute in den Kellern bei Schloss Christiansborg 6 besichtigen.

Der Name „København" wurde erstmals beim dänischen Geschichtsschreiber *Saxo Grammaticus* (~1140–~1220) erwähnt, der in seinen Chroniken vom „Mercatorum Portus", dem „Kaufmannshafen", berichtete. Dass Kopenhagen immer wichtiger wurde, dafür sorgten im 12. und 13. Jahrhundert die **Heringe**, deren Bestand im Öresund enorm zunahm. In zeitgenössischen Quellen ist vermerkt, dass man die Fische mit bloßen Händen aus dem Meer ziehen konnte. Viele Händler kamen deswegen nach Kopenhagen und kauften dort gesalzene Heringe, aber auch andere Waren ein. Im Gegenzug verkauften sie Häute, Felle und Getreide.

KRIEG MIT DER HANSE

Das aufstrebende Kopenhagen und die deutschen Hansestädte waren **Konkurrenten um die Vorherrschaft im Ostseehandel.** Immer wieder störten die Dänen den Schiffsverkehr der Hanse durch den Großen Belt. Aus diesem Grund kam es im 13. und 14. Jahrhundert mehrmals zu kriegerischen Auseinandersetzungen, bei denen auch Kopenhagen immer wieder schwer in Mitleidenschaft gezogen wurde.

Unter der Federführung der neuen dänischen Königin *Margrethe* (1387–1412) wurde 1397 die **Kalmarer Union**, ein Bündnis zwischen Dänemark, Norwegen und Schweden, geschlossen. Die innenpolitische Selbstständigkeit der Reiche blieb erhalten, außenpolitisch traten sie aber gemeinsam auf – zumindest theoretisch. Häufig jedoch kam es zwischen Schweden und Dänemark zu Streitigkeiten und mehrmals stand die Union vor dem Auseinanderbrechen. Einmal setzten die Schweden sogar einen Gegenkönig ein. Trotzdem hielt das Bündnis bis 1523. Den meisten Nutzen aus dem Bündnis zog Dänemark und damit auch Kopenhagen, die größte Stadt des Landes. 5000 Menschen, darunter 1000 Deutsche, lebten hier in der Mitte des 14. Jahrhunderts.

KOPENHAGEN WIRD HAUPTSTADT

1416 machte König *Erik VII. von Pommern* (1412–1439) Kopenhagen zu seiner Residenz, 1443 schließlich wurde Kopenhagen Hauptstadt und beerbte damit Roskilde. 1449 wurde *Christian I.* (1448–1481) als erster dänischer König in Kopenhagen gekrönt, 1479 die Universität gegründet. Im Jahr 1500 lebten bereits 12.000 Menschen in Kopenhagen.

Der dänische König hatte nun auch eine **neue Einnahmequelle** entdeckt: Ausländische Schiffe, die die Meerenge zwischen Seeland und Schonen bei *Helsingør* passieren wollten, mussten eine Gebühr, den sogenannten **Öresundzoll**, entrichten. Das ärgerte zwar die Händler der Hanse, brachte aber Dänemark und seiner Hauptstadt einen weiteren wirtschaftlichen Aufschwung.

Die **Streitigkeiten innerhalb der Kalmarer Union** mit Schweden wurden zu Beginn des 16. Jahrhunderts immer heftiger. Schwedische Adelige planten einen Aufstand gegen König *Christian II.* (1513–1523), dem sie vorwarfen, allein die Interessen Dänemarks im Auge zu haben. Der König aber erfuhr von den Plänen und handelte entschlossen und brutal: 1520 wurden 80 vermeintliche Rädelsführer auf seinen Befehl hin enthauptet. Nach diesem Tag wurde *Christian* in Schweden nur noch „Christian der Tyrann" genannt, im heimischen Kopenhagen aber hieß er von Stund an „Christian der Gute".

Mit seinem brutalen Vorgehen gegen den schwedischen Adel erreichte *Christian* genau das Gegenteil dessen, was er beabsichtigte. Der Widerstand in Schweden wuchs weiter und nur drei Jahre später erfolgte die **Auflösung der Kalmarer Union.** Das bedeutete auch das Ende der Herrschaft von *Christian II.*, der nun auch im eigenen Land in Ungnade fiel und abgesetzt wurde.

Im 16. Jahrhundert fegte die **Reformation** durch das Land und hinterließ ausgebrannte Kirchen und bürgerkriegsähnliche Zustände. Die Kämpfe endeten 1536 mit der Vertreibung der mächtigen katholischen Kirche, der Protestantismus wurde Staatsreligion. Dieses Jahr gilt auch als das Ende des Mittelalters in Skandinavien.

Der Wohlstand nahm weiter zu, allerdings wurde Kopenhagen immer wieder von **Epidemien** (insbesondere der Pest) heimgesucht, die Tausende das Leben kostete.

► Blick auf Slotsholmen (mit Schloss Christiansborg), im Aussehen entscheidend geprägt durch Christian IV., im Vordergrund links die Börse

CHRISTIAN IV. BAUT DAS NEUE KOPENHAGEN

Christian IV. (1588–1648) war der König, der die Bautätigkeit in Kopenhagen am meisten förderte und damit den **größten Einfluss auf die Gestalt der Stadt** nahm. Er trat 1588 als Elfjähriger die Thronfolge seines Vaters an, wurde aber erst acht Jahre später gekrönt. Während seiner Regierungszeit wurden unzählige pompöse Bauten im Stil der Renaissance errichtet, *Slotsholmen* ausgebaut und auf der Insel Amager ein neuer Stadtteil gegründet, dessen Bauten an Amsterdam erinnern: Christianshavn. Dort gibt es heute übrigens besonders viele alte Häuser. Das liegt daran, dass das Viertel im Gegensatz zu anderen Teilen Kopenhagens von großen Stadtbränden verschont blieb.

Christian IV. war aber nicht nur ein begeisterter Bauherr, sondern auch ein **König mit Großmachtsanspruch.** Er führte eine ganze Reihe von Kriegen, die er alle verlor. Am Ende seiner Regierungszeit hatte Dänemark große Gebiete verloren und war finanziell ruiniert. Kopenhagen jedoch hatte seine Einwohnerzahl auf 30.000 Menschen fast verdreifacht.

Aus den Fehlern seines Vorgängers hatte *Frederik III.* (1648–1670) offenbar nichts gelernt. Er erklärte 1657 Schweden den Krieg, den Dänemark wieder verlor und in Zuge dessen die Provinzen Schonen, Halland und Blekinge an Schweden abtreten musste.

020kh Abb.: WoCo/Cees van Roeden

DIE ZEIT DES ABSOLUTISMUS

Doch damit war der schwedische Hunger auf Eroberungen in Dänemark noch nicht gestillt, trotz eines Friedensvertrages ging der Krieg weiter. 1659 schließlich lagen die **schwedischen Truppen vor Kopenhagen** – und diesmal ging es um die Existenz Dänemarks. Die Kopenhagener leisteten heldenhaften Widerstand und konnten den Angriff zurückschlagen.

Obwohl er eigentlich die Probleme über das Land gebracht hatte, konnte *Frederik III.* nach der Abwehr des Schwedenangriffs seine Stellung auf Kosten des Adels stärken. Als erste europäische Monarchie Europas vollzog Dänemark den **Übergang zum Absolutismus**, der mit dem „Königsgesetz" *(Lex Regia)* am 14.11.1665 auch formal beschlossen wurde. Unter der Regierung *Frederiks* verbessert sich die Finanzlage Dänemarks, Landwirtschaft und Handel wurden gefördert und der Einfluss der Hanse zurückgedrängt.

PEST, BRÄNDE UND DER ANGRIFF DER ENGLÄNDER

Der Wohlstand in Kopenhagen nahm immer weiter zu – bis zum Jahre 1711, als eine **Pestepidemie** in der Stadt wütete und ein Drittel der damals 60.000 Einwohner dahinraffte. Kaum hatte sich die Stadt von diesem Schicksalsschlag erholt, nahte schon die nächste Katastrophe. Ein **Großfeuer** zerstörte 1728 große Teile der Stadt. Der Wiederaufbau erfolgte nach strengen Regeln, was die Höhe der Gebäude, das zu verwendende Baumaterial und den Baustil anging. Dadurch sollte u. a. weiteren Brandkatastrophen vorgebeugt werden. Wie sich bald zeigen sollte, gelang dies nicht. Auch Schloss Christiansborg ❻ entstand in dieser Phase des Wiederaufbaus und unterstrich in seiner Pracht eindrucksvoll die Macht des Königs.

Die letzten Jahrzehnte des 18. Jahrhunderts wurden auch die **„unbeschwerten Jahre"** genannt: Die Stadt prosperierte, die Geschäftsleute machten riesige Profite und eine pompöse Stadtvilla nach der anderen entstand. Auch den einfachen Leuten ging es zusehends besser. Seit 1784 lenkte *Frederik VI.* (1808–1839) als Kronprinzregent im Namen seines geisteskranken Vaters, *Christian VII.* (1766–1808), das Reich. Er leitete eine Reihe von **Reformen** ein, u. a. wurde die Schollengebundenheit der Bauern und damit die **Leibeigenschaft abgeschafft.**

1794 brannte Schloss *Christiansborg* fast bis auf die Grundmauern nieder. Das war aber nur ein mahnender Vorbote für eine viel größere **Katastrophe**, welche die Stadt ein Jahr später heimsuchte: Erneut wütete ein Großbrand in Kopenhagen; wieder wurden Hunderte von Gebäuden zerstört. Aber die Dänen ließen sich nicht entmutigen und machten sich sogleich an den Wiederaufbau ihrer Hauptstadt.

Es drohte jedoch bereits neues Ungemach. Dänemark hatte in jenen Tagen einen **Neutralitätspakt** mit Russland, Preußen und Schweden geschlossen. England, das im Krieg mit Frankreich lag, fühlte sich dadurch gefährdet, fürchtete, dass sich die Vierer-Koalition dem Feind anschließen könnte. Deswegen griffen die Engländer 1801 die vor Kopenhagen liegende dänische Flotte an und vernichteten sie nahezu völlig.

Doch es kam noch schlimmer: 1807 tauchte die englische Flotte erneut vor

AUF DEN SPUREN VON ...

... Sören Kierkegaard

› *Nytorv 29: Am 5. Mai 1813 wird Kierkegaard dort als jüngstes von sieben Kindern geboren.*

› *Heilig-Geist-Kirche/Helligåndskirke, Niels Hemmingsens Gade 5: Taufe am 3.6.1813.*

› *Vor Frue Kirche/Dom, Nørregade 22: Am 20.4.1828 wird Kierkegaard konfirmiert, ironischerweise von seinem späteren erbitterten Gegner Bischof Mynster.*

› *Hauptgebäude der Universität, Frue Plads 21: Hier beginnt Kierkegaard 1830 sein Studium der Theologie (später auch der Ästhetik und der Philosophie).*

› *Assistens Kirkegård, Kapelvej 54: Am 2. Oktober 1855 erleidet Kierkegaard einen Schlaganfall und bricht auf der Straße zusammen. Er wird ins Fredriks-Hospital gebracht, wo er am 11. November im Alter von 42 Jahren stirbt. Wenige Tage später wird er auf dem Assistens Kirkegård begraben (Grabfeld A 17).*

... Hans Christian Andersen

› *Vestergade 18: In der Pension Gardegården wohnt Andersen bei seinem ersten Kopenhagenaufenthalt im Jahre 1819. Das Gebäude existiert nicht mehr.*

› *Dybensgade 20: Hier wohnte der Märchendichter ab 1822.*

› *Vingårdsstræde 6: Die kleine Dachkammer im 3. Stock des Kaufhauses Magasin du Nord 2 kann man auch heute noch besichtigen.*

› *Nyhavn 20: Andersens Wohnort 1834.*

› *Nyhavn 67: Hier wohnte Andersen von 1848 bis 1867.*

› *Hotel d'Angleterre 11, Kongens Nytorv 34: Ab 1860 stieg Andersen hier mehrmals ab, vorzugsweise in Zimmer 208.*

› *Nyhavn 18: Hier lebte Andersen 1861 für wenige Monate und dann wieder 1873.*

› *Assistens Kirkegård, Kapelvej 54: Andersen stirb am 4. August 1875 und wird auf dem Assistens Kirkegård begraben (Grabfeld A1).*

Tipp: *Gegenüber der Ostseite des Tivoli 1 auf dem H.C. Andersen Boulevard befindet sich eine der beiden Statuen des Schriftstellers in der Stadt. Die andere steht in Kongens Have, dem königlichen Garten neben Schloss Rosenborg 37.*

Kopenhagen auf und belagerte die Stadt. Diesmal mussten die Hauptstädter ihre **Stadt dem Feind übergeben.** Kopenhagen wurde geplündert. Was die englischen Truppen nicht wegschleppen konnten, zerstörten sie. Dänemark und seine Hauptstadt stürzten in die **schwerste Krise ihrer Existenz.** Das Land stand vor dem Bankrott. 1814 musste Dänemark, das in den Napoleonischen Kriegen auf der Seite Frankreichs stand und erneut einen Krieg verlor, zu guter Letzt Norwegen an Schweden abtreten.

In den 30er Jahren des 19. Jahrhunderts ging es dann jedoch wirtschaftlich wieder langsam aufwärts. England, der einstige Feind, wurde zum wichtigen Handelspartner. Auch **kulturelle Veränderungen** fanden statt. Kunst, Philosophie und Literatur erlebten eine neue Blütezeit.

Auf politischer Ebene wurden Forderungen nach mehr Demokratie laut, denen sich auf Dauer auch der König nicht entziehen konnte.

DER WEG IN RICHTUNG DEMOKRATIE

1848 unterzeichnete *Christian VIII.* (1839–1848) kurz vor seinem Tod ein Dekret, in dem er den Absolutismus für beendet erklärte. Ein Jahr später erhielt Dänemark eine neue Verfassung, in der die **konstitutionelle Monarchie** festgeschrieben wurde. Ein **Zweikammernparlament** wurde eingeführt mit dem Folketing als dem Organ der Bürger und dem Landsting, in dem die Großgrundbesitzer vertreten waren. Wahlberechtigt waren damals aber nur die Männer.

Auch auf lokaler Ebene brachte die neue Zeit Veränderungen mit sich. 1857 durfte beispielsweise der Kopenhagener Gemeinderat den **Bürgermeister erstmals selbst ernennen** – ein Privileg, das bis dahin der König innehatte. In diese Zeit fällt auch die große **Choleraepidemie.** 5000 Menschen starben auf Grund der damals hochgradig unhygienischen Zustände. Doch man zog seine Lehren: 1859 wurde die Frischwasserversorgung der Stadt verbessert. Im selben Jahr bekam Kopenhagen ein Gaswerk und mit ihm kam Licht in die bisher dunklen Straßen der Stadt.

Außenpolitisch kam es in den 1850er Jahren zwischen dem Deutschen Staatenbund und Dänemark zum **Streit über die Herzogtümer Schleswig, Holstein und Lauenburg.** In Schleswig lebten zur Hälfte Deutsche, die anderen beiden Herzogtümer hatten eine rein deutsche Bevölkerung. Im Zuge des in ganz Europa erstarkenden Nationalismus forderten die Herzogtümer die Loslösung von Dänemark und die Eingliederung in den Deutschen Staatenbund. 1848 kam es darüber zu einem Krieg, in dem Dänemark ein letztes Mal die Oberhand behalten konnte. 1864 aber, als Preußen und Österreich auf der Seite Schleswigs, Holsteins und Lauenburgs gegen Dänemark in den Krieg zogen, war die dänische Niederlage schnell besiegelt.

Ende des 18. Jahrhunderts schritt die **Industrialisierung** auch in Dänemark voran. In Kopenhagen wurde Fabrik auf Fabrik gebaut. Werften, Brauereien, Zementfabriken – der Aufschwung war damals buchstäblich zu riechen. Von 1860 bis 1900 nahm die Einwohnerzahl von 155.000 auf über 400.000 zu. Vom Land strömten verarmte Bauern in die Stadt, die hier auch problemlos Arbeit fanden.

1884 wurden die ersten beiden sozialdemokratischen Mitglieder des dänischen Parlaments gewählt. Die **Sozialdemokratische Partei** machte außerdem kräftige Gewinne in der Ratsversammlung von Kopenhagen. In einer Koalition errangen die Sozialdemokraten 1903 eine knappe Mehrheit und gewannen dadurch eine bedeutende Position in der Ratsversammlung.

► Christiania Solidaritäts-T-Shirt: der alternative Stadtteil wehrt sich gegen die Politik der konservativen Regierung

021kh Abb.: rk

ERSTER UND ZWEITER WELTKRIEG

Während des **Ersten Weltkriegs** blieb Dänemark **neutral** und handelte so dem Deutschen Reich die Zusicherung ab, nicht angegriffen zu werden. In der Folge des von Deutschland verlorenen Krieges kam es 1918 zu einer Abstimmung in Nordschleswig über die Staatszugehörigkeit des Gebiets. Da die Mehrheit für die Rückkehr zu Dänemark stimmte, wurden die Grenzen erneut neu gezogen. Innenpolitisch wurde 1915 ein demokratisches Grundgesetz beschlossen und das **Frauenwahlrecht** eingeführt.

Auch im **Zweiten Weltkrieg** wollte Dänemark neutral bleiben und unterzeichnete im Mai 1939 einen auf zehn Jahre festgelegten Nichtangriffspakt mit Hitler-Deutschland. Weniger als ein Jahr später im April 1940 **besetzten deutsche Truppen Dänemark.** Anders als in allen anderen Ländern, in denen die Nazis einmarschierten, erfolgte in Dänemark keine Nazifizierung, d. h., die dänische Regierung blieb weiter im Amt und konnte in vielen Fragen weiterhin selbstständig entscheiden. Der relativen Souveränität Dänemarks während der deutschen Besatzungszeit ist auch zu verdanken, dass hier die meisten Juden der Verfolgung entkamen und ins benachbarte Schweden fliehen konnten.

NACHKRIEGSZEIT

Als Konsequenz aus der gescheiterten Neutralitätspolitik während des 2. Weltkriegs wurde Dänemark 1949 **Mitglied der NATO.** 1973 trat das Land der EG (Europäische Gemeinschaft), der heutigen **Europäischen Union,** bei. Dem Beitritt zur Europäischen Währungsunion hat die Bevölkerung in einer Volksabstimmung

FILMSTADT KOPENHAGEN

Dänemark ist ein ***Land mit langer Filmtradition.*** *Eine der ältesten Filmgesellschaften der Welt, Nordisk Film, 1906 unter dem Namen Ole Olsen's Filmstudio gegründet, kommt aus Kopenhagen. Aber auch heute hat der dänische Film weltweit einen guten Ruf.*

In Kopenhagen war es auch, wo im Frühling 1995 die ***Dogma-Filme*** *als Gegenbild zum Hollywood-Kino „erfunden" wurden (www.dogme95.dk). Das Dogma-Gelübde sieht für Regisseure strenge Regeln vor: So soll das von ihnen verwendete Material aus nichts anderem als dem der vorgegebenen Wirklichkeit bestehen - keine Kostüme, keine Bauten, keine Schminke, kein künstliches Licht. Alles wird so abgefilmt, wie man es vorfindet. Thomas Vinterbergs preisgekrönter Film „Das Fest" war der erste Dogma-Film, dann folgten Lars von Triers „Idioten" und Søren Kragh Jacobsens „Mifune". Lone Scherfigs erhielt für „Italienisch für Anfänger" 2001 auf der Berlinale einen Silbernen Bären.*

Weitere ***bekannte dänische Regisseure*** *sind u. a. Bille August („Das Geisterhaus", „Fräulein Smillas Gespür für Schnee" und, 2007 auf den Markt gekommen, „Goodbye Bafana"), Gabriel Axel („Babettes Fest") und Nicolas Winding Refn („Pusher I-III") sowie Anders Thomas Jensen („Ernst og Lyset", 2006 schaffte er in Deutschland seinen Durchbruch mit „Adams Äpfel").*

› ***Führungen durch die Studios von Nordisk Film*** *in Valby bei Kopenhagen: Mosedalvej 14, www.nordiskfilm.com, Tel. 36188482, Führungen wochentags 10-17 Uhr, Eintritt: 80 DKK (mindestens 10 Teilnehmer), Vorabinfos über Führungen: mica.nielsen@nordiskfilm.com*

im Jahr 2000 aber die Zustimmung verweigert. Deswegen ist nicht der Euro, sondern immer noch die dänische Krone Landeswährung.

Nach dem Krieg wurde Dänemark zunächst ausschließlich von sozialdemokratischen Regierungen geführt. Erst 1968 kam es zu einem ersten, wenn auch zunächst nur kurzen, politischen Richtungswechsel. Heute aber kommt der Regierungschef ebenfalls aus dem konservativen Lager, *Anders Fogh Rasmussen* (*1953) hat mit seiner **rigiden Sparpolitik und Kürzungen** im traditionell sehr gut ausgebauten dänischen Sozialsystem viele Kritiker auf den Plan gerufen. Gleichzeitig ist es ihm damit aber auch gelungen, die **niedrige Arbeitslosenrate** von ca. 5 % zu halten.

Als formelles Staatsoberhaupt in der konstitutionellen Monarchie fungiert seit 1972 **Margrethe II.** Sie ist erst die zweite Frau auf dem dänischen Thron und ihre Thronbesteigung war erst möglich geworden, weil das im Jahr 1953 geänderte Thronfolgegesetz seitdem auch einen weiblichen Regenten zulässt.

Im Gegensatz zu Dänemark, das vom konservativen Lager regiert wird, steht in Kopenhagen derzeit mit *Ritt Bjerregaard* (*1941) eine **sozialdemokratische Bürgermeisterin** an der Spitze.

KOPENHAGEN ENTDECKEN

Auf mehreren Rundgängen stellt das folgende Kapitel Kopenhagens Sehenswürdigkeiten vor. Wer nur wenig Zeit hat, sieht auf dem Innenstadtrundgang die wichtigsten Sehenswürdigkeiten. Zum richtigen „Kopenhagenkenner" wird man aber erst, wenn man auch die Stadtteile abseits des Zentrums, wie Fredriksberg oder Christianshavn, erkundet. Wer die Sehenswürdigkeiten außerhalb des Rundgangs besuchen will, für den sind die Tipps zur Anreise mit den öffentlichen Verkehrsmitteln gedacht.

DURCH DAS ZENTRUM KOPENHAGENS

Die Innenstadt der dänischen Hauptstadt kann man gut zu Fuß erkunden. Auf einem etwa vierstündigen Rundgang (ohne Museumsbesuche) lernt man die wichtigsten Sehenswürdigkeiten kennen und erhält einen ersten Eindruck von der Stadt.

Ausgangs- und Endpunkt der Stadtwanderung ist der Kopenhagener Hauptbahnhof [E5]. Verlässt man das Gebäude des Hauptbahnhofs, muss man nur die Bernstorffsgade überqueren und schon steht man am Eingangstor zum Vergnügungspark Tivoli ❶.

013kh Abb.: WoCo/Cees van Roeden

❶ TIVOLI ★★ [E5]

Der Kopenhagener Tivoli ist der große alte Herr der Vergnügungsparks.

Todeslooping, Monstersprung und Teufelsscooter – Fahrgeschäfte, die einem den Atem stocken lassen und den Magen umkrempeln, sucht man im Tivoli vergebens. Die Geisterbahn kommt hier eher rührend als erschreckend daher und bei der Fahrt mit dem Riesenrad kann man noch den Ausblick oder die schönen Augen der Partnerin genießen. Gerade seine **Beschaulichkeit** macht jedoch den Charme des Tivoli aus, die Fahrgeschäfte sind ohnehin nur Beiwerk. Eine **breite Palette von Restaurants** aller Preis- und Qualitätsklassen wartet auf die Gäste. Am Wochenende sollte man in den besseren Restaurants unbedingt Plätze reservieren, sonst findet man sich womöglich in einer langen Warteschlange wieder. Der Tivoli ist nicht nur Touristenattraktion, sondern ein wichtiger Teil des Kopenhagener Stadtlebens – entsprechend trifft man hier nicht nur Touristen, sondern auch viele Einheimische. Nahezu jeden Abend finden **Konzerte** statt, am Wochenende treten häufig nationale und internationale Stars auf. Besonders schön ist der Tivoli am Abend, wenn 150.000 bunte Lampen den Park in ein romantisches Licht tauchen. Zudem findet mittwochs und freitags jeweils um 23.45 Uhr ein großes **Feuerwerk** statt.

◀ *Eingang zum altehrwürdigen Tivoli*

Eine Ausnahme zu dem eben Gesagten gibt es aber doch, denn seit der Sommersaison 2006 bietet der Tivoli eine neue Attraktion: Das „Himmelskibet“ ist mit einer Höhe von 80 Metern das **höchste Kettenkarussell der Welt** und somit eine Kombination aus Aussichtsturm mit Blick über Kopenhagens Dächer und klassischem Kettenkarussell. Zwölf Gondeln mit Platz für je zwei Personen vermitteln mutigen Himmelsstürmern in luftiger Höhe bei einer Drehgeschwindigkeit von bis zu 70 Stundenkilometern das Gefühl zu fliegen. Dabei drehen sich die Gondeln auch um ihre eigene Achse! Seit 2006 befindet sich im Tivoli auch das längste Salzwasseraquarium mit über 1600 Fischen.

Wer seinen Besuch im Tivoli mit harten Fakten untermauern will, kann am Eingangsgebäude am H. C. Andersen Boulevard (= Hinterausgang) das **Tivoli Museum** [1] besuchen und sich dort über die Geschichte des Parks informieren.

› Vesterbrogade 3, www.tivoli.dk, Mitte April bis Ende Sept. So.-Do. 11-23 Uhr, Sa. bis 24 Uhr und Fr. bis 0.30 Uhr (in der Hochsaison von Mitte Juni bis Ende Aug. verlängert sich die Öffnungszeit von So. bis Do. um eine und am Sa. um eine halbe Stunde; in der Vorweihnachtszeit ab Mitte Nov. bis zum 23.12. ist Tivoli ebenfalls geöffnet), Eintritt: 79 DKK bzw. 40 DKK (für Kinder zwischen 3 und 12 Jahren), S-Bahn: København H

Direkter Nachbar des Tivoli ist die Ny Carlsberg Glyptotek.

2 NY CARLSBERG GLYPTOTEK ★★★ [E5]

Die Glyptotek zählt unter den Kunstliebhabern zu den spannendsten Museen Europas und ist mit jährlich 350.000 Besuchern gleichzeitig eines der meistbesuchten Museen in Dänemark.

Es beherbergt die größte Sammlung antiker Kunst im Norden Europas, vor allem Skulpturen aus dem Mittelmeerraum. Spektakulär ist zudem die Sammlung dänischer und französischer Kunst aus dem 19. und 20. Jahrhundert. *Bonnard, Degas, Delacroix* und *Monet* sind nur einige berühmte Impressionisten, deren Werke hier hängen. Außerdem ist eine große Sammlung von Werken *Gauguins* zu sehen. Insgesamt sind in der Ny Carlsberg Glyptotek mehr als 10.000 Werke ausgestellt.

Gegründet wurde das Museum im 19. Jahrhundert von *Carl Jacobsen* (1842-1914), dem Besitzer der Carlsberg Brauerei 53. Er besaß damals die größte private Kunstsammlung der Welt.

1897 wurde nach Entwürfen von *Vilhelm Dahlerup* (1836-1907) der älteste Teil des Gebäudes errichtet, 1906 wurde erstmals angebaut und 1996 kam der von *Henning Larsen* (*1925) geplante „Impressionistenflügel“ hinzu. *Larsen* war auch für die Planungen der neuen Oper verantwortlich und gilt als der Star unter den dänischen Architekten. Von 2004 bis 2006 schließlich wurde das gesamte Gebäude einer Generalüberholung unterzogen und präsentiert sich heute in neuem Glanz.

Tipp: Im Museumsshop kann man neben den üblichen Souvenirs, Büchern und Postern auch Abgüsse der bekanntesten in der Glyptotek ausgestellten Skulpturen kaufen.

› Tietgensgade 25, www.glyptoteket.dk, tgl. 10-16 Uhr, Mo. geschl., Eintritt: 50 DKK, So. und für Kinder und Jugendliche unter 18 Jahren freier Eintritt, S-Bahn: København H

022kh Abb.: WoCo/Morten Jerichau

3 ZENTRUM FÜR DÄNISCHES DESIGN ★ [E5]

Hier befindet sich eine sehr interessante kleine Ausstellung zu dänischem Design. Für nicht speziell Interessierte reicht allerdings ein Blick durch die große Fensterfront bzw. ein Blick vom Museumsshop aus. Weit mehr als das von dort Erkenntliche gibt es hier nicht zu sehen.

› H. C. Andersen Boulevard 27, www.ddc.dk, werktags 10–17 Uhr, Mi. bis 21 Uhr, am Wochenende 11–16 Uhr, Eintritt: 50 DKK, 12- bis 18-Jährige 25 DKK, unter 12 Jahren kostenlos, S-Bahn: København H

Nur wenige Schritte von der Fußgängerzone Strøget entfernt liegt das dänische Nationalmuseum.

▲ *Im Zentrum für dänisches Design*

4 NATIONALMUSEUM ★★ [E5]

Das Museum lädt ein zu einem Spaziergang durch die Geschichte Dänemarks von der Steinzeit bis heute. Ein besonderes Prunkstück der Sammlung ist der mehr als 3000 Jahre alte Sonnenwagen von Trundholm aus der Bronzezeit.

Zum Nationalmuseum gehören auch eine ethnographische Sammlung mit der weltgrößten Grönlandausstellung, eine Münzsammlung, eine Antikensammlung und das Kindermuseum. In dem letzten darf man alles anfassen und sich sogar verkleiden. Favorit der Kleinen ist eine exakte Kopie des Gokstad-Schiffes aus dem 10. Jahrhundert – das Original ist in Oslo zu sehen –, mit dem sie „auf große Fahrt gehen" dürfen.

Zwar wird man umfassend über Dänemark und seine reiche Vergangenheit informiert, die Übersichtlichkeit des Natio-

☐ Detailkarte Seite 76

nalmuseums lässt aber mitunter zu wünschen übrig. Ein weiterer Minuspunkt für Besucher aus Deutschland, Österreich und der Schweiz: Erklärungen auf Deutsch fehlen.

Das Gebäude, in dem die Museumssammlungen untergebracht sind, ist selbst eine Sehenswürdigkeit, liegen doch große Teile der Sammlung in dem 1743/44 von *Nicolai Eigtved* (1701–1754) im Stil des Rokoko erbauten Kronprinzenpalais.

› Ny Vestergade 10, www.natmus.dk, tgl. 10–17 Uhr (außer Mo.), freier Eintritt, S-Bahn: København H

Einige Schritte vom Nationalmuseum entfernt beginnt **Slotsholmen.**

5 SLOTSHOLMEN ★★★ [F5]

Hier liegen dicht gedrängt eine ganze Reihe bedeutender Sehenswürdigkeiten Seite an Seite.

6 Schloss Christiansborg ★★★ [F5]

Das wichtigste Gebäude auf Slotsholmen ist Schloss Christiansborg. Dieses ist heutzutage der Sitz des **dänischen Parlaments**, dem **Folketing.** Darüber hinaus sind auch einige Ministerien und der Oberste Gerichtshof im Schloss untergebracht. In den prunkvollen „Königlichen Empfangsräumen" werden Staatsgäste empfangen und offizielle Einladungen gegeben.

Teile des Schlosses können besichtigt werden, bekannt und sehenswert sind die dort ausgestellten **20 Pop-Gobelins,** die der dänische Künstler *Bjørn Nørgaard* (*1947) zum 50. Geburtstag der dänischen Königin *Margrethe* 1990 anfertigte.

DER SONNENWAGEN VON TRUNDHOLM

Der Sonnenwagen von Trundholm ist das ***wichtigste Fundstück aus der nordischen Bronzezeit*** *und wurde etwa im 15. Jh. v. Chr. geschaffen. Wiederentdeckt wurde er 1902 von einem Bauern, der in der Gemeinde Trundholm nahe Nyköbing sein Feld pflügte. Die 60 cm lange Skulptur stellt ein Pferd dar, das eine Sonnenscheibe zieht. Sie ist auf der einen Seite vergoldet – die Sonne bei Tag – und auf der anderen dunkel – die Sonne bei Nacht.*

Wenn man weiß, welch große Bedeutung die ***Verehrung der Sonne*** *für die Menschen der damaligen Zeit hatte, wird auch die besondere kultische Bedeutung des Himmelswagens klar. Im Bewusstsein der Menschen war die Abhängigkeit von der allmorgendlichen Wiederkehr der Sonne tief verankert. Noch bis weit ins Mittelalter hinein galt deswegen eine Sonnenfinsternis als Vorzeichen für den Weltuntergang und bei Tacitus kann man lesen, dass die Germanen vor nichts Angst hatten – außer vor dem Zusammenbruch des Firmaments, also dem Ausbleiben des Sonnenlichts. Umgekehrt war die Sonne die erste „Gottheit" der Menschheit, lange bevor andere Götter verehrt wurden.*

Noch in einer weiteren Beziehung ist der Sonnenwagen von Trundholm eine Besonderheit: Er zeigt die ***erste Pferdedarstellung*** *in Europa.*

FOLKETING

Im Folketing, dem dänischen Parlament, sitzen 179 Abgeordnete - darunter je zwei aus Grönland und den Färöer Inseln. Die Legislaturperiode beträgt vier Jahre und den Einzug ins Parlament schafft jede Partei, die mindestens zwei Prozent der Stimmen erhält.

SEHENSWERTES IM PLENARSAAL

Der Plenarsaal wurde am 28.5.1914 eröffnet. Das Rednerpult ist aus einem 1000 Jahre alten Stück Eichenholz gearbeitet. Die Figuren darüber wurden in den Jahren 1923 und 1925 von Just Nielsen Sondrup (1873-1947) geschaffen. Sie symbolisieren von links nach rechts: Weisheit, Wachsamkeit, Gerechtigkeit und Wahrheit. Vom gleichen Künstler stammen auch die Figuren an den Säulen auf der Eingangsseite. Sie stehen - wiederum von links nach rechts - für die wichtigsten Stützen der dänischen Wirtschaft: Fischerei, Handel, Landwirtschaft und Handwerk. An drei Berufszweige erinnern auch die „Götterfiguren" in den Rahmen der Deckenmitte. Neptun, der Gott des Meeres, steht dabei für die Fischerei, Ceres, die Göttin des Ackerbaus, für die Landwirtschaft und Merkur für den Handel.

*Zu beiden Seiten des Eingangs hängt je ein Gemälde von Olaf Rude (1886-1957). Auf beiden Bildern ist eine altgermanische Thingstätte (ein Ort, an dem damals Recht gesprochen wurde) dargestellt. Der Bildteppich mitten im Saal stammt von Berit Hjelholt (*1920) und trägt den Titel „Som en rejselysten flåde" - zu deutsch: „Wie eine auslaufbereite Flotte". Dieser Titel hat für die Dänen eine besondere Bedeutung, ist er doch auch der Titel eines sehr bekannten nationalromantischen Gedichtes von Helge Rode (1870-1937).*

BESUCHSREGELUNG

Alle ***Sitzungen*** *des Folketings sind* ***öffentlich.*** *Sie beginnen in der Regel dienstags und mittwochs um 13 Uhr und donnerstags und freitags um 10 Uhr. Solange es Platz auf der Besuchertribüne gibt, kann jeder Interessierte der Debatte lauschen.*

Führungen *durch das Folketing finden nur an sitzungsfreien Tagen statt: in der Sommerpause von Anfang Juli bis Mitte August Mo.-Fr. 10, 11, 13, 15 Uhr (auf Dänisch) und 14 Uhr (auf Englisch), von Mitte August bis zum dritten Dienstag im September tgl. 14 Uhr (Englisch) und 15 Uhr (Dänisch) und in den Winter- und Herbstferien Mo.-Fr. 10, 11, 13, 14 und 15 Uhr (nur auf Dänisch), im Rest des Jahres nur sonntags 10, 11, 13 und 15 Uhr (Dänisch) und 14 Uhr (Englisch). Die Führung ist kostenlos.*

› *www.folketinget.dk*

☐ Detailkarte Seite 76

Ursprünglich im 18. Jahrhundert erbaut, wurde Schloss Christiansborg 1794 und 1884 zweimal durch Brände schwer beschädigt. Da man die Reparatur- und Wiederaufbauarbeiten im Stil der jeweiligen Zeit veranlasste, ist das Schloss eine Mischung aus mehreren Stilrichtungen. Das Hauptgebäude wurde zwischen 1907 und 1928 im Stil des Neobarock erbaut, die Pläne für die königlichen Empfangsräume stammen von *Thorvald Jørgensen* (1867–1946).

Die **Schlosskirche** im neoklassizistischen Stil wurde 1826 errichtet und hat als einziger Gebäudeteil den großen Brand von 1884 überstanden. Dafür wurde sie aber am Palmsonntag 1992 durch ein Feuer schwer beschädigt. An der Restaurierung des Kirchenraums, die fünf Jahre beanspruchte, waren auch Experten aus Deutschland beteiligt. Die Engelsfiguren in der Kuppel stammen von *Bertel Thorvaldsen* (1770–1844), dem bekanntesten Bildhauer seiner Zeit. In vier Wandnischen stehen die Skulpturen der Evangelisten, geschaffen von bedeutenden dänischen Bildhauern des 19. Jahrhunderts: Lukas mit dem Stier von *Hermann Ernst Freund* (1786–1840), Markus mit dem Löwen von *Harald Conradsen* (1817–1905), Johannes mit dem Adler von *Christian Carl Peters* (1822–1899) und Matthäus mit dem Engel von *Johan Theobald Stein* (1829–1901).

Die Stallanlagen und das Hoftheater (erbaut 1767), in dem heute das **Theatermuseum** untergebracht ist, sind die ältesten noch erhaltenen Teile des Schlosses und die einzigen Überreste aus der ersten Bauphase. Noch älter sind die im Keller von Schloss Christiansborg zu besichtigenden Mauerreste der **Burg des Bischofs Absalon**, dem Gründer Kopenhagens, aus dem 12. Jahrhundert (siehe „Von den Anfängen bis zur Gegenwart").

Übrigens: Der berühmte Märchendichter *H. C. Andersen* (1805–1875) feierte im Hoftheater sein Schauspieler-Debut als einer von acht Trollen in einem Ballett von *Carl Dahlén* (1770–1851). Dabei wurde er aber kaum zur Kenntnis genommen. Dies verwundert jedoch nicht: Der grandiose Schriftsteller *Andersen* war als Schauspieler völlig unbegabt.

023kh Abb.: WoCo

► *Schloss Christiansborg auf Slotsholmen, der Sitz des dänischen Folketings (Parlaments)*

- Prins Jørgens Gård 1, www.ses.dk/112000c, Metro: Kongens Nytorv, Bus: 1A, 2A, 15, 26, 29, 65E
- Königliche Empfangsräume: Führungen Mai–Sept. Mo.–So. auf Dänisch um 12 und 14 Uhr und auf Englisch um 11,13 und 15 Uhr, Okt.–April Di.–So. auf Dänisch um 12 und 14 Uhr und auf Englisch um 15 Uhr, Eintritt: 60 DKK
- Unterirdische Ruinen der Absalonburg: tgl. 10–16 Uhr, von Okt.–April Mo. geschl., Eintritt: 25 DKK
- Theatermuseum: Di., Do. 11–15 Uhr, Mi. 11–17 Uhr, Sa., So. 13–16 Uhr, Eintritt: 30 DKK, unter 18 Jahren freier Eintritt, www.teatermuseet.dk
- Königliche Stallungen: Sa., So. 14–16 Uhr, vom 1.5.–30.9. auch freitags 14–16 Uhr, Eintritt: 20 DKK

024kh Abb.: WoCo/Christian Alsing

7 Thorvaldsens Museum ★★ [F4]

Das Museum widmet sich den Werken des **großen dänischen Bildhauers** *Bertel Thorvaldsen* (1770–1844), einem der wichtigsten Vertreter des Klassizismus in Europa. Er war selbst an der Planung des von *Michael Gottlieb Bindesbøll* (1800–1856) erbauten Museums beteiligt. Die Einweihung seines Museums im Jahre 1848 erlebte der 1844 verstorbene Bildhauer aber nicht mehr. *Thorvaldsen* war zu jener Zeit einer der bekanntesten Männer Dänemarks und galt als Volksheld. Als er 1838 nach 40-jährigem Aufenthalt in Rom nach Kopenhagen zurückkehrte, wurde ihm ein triumphaler Empfang bereitet. *Thorvaldsens* Rückkehr ist auch in einem farbgewaltigen Bildfries an der Außenseite (zur Kanalseite) des Museums dargestellt. Die Friese auf den anderen Seiten stellen den Transport von *Thorvaldsens* Skulpturen ins Museum dar.

Neben der umfassenden Sammlung von *Thorvaldsens* Werken beheimatet das Museum auch Kunstwerke aus der Sammlung des Bildhauers. *Thorvaldsens* Leichnam, der ursprünglich in der Vor Frue Kirke 22 bestattet worden war, wurde noch im Eröffnungsjahr des Museums dorthin überführt. Seitdem hat der Bildhauer in einem Grab im Innenhof des Museumsgebäudes seine **letzte Ruhestätte** gefunden.

- Bertel Thorvaldsens Plads 2, www.thorvaldsensmuseum.dk, Di.–So. 10–17 Uhr, Eintritt: 20 DKK, Mi. und für Kinder und Jugendliche unter 18 Jahre freier Eintritt, Bus: 1A, 2A, 15, 26, 29

◄ *Im Thorvaldsens Museum*

8 Königliches Zeughaus – Tøjhus ★ [F5]

In der 156 Meter langen Zeughaushalle, der größten Halle aus der Zeit der Renaissance, befindet sich eine **Militärausstellung.** Handfeuerwaffen, Schwerter, Rüstungen, Uniformen, Kanonen und was man sonst noch alles für einen richtigen Krieg benötigt sind hier ausgestellt.

› Tøjhusgade 3, www.thm.dk, Di.–So. 12–16 Uhr, im Juli tgl. 10–16 Uhr, Eintritt: 40 DKK, Mi. und Kinder bzw. Jugendliche bis 17 Jahre freier Eintritt

9 Jüdisches Museum ★★ [F5]

Daniel Libeskind (*1946), nach dessen Plänen auch das Jüdische Museum in Berlin errichtet wurde, baute 2004 eine alte Schiffshalle zu einem **neokubistischen Meisterwerk** mit schiefen Wänden und im Zickzack verlaufenden Gängen um. Hier ist seitdem das Jüdische Museum Kopenhagens untergebracht.

Die meisten dänischen Juden überlebten die Zeit der nationalsozialistischen Diktatur dank des Einsatzes und der Unterstützung ihrer nicht-jüdischen Landsleute. Innerhalb weniger Wochen konnten damals mehr als 7000 Menschen ins neutrale Schweden fliehen. Dieses Zeichen der Hoffnung in einer schweren Zeit versucht *Libeskind* auch im Aufbau des Museums umzusetzen. So verlaufen beispielsweise die Wege, auf denen man als Besucher durch das Museum geht, in Form der hebräischen Schriftzeichen für das Wort *Mitzwah* – was auf Deutsch „gute Tat“ bedeutet.

Das Museumsgebäude ist eine **alte Schiffshalle** aus dem 17. Jahrhundert, die im Auftrag von König *Christian IV.* (1588–1648) erbaut wurde. Hinter dem Gemäuer wurden damals die Schiffe der königlichen Flotte beladen, damit feindliche Spione nicht sehen konnten, wie viel Proviant und Munition an Bord genommen wurde. Das Gebäude hat aber auch einen Bezug zum Museumsprojekt, denn *Christian IV.* war es, der im Jahre 1622 die ersten Juden einlud, nach Dänemark überzusiedeln.

Die Ausstellung befasst sich nicht nur mit der Zeit der jüdischen Verfolgung, sondern zeichnet das **Leben der dänisch-jüdischen Gemeinde** vom 17. Jahrhundert bis heute nach. Jüdischer Alltag, das Zusammenleben mit Nicht-Juden und die jüdische Religion sind nur einige der Schwerpunkte.

033kh Abb.: Bitter+Bredt

► *Daniel Libeskinds Handschrift ist unverwechselbar: Jüdisches Museum*

025kh Abb.: WoCo/Morten Bjarnhof

› Proviantpassagen 6, www.jewmus.dk, Juni–Aug. Di.–So. 10–17 Uhr, sonst Di.–Fr. 13–16 und Sa., So. 12–17 Uhr, Eintritt: 40 DKK, freier Eintritt für Kinder und Jugendliche unter 15 Jahren, Bus: 1A, 2A, 15, 26, 29, 66

10 Königliche Bibliothek ★★ [F5]

Immer noch auf Slotsholmen erreicht man am Ufer zum Inneren Hafen hin die Königliche Bibliothek, die in der Mitte des 17. Jahrhunderts gegründet wurde. An der heutigen Stelle ist sie aber erst seit 1906 beheimatet, als *Hans J. Holm* (1835–1916) auf Slotsholmen ein Gebäude errichtete, das von norditalienischer Architektur des Mittelalters und der frühen Renaissance inspiriert wurde. 1999 wurde die Bibliothek durch einen spektakulären Neubau, dem sogenannten **Schwarzen Diamant**, ergänzt. Dieser beherbergt neben der Bibliothek einen Konzert- und Sitzungssaal, ein exquisites Restaurant, eine Buchhandlung und ein Fotomuseum.

Seit den 1990er Jahren gehört die beeindruckende **Handschriftensammlung** der Königlichen Bibliothek übrigens zum **Weltdokumentenerbe der UNESCO:** Sie besitzt die größte Sammlung literarischer Schriften Dänemarks. Zur Sammlung gehören unter anderem die persönliche Korrespondenz des Dichters *Hans Christian Andersens,* der Nachlass von *Søren Kierkegaard* und das *Dalby-Buch,* vier auf Pergament geschriebene Evangelien in lateinischer Sprache.

› Søren Kierkegaards Plads, www.kb.dk, Mo.–Sa. 10–19 Uhr, eingeschränkte Öffnungszeiten zwischen Juni und August, Bus: 66

026kh Abb.: rk

KLEINE PAUSE

Die Bibliothek liegt sehr schön am Wasser und deswegen lohnt sich ein Abstecher zur **Freiterrasse des Bibliothekscafés** auf einen Cappuccino in der Sonne – der ideale Platz für einen gemütlichen Nachmittag.

▲ *Der markante Turm der Börse bestimmt den Blick auf Slotsholmen*

◄ *Spektakulärer Anbau der Königlichen Bibliothek: Schwarzer Diamant*

11 Börse ★★ [F5]

Der markante Turm der ehemaligen Kopenhagener Börse ist eines der markanten Wahrzeichen Slotsholmens und Kopenhagens insgesamt.

Auf Slotsholmen, gegenüber von Schloss Christiansborg, liegt **eines der schönsten Gebäude Kopenhagens:** die ehemalige Börse. Sie wurde 1640 im Stil der holländischen Renaissance erbaut. Bis 1974 wurden dort wirklich Wertpapiere gehandelt, heute hat die städtische Handelskammer hier ihren Sitz.

Die über 100 m lange Fassade ist mit zahlreichen Sandsteinverzierungen geschmückt. Weithin sichtbar ist der **54 m hohe Turm,** der aus spitz zulaufenden, ineinander verdrehten Drachenschwänzen besteht.

› Børsgade, keine Besichtigung möglich

12 HOLMENS KIRKE ★ [F5]

Die Holmens kirke wurde 1619 unter *Christian IV.* (1588–1648) erbaut und ist die **Kirche der dänischen Königsfamilie.** Sehenswert sind vor allem der Barockaltar, die Kanzel (beide von 1660) und das Eingangsportal aus dem 17. Jh., das einst den Dom von Roskilde zierte. Hier heirateten Königin *Margrethe* und Prinz *Henrik* am 10. Juni 1967 und hier liegen auch die beiden dänischen Seehelden *Niels Juel* (1629–1697) und *Peter Tordenskiold* (1690–1720) begraben. Übrigens: Nach *Tordenskiold,* der unter dem Namen *Peter Wessel* in Trondheim geboren wurde, ist ein großes Fährschiff der Reederei Color Line benannt.

› Holmens kanal, www.holmenskirke.dk, 9–14 Uhr, Sa. 9–12 Uhr, sonntags ist die Kirche nur während der Gottesdienste geöffnet, Bus: 1A, 2A,15, 26, 29

13 NATIONALBANK ★ [F4]

Die Nationalbank ist ein modernes Granitgebäude im Stil des Funktionalismus, erbaut nach Plänen des weltberühmten dänischen Architekten *Arne Jacobsen* (1902–1971). Obwohl umstritten und von manchen als Monumentalstil gebrandmarkt, krönte der Bau der Nationalbank zwischen den Jahren 1961 und 1971 das Lebenswerk *Jacobsens.*

› Havnegade 5

14 KONGENS NYTORV ★★ [F4]

Kopenhagens größter Platz wurde Ende des 17. Jahrhunderts unter der Regentschaft Christians V. angelegt.

Und so wird auch dieser Regent mit einem Reiterstandbild in der Mitte des Platzes geehrt. Im Juni ist der Platz Zentrum der Studentenfeier, wenn die Absol-

027kh Abb.: rk

venten des Abschlussjahrganges Freudentänze um die Statue vollführen. Im Sommer lockt der Platz Genießer an, dann nämlich ist er von Open-Air-Cafés gesäumt. Und im Winter drehen die Sportlichen auf der Eislaufbahn ihre Runden. Rund um den Platz gruppieren sich viele Prachtbauten wie das Luxushotel d'Angleterre [11], das älteste Kaufhaus des Nordens, das Magasin du Nord [2], das Königliche Theater ⑮ und auch das Schloss Charlottenborg ⑯.

› Metro: Kongens Nytorv, Bus: 1A, 15, 19, 26

⑮ KÖNIGLICHES THEATER ★ [F4]

Seit 1748 strömen Theaterbesucher ins Königliche Theater am Kongens Nytorv. Das Gebäude, das man heute dort sehen kann, wurde aber erst 1874 errichtet. Aus dieser Zeit stammen auch die Statuen des romantischen Dichters und Dramatikers *Adam Oehlenschläger* (1779–1850), links vom Eingang zu finden, und von *Ludwig Holberg* (1684–1754), rechts vom Eingang, der für seine Komödien im Stile *Molières* bekannt ist.

Der **Kartenvorverkauf** für Vorstellungen des Königlichen Theaters findet nicht im Theater statt, sondern wenige Schritte entfernt im „Billetcenter" in der August Bournonvilles Passage 1 (Tel. 33696969, Mo.–Sa. 14–20 Uhr). Der Ticketkauf ist auch im Internet möglich: www.kglteater.dk oder www.billetnet.dk.

› Metro: Kongens Nytorv

◄ *Mitten auf dem Kongens Nytorv steht das Reiterstandbild Christians V., im Hintergrund das Königliche Theater*

EXTRATIPP

Bei H.C. Andersen zu Hause

Hans Christian Andersen, der Vater vieler dänischer Märchen, hat ganz in der Nähe des Kongens Nytorv gewohnt. Seine Wohnung in der Vingårdsstræde ist heute ein kleines **Museum,** das man kostenlos besichtigen kann. Zugänglich ist es über den dritten Stock des Kaufhauses Magasin du Nord [2].

⑯ SCHLOSS CHARLOTTENBORG ★ [G4]

Um 1670 im Stil des holländischen Barock erbaut, ist Schloss Charlottenborg heute Heimat der **Kunstakademie.** Hier finden regelmäßig Ausstellungen statt.

› Nyhavn 2, Tel. 33134022, www.charlottenborg-art.dk, tgl. 10–17 Uhr, Mi. 10–19 Uhr, Eintritt: 30 DKK, ermäßigt 20 DKK, Achtung: bis 12.1.2008 wegen Renovierung geschlossen

› Metro: Kongens Nytorv

⑰ NYHAVN ★★★ [G4]

Nyhavn ist mit seinen bunten Häusern am Kanal einer der am meisten fotografierten Orte der dänischen Hauptstadt. Ein Restaurant reiht sich ans andere und im Sommer, wenn die Tische vor der Türe stehen, trifft sich hier halb Kopenhagen auf ein Bier nach der Arbeit oder zum Abendessen im Sonnenschein.

In einem der **über 20 Restaurants** findet sicherlich jeder etwas nach seinem Geschmack. Die meisten Gasthäuser liegen auf der „Sonnenseite" des Kanals, während auf der „Schattenseite", jener mit den geraden Hausnummern, vor allem Wohnhäuser stehen.

Nyhavn, wörtlich übersetzt „Neuer Hafen", ist inzwischen gar nicht mehr so neu, denn er wurde bereits 1673 auf Initiative von König *Christian V.* (1670–1699) errichtet. Zweck des Hafens, der am Ende eines Kanals lag, war es, Händler ins Zentrum der Stadt zu locken. Bald entwickelte sich Nyhavn aber zu einer **üblen Spelunkengegend**, wo Prostitution und Trunksucht ihre Heimat fanden. Noch in den 70er Jahren des 20. Jahrhunderts war dies eine Gegend, die man lieber mied, erst dann begann der rasante Aufstieg. Die alten Häuser wurden liebevoll restauriert und wo einst Huren auf ihre Freier warteten, empfangen heute Wirte ihre Gäste.

028kh Abb.: rk

H. C. ANDERSEN IN NYHAVN

Der Märchendichter H. C. Andersen hat in seinem Leben ***mehrmals in Nyhavn gelebt.*** *In Hausnummer 20 wohnte er als junger Mann im Jahre 1834, als er an seinen ersten Märchen schrieb. 1845–1864 lebte er in einer Wohnung im Haus Nr. 67 auf der sonnigen Seite Nyhavns.*

Wieder zurück auf die Schattenseite ging es 1873. Damals zog er ins Haus Nummer 18 ein, wo er die letzten beiden Jahre seines Lebens verbrachte. Eine weitere Wohnung Andersens liegt nur einen Steinwurf von Nyhavn entfernt, nämlich in der Vingårdsstræde auf der anderen Seite von Kongens Nytorv. Die kleine Dachkammer kann man immer noch im 3. Stock des Kaufhauses Magasin du Nord besichtigen.

Auch in der Zeit, in der Andersen nicht fest in Kopenhagen residierte, hielt er sich bei seinen Besuchen in der dänischen Metropole gerne in der Gegend um Nyhavn auf. Im bekannten Hotel d'Angleterre 11 *war er oft zu Gast – und schlief dort meist in Zimmer 208.*

Übrigens: Auch einer der wohl berühmtesten dänischen Maler wohnte einst in Nyhavn. ***H. G. F. Holm*** *(1804–1861), der in Berlin geboren wurde, zusammen mit seinen Eltern aber schon als Jugendlicher nach Dänemark zog, lebte in Haus Nr. 55. In der Gegend um Nyhavn jedoch war der mittellose Künstler zu seiner Zeit nur unter dem Spitznamen „Fattigholm" (Dänisch für „armer Holm") bekannt.*

Hinweis: An Nyhavn fahren die Boote für die Kanalrundfahrten ab sowie am Ende des Kais (auf der „Schattenseite") die Wasserbusse.

› Metro: Kongens Nytorv, Bus: 1A, 15, 19, 26

18 STRØGET ★★★ [E4]

Strøget ist mit 3,2 Kilometern die längste Fußgängerzone Europas und durchzieht die dänische Hauptstadt vom Rathausplatz bis zum Kongens Nytorv.

Eigentlich ist Strøget nicht der Name einer einzelnen Straße, sondern der **Sammelname** für eine ganze Reihe von Straßen: Frederiksberggade, Nytorv, Nygade, Vimmelskaftet, Amagertorv und Østergade. In der Nähe des Rathausplatzes, in der Frederiksberggade, findet man viele Schnäppchengeschäfte, Billigketten und Souvenirshops. Je weiter man aber Strøget hinuntergeht, desto edler werden die Geschäfte und desto weniger touristisch die Angebotspalette. Am Amagertorv und auf der Østergade liegen zahlreiche exklusive Läden mit dänischen und internationalen Markenwaren. So zum Beispiel das Design- und Möbelhaus Illums, der Edelsilberschmied Georg Jensen oder die Royal Copenhagen Porzellanmanufaktur (vgl. 2).

Auch die großen Kopenhagener Kaufhäuser sind an diesem Ende der Fußgängerzone ansässig, die schließlich auf den größten und schicksten Platz der Stadt mündet, dem **Kongens Nytorv** 14. Südlich und parallel zu Strøget verläuft die kleine, gemütliche Fußgängerzone **Stræde**t, ein Verbund der beiden Straßen Læderstræde und Kompagnistræde. Hier liegen Cafés Seite an Seite mit ungewöhnlichen Läden, Antiquitätengeschäften und kleinen Galerien. Die kleine Lille Kirkestræde führt zum Nikolaj Plads mit der Nikolajkirche – das einstige Gotteshaus gilt als eine der besten Adressen Kopenhagens für Ausstellungen zur Gegenwartskunst.

Nördlich von Strøget liegt die Købmagergade mit dem Runden Turm 20. Und wer sich in den kleinen Seitenstraßen wie Kronprinsensgade, Pilestræde, Grønnegade oder Ny Østergade auf die Suche macht, findet einige der angesagtesten **Modeboutiquen und In-Cafés** der Stadt.

029kh Abb.: rk

► *Auf der Fußgängerzone Strøget herrscht oftmals starker „Verkehr"*

◄ *Idylle am Nyhavn*

Der Rundgang durch die Innenstadt führt nun wieder zurück zum Ausgangspunkt: Durch die Einkaufsstraße Strøget geht es langsam zurück zum Rathaus. Mit allen Abstechern sind es noch gut drei Kilometer, bis man am Endpunkt des Spaziergangs angelangt ist. Man spaziert zunächst durch die Østergade und biegt dann nach einigen Hundert Metern rechts in die Købmagergade ab.

EXTRATIPP

Aus Zwei mach Eins

Wer will, kann von Nyhavn aus unmittelbar den zweiten Innenstadtrundgang anschließen (siehe „Von Nyhavn bis Rosenborg Slott") und erst später Richtung Rathausplatz zurückkehren.

19 MUSEUM EROTICA ★ [F4]

Hier geht es nur um das Eine, aber **auf seriöse Weise.** Wer nicht nur an heißen Bildern, sondern auch an Wissenswertem rund um das Thema Erotik interessiert ist, ist im Museum Erotica richtig. Ob erotische Malereien oder Fotografien, Sexspielzeuge oder Keuschheitsgürtel ... was immer den Menschen an den Themen Sexualität und Erotik interessiert, bekommt man hier zu sehen. Offenbar kommt die Mischung aus Information und „Animation" gut an, denn seit der Eröffnung im Jahre 1994 „lustwandelten" mehr als eine Million Besucher durch die Räume der Ausstellung – davon die Hälfte Frauen.

› Købmagergade 24, www.museum-erotica.dk, Mai–Sept. tgl. 10–23 Uhr, sonst So.–Do. 11–20 Uhr, Fr., Sa. 10–22 Uhr, Eintritt: 109 DKK inkl. Ausstellungskatalog

20 DER RUNDE TURM – RUNDETÅRN ★★ [F4]

Einen Turm ohne Stufen – so etwas gibt es nur in Kopenhagen. Christian IV. ließ 1637–1642 den 35 m hohen Turm als astronomisches Observatorium erbauen.

Einzigartig ist der 209 m lange **Schneckengang** im Inneren, dessen Rampe in 7 ½ Runden bis zum alten Observatorium hinaufführt. Der Architekt entschied sich deswegen für eine Auffahrt und gegen Stufen, weil die schweren Bücher und Instrumente in einem Wagen zum Observatorium transportiert werden sollten. Auch viele Berühmtheiten sollen den Weg per Pferd oder Kutsche hinauf zur Turmspitze gewählt haben.

Überliefert ist die Geschichte des russischen Zaren *Peter des Großen,* der 1716 mit strammem Galopp zur Spitze hinaufritt, während seine Gemahlin in der Kutsche hinterherkam. Obwohl in zeitgenössischen Dokumenten verbrieft, ziehen heute einige Wissenschaftler diese Aussagen in Zweifel. Angeblich sei der Kurvenradius so eng, dass die kaiserliche Kutsche gar nicht genügend Manövrierraum gehabt hätte. Fest steht aber, dass bereits 1902 das erste Auto zur Turmspitze hinauffuhr und heute jährlich **Einradfahrradrennen** im Runden Turm stattfinden.

Der Runde Turm war auch schon im 19. Jahrhundert ein **beliebtes Touristenziel.** Auf alten Stichen und Gemälden erkennt man, dass es vor dem Eingang Verkaufsstände gab, in denen Souvenirs und Branntwein angeboten wurden.

► *Auf dem Runden Turm liegt einem die Stadt zu Füßen, auch die Vor Frue Kirke*

Seit 1642 kann man von der Spitze des Runden Turmes Sterne beobachten, das jetzige auf die Turmplattform aufgesetzte **Observatorium** steht dort allerdings erst seit 1929. Es ist 6,75 m hoch und hat einen Durchmesser von 6 m. Das Fernrohr, das im Winterhalbjahr für Hobbyastronomen zu Beobachtungen zur Verfügung steht, wurde von *Jens Olsen* (1872–1945) gefertigt, der auch die Weltuhr im Rathaus konstruiert hat.

Von der **Aussichtsplattform** lohnt sich nicht nur ein Blick über das Zentrum Kopenhagens – da man sich dort nur knapp über den Dächern der anderen Häuser befindet, ist dieser Rundblick auf gewisse Weise noch interessanter als von anderen Aussichtsplattformen der Stadt –, sondern auch auf das Begrenzungsgitter. Dort sind das Monogramm *Christians IV.* und die Buchstaben RFP zu sehen. Was das heißt? „Regna Firmat Pietas" – „Frömmigkeit festigt die Reiche", der Wahlspruch des Königs.

› Købmagergade 52a, www.rundetaarn.dk, Juni– Mitte Aug. Mo.–Sa. 10–20 Uhr, So. 12–20 Uhr, sonst Mo.–Sa. 10–17 Uhr und So. 12–17 Uhr, Eintritt: 25 DKK, Kinder bis 15 Jahre 5 DKK, Metro: Nørreport, Bus: 5A, 6A, 14, 42, 43, 173E, 184,185

21 UNIVERSITÄT ★ [E4]

Durch die St. Kannikestræde gelangt man zum Hauptgebäude der Kopenhagener Universität – 1836 erbaut von *Peter Malling* (1761–1865). Der Adler über dem Universitätseingang symbolisiert die „hochfliegenden Gedanken in der Wissenschaft". Ein kurzer Blick lohnt – natürlich nur falls gerade keine Vorlesung stattfindet – in den **beeindruckenden Haupthörsaal,** der nur zehn Meter hinter dem Eingang liegt.

Auf dem **Frue Plads** erinnern Büsten an berühmte Absolventen der Universität: an den Linguisten *Vilhelm Thomsen* (1842–1927), den Philologen und Politiker *Johan Nicolai Madvig* (1804–1886), der einige Jahre auch Kulturminister war, den Theologen und Politiker *Henrik Nicolai Clausen* (1793–1877), den Botaniker und Politiker *Joachim Fredrik Schouw* (1789–1852), den Zoologen *Japetus Steenstrup* (1813–1897) und den Physiker und Nobelpreisträger *Niels Bohr* (1885–1962). Meistens wirft aber kaum jemand einen Blick auf die in Stein gemeißelten Herren, denn oft treten hier Künstler auf und der Platz ist ein beliebter Treffpunkt, nicht nur von Studenten.

› www.ku.dk, Metro: Nørreport

22 VOR FRUE KIRKE ★ [E4]

Schon seit dem Mittelalter standen an dieser Stelle immer wieder Gotteshäuser. Sie alle fielen aber Stadtbränden zum Opfer. Die heutige Kirche stammt von 1829 und wurde im neoklassizistischen Stil erbaut. Ihre **Glocken** bieten gleich einen doppelten Superlativ: Im 60 m hohen Turm hängt die „Stormklokken", die mit vier Tonnen schwerste Glocke Dänemarks. Die kleinste Glocke der Domkirche wiederum ist die älteste des Landes und stammt von 1490.

Im Inneren der Kirche sind die überlebensgroßen **Statuen der zwölf Apostel** von *Bertel Thorvaldsen* (1770–1844) beachtenswert. Vom gleichen Künstler stammen auch die Christusstatue hinter dem Altar und das Taufbecken mit dem knienden Engel. Viele haben, vermutlich ohne es zu wissen, per TV schon einen Blick ins Innere der Kirche geworfen. Die weltweit übertragene Hochzeit zwischen dem dänischen Kronprinzen *Frederik* und der Australierin *Mary Donaldson* am 14. Mai 2004 fand nämlich hier statt.

› Nørregade 8, www.koebenhavnsdomkirke.dk, tgl. 8–17 Uhr, Metro: Nørreport

23 SANKT PETRI KIRCHE ★ [E4]

Nur wenige Schritte entfernt liegt die Sankt Petri Kirche aus dem 15. Jahrhundert. Sie dient seit mehreren Hundert Jahren als Kirche der **deutschsprachigen Gemeinde.** Beim Stadtbrand wurde die Inneneinrichtung von 1728 weitgehend zerstört und ist daher neueren Datums. Der 78 m hohe Kirchturm wurde erst später, 1757, errichtet.

› Ecke Nørregade/Sankt-Pederstræde, www.sankt-petri.dk, Metro: Nørreport

24 GRÅBRØDRETORV ★★ [F4]

Der ideale Punkt zum Ausruhen für müde Stadtspaziergänger ist der Gråbrødretorv. Der von alten Bürgerhäusern aus dem 18. und 19. Jahrhundert gesäumte Platz zählt mit seinen zahlreichen Kneipen und Restaurants zu den **schönsten Punkten Kopenhagens.** Benannt wurde der Platz übrigens nach den Franziskanermönchen, den sogenannten „grauen Brüdern", die hier im Mittelalter ihr Kloster hatten.

› Metro: Nørreport

25 HELLIGÅNDSKIRKE ★ [F4]

Nur wenige Schritte vom Gråbrødretorv entfernt liegt die Helligåndskirke, die Kirche des Heiligen Geistes. Sie wurde als Klosterkirche zu Beginn des 15. Jahrhunderts erbaut, 1728 beim Stadtbrand zerstört und 1880 im Stil der Neurenaissance wiedererrichtet. Sehenswert ist im Inneren der Altar von 1732, der damals von König *Christian VI.* (1730–1746) gestiftet wurde.

› Niels Hemmingsens Gade 5, tgl. 12–16 Uhr, Metro: Nørreport, Kongens Nytorv

Viele Kopenhagenbesucher kommen in diese Gegend aber nicht wegen der Kirche, sondern wegen des (zumindest bei Fachleuten) weltberühmten **Copenhagen JazzHouse** [8]. Hier treten regelmäßig nationale und internationale Stars auf – und schon manche glanzvolle Karriere hat hier ihren Anfang genommen.

26 AMAGERTORV ★★★ [F4]

Hier schlägt das Herz der dänischen Hauptstadt.

An der Stelle, an der Østergade und Købmagergade zusammentreffen, weitet sich die Fußgängerzone Strøget zu einem weiten Platz, dem Amagertorv. Den Namen hat der Platz daher, weil früher die Bauern hier von der Insel Amager der Stadtbevölkerung ihre Waren zum Kauf anboten. In seiner Mitte erhebt sich der sog. **Storchenbrunnen** aus dem späten 19. Jahrhundert, ein **beliebter Treffpunkt** insbesondere der jungen Kopenhagener. (Sieht man genauer hin, stellt man aber fest, dass es sich bei den dargestellten Vögeln um Reiher handelt.) An einem sonnigen Sommertag ist der Amagertorv eine riesige Showbühne für Jongleure, Einradfahrer, Zauberer, Musiker und, und, und. Um den Platz gruppieren sich selbstverständlich einige Cafés.

Bei allen Ablenkungen, die hier geboten werden, sollte man trotzdem einen Blick auf das Haus am Amagertorv 6 werfen. Das Gebäude aus dem Jahre 1616, in dem heute die **Königliche Porzellan-Manufaktur** untergebracht ist, zählt zu den ältesten der Stadt.

Weiterhin sehenswert am Amagertorv: Das **Museum des Silberschmieds/Designers Georg Jensen** [1] in Hausnummer 4 sowie das **Pfeifenmuseum** in Hausnummer 8. Wenige Meter vom Amagertorv entfernt liegt die **Nikolajkirche.** Messen werden hier aber keine mehr gelesen, im „Cafeén i Nikolaj" kann man hier vielmehr zu sehr moderaten Preisen speisen. Wenn die Sonne scheint, wird auch draußen serviert. Obwohl mitten im Zentrum gelegen, findet man dann unter

031kh Abb.: rk

► *Auf dem Amagertorv pulsiert das Kopenhagener Leben*

schattigen Bäumen eine Oase der Ruhe. In Teilen der Kirche ist ein Kunstzentrum untergebracht, in dem Ausstellungen zu sehen sind.

Kurz bevor man den Rathausplatz erreicht, stehen noch zwei Sehenswürdigkeiten ganz anderer Art auf dem Programm. Im **Ripley's Believe It or Not-Museum** werden auf 1000 m² Merkwürdigkeiten und Kuriositäten ausgestellt: Ob das zweiköpfige Kalb, die Frau mit dem längsten Hals oder der Brief auf dem Reiskorn – alles, was auch die Bildzeitung auf der Titelseite abdrucken würde, ist hier zu sehen.

Im gleichen Haus liegt das 2005 zum 200. Geburtstag des Dichters eröffnete **H. C. Andersen Eventyrhuset**, das H. C. Andersen Abenteuerhaus. Im Stile von Disneyland erfährt man hier etwas über das Leben des Dichters, seine zahllosen Reisen und seine schwere Kindheit. Für Kinder sicher interessant sind die nachgestellten Szenen aus seinen Märchen. Erwachsene würden sich, gerade angesichts des hohen Eintrittspreises, manchmal eine etwas ernsthaftere Annäherung an die Person *Andersen* wünschen.

› Rådhuspladsen 57, Tel. 33323131, www.ripleys.dk, Mitte Juni–Ende Aug. tgl. 9.30–22.00 Uhr, sonst So.–Do. 10–18 Uhr und Fr., Sa. 10–20 Uhr, Eintritt: 83 DKK (für Ripley's), 66 DKK (für H. C. Andersen Eventyrhuset) bzw. 127 DKK (für beide Ausstellungen zusammen), Kinder bis 10 Jahre zahlen 42 DKK bzw. 33 DKK für je eine Ausstellung und 63 DKK für das Kombiticket, Jugendliche zwischen 11 und 14 Jahren 66 DKK, 54 DKK bzw. 103 DKK

► *Vor dem Palace Hotel spielen die Lurenbläser*

27 RATHAUSPLATZ ★★ [E5]

Am Rathausplatz stehen zwei Klinkergebäude, die mit ihren nahezu identischen Türmen fast wie Geschwister aussehen. Einmal das **Palace Hotel**, erbaut 1908, und dann das 1905 fertiggestellte **Rathaus**, jeweils mit einer Turmhöhe von 105 m.

Zur Höhe des Turms wird die folgende Anekdote erzählt: Eigentlich hatte der Bauherr des Palace Hotels geplant, den Turm seines Hauses einige Meter weiter in den Himmel wachsen zu lassen als den des Rathauses. Die Stadtoberen aber duldeten kein Bauwerk, das höher als „ihr" Rathaus war und lehnten das Baugesuch ab. Erst als der Hotelbesitzer versprach, seinen Turm zu „kürzen", durfte er schließlich bauen.

Martin Nyrop (1849–1921), der Architekt des Rathauses, ließ sich bei seinen Planungen von italienischen Einflüssen inspirieren. Insbesondere das berühmte Rathaus von Siena soll als Vorbild für jenes in Kopenhagen gedient haben.

Über dem Hauptportal ist die vergoldete Statue von Bischof *Absalon*, dem Stadtgründer, zu sehen. Die Figuren auf dem Dach stellen Nachtwächter dar. Im Inneren sind die große Festhalle mit Büsten berühmter Dänen sowie die **Weltuhr** von *Jens Olsen* sehenswert. Sie zeigt nicht nur die Uhrzeit an, sondern auch zusätzlich den Lauf der Sterne, Sonnenauf- und Sonnenuntergangszeiten sowie die Daten des Gregorianischen und Julianischen Kalenders.

Der **Rathausturm** bietet einen weiten Blick über die Stadt und das Umland. Achtung: Den höchsten Turm Dänemarks darf man aber nur um 10, 12 und 14 Uhr erklimmen.

032kh Abb.: rk

Neben dem Rathaus stehen auf der einen Seite auf einer hohen Säule zwei Lurenbläser (siehe Exkurs „Luren"), auf der anderen ein Denkmal des Märchendichters *Hans Christian Andersen.*

Übrigens: Der **12-Uhr-Glockenschlag** des Kopenhagener Rathauses wird seit Jahrzehnten im dänischen Rundfunk übertragen: Er bildet den Auftakt zu den Seewasserstandsmeldungen. Bis vor wenigen Jahren wurde der Glockenton mittels eines Mikrofons im Turm live gesendet, inzwischen kommt er aus Kostengründen vom Band.

› Rådhuspladsen 1, Rathaus: Mo.–Fr. 7.45–17 Uhr, Führungen: Okt.–Mai Mo.–Fr. 15 Uhr, Sa. 10 Uhr (auf Englisch) bzw. Mo.–Fr. 10, 13, 14 Uhr, Sa. 11 Uhr (auf Dänisch), Juni–Sept. Mo.–Fr. 15 Uhr, Sa. 10 Uhr (Englisch), Mo.-Fr. 13 Uhr und Sa. 11 Uhr (Dänisch)

LUREN

Luren sind Instrumente aus der fernen Bronzezeit (13. Jh.–6. Jh. v. Chr.), die ausschließlich im Norden Europas gefertigt und gespielt wurden. Sie sind zwischen 1,5 und 3 m lang, s-förmig gebogen und mit einer kunstvoll verzierten Scheibe an der Schallöffnung versehen. Lurenbauer waren ***erstaunliche Handwerker*** *– bis heute ist es noch niemandem gelungen, die Instrumente aus Bronze mit solch dünnen Wänden, wie sie die alten Vorbilder haben, zu fertigen.*

Interessant ist auch, dass fast alle Luren in Paaren gefunden wurden. Die Wissenschaft nimmt deswegen an, dass immer zwei Luren zusammen gespielt wurden und ihr Klang aufeinander abgestimmt war. Welche Art von Musik auf ihnen gespielt wurde, werden wir jedoch nie erfahren, und auch über die Anlässe, zu denen sie geblasen wurden, kann man nur spekulieren. Man nimmt an, dass sie nicht allein zum Musikgenuss gespielt wurden, sondern schreibt ihnen eine wichtige ***kultische Bedeutung*** *zu. Mancher Wissenschaftler glaubt sogar, dass Luren als Signal vor einem Angriff geblasen wurden.*

Viele der Luren, die gefunden wurden, waren in einem so ***guten Zustand,*** *dass sie noch heute gespielt werden könnten – und zweimal im Jahr werden sie das auch: einmal am Tag der Sommersonnenwende abends auf dem Dach des Nationalmuseums und das andere Mal in der Neujahrsnacht auf dem Rathausturm.*

Legende für Detailkarte I auf S. 76

1 Theatermuseum [I F5]
2 Georg Jensen Museum [I F4]
4 Louis Tussaud's Wax Museum [I E5]
5 Ripley's Believe It or Not Museum / H. C. Andersen Eventyrhuset [I E5]
6 Tivoli Museum [I E5]
1 Custom House [G4]
2 Domhuskælderen [I E4]
3 Ensemble [I G4]
4 Restaurant Peder Oxe [I F4]
5 Den Grøene Kælder [I F4]
6 Nyhavns Færgekro [I G4]
7 Restaurant Fyrskibet [I G4]
9 Restaurant Schønnemann [I F4]
10 Gold Prag [I F4]
11 Den tatoverede Enke [I F4]
1 Krasnapolsky [I E4]
2 Kalinka Bar [I G4]
12 Amigo Bar [I E4]
13 Boiz [I F5]
15 Centralhjørnet [I E5]
16 Jailhouse CPH & Oscar Bar & Café [I E4]
1 1206 [I F4]
5 Kaufmann [I E4]
6 Kassandra [I F4]
9 Nature Wear [I E4]
10 Notabene [I F4]
11 Pede og Stoffer [I E4]
12 Puzzle [I F4]
13 Randers Handsker [I E5]
14 Wood Wood [I E4]
16 Bodum [I F4]
17 Georg Jensen [I F4]
19 Royal Copenhagen Porcelain [I F4]
20 Casa Shop [I F4]
22 Gubi International [I F4]
24 R.o.o.m [I E4]
25 Seating concept [I F4]
30 Illum [I F4]
31 Magasin du Nord [I F4]
35 A.C. Perch's [I F4]
38 Gammel Strand øl og vin [I F4]
39 L'Education Gourmand'is [I E4]
40 Ostkælder [I F4]
41 Sømods Bolcher [I E4]
42 Boutique chic [I F4]
43 Ca Roule Ma Poule [I F4]
44 Kitch Bitch [I F4]
45 Second Hand Records [I E4]
46 The Second Way [I E4]
48 Party Uartig [I E4]
49 Tekinoktay finest lingerie [I F4]
@2 Faraos Cigarer [I E4]
2 Copenhagen JazzHouse [I F4]
3 La Fontaine [I F4]
6 Mojo Blues-Bar [I E5]
8 Pumpehuset [I E4]
11 Masken [I E4]
12 Pan [I E4]
13 Chaca [I E4]
3 Folketeatret [I E4]
4 Glassalen [I E5]
6 Plex-Musikteater [I F4]
7 Turbinehallerne [I F4]
4 Sømandshjemmet Bethel [I G4]
6 Hotel Alexandra [I E4]
7 Ascot Hotel [I E4]
10 Hotel Fox [I E4]
13 Hotel D'Angleterre [I F4]
14 Hotel Skt. Petri [I E4]
2 Copenhagen Rainbow [I E4]

- Weltuhr: Mo.–Fr. 8.30–16.30 Uhr, Sa. 10–13 Uhr
- Turmbesteigungen: Juni–Sept. Mo.–Fr. 10, 12, 14, Sa. 12 Uhr, sonst Mo.–Sa. 12 Uhr
- Eintritt: Rathaus kostenlos, Führungen 30 DKK, Weltuhr 10 DKK, Turmbesteigung 20 DKK
- S-Bahn: København H

Gegenüber dem Rathaus an der Ecke des Tivoli liegt **Louis Tussaud's Wax Museum** 11. In einem alten Gebäude aus dem 18. Jahrhundert werden hier die wächsernen Doppelgänger von mehr als 200 Figuren der Weltgeschichte ausgestellt. Filmfans werden von der Szene in „Rick's Café" aus dem Filmklassiker „Casablanca" mit *Humphrey Bogart* und *Ingrid Bergman* begeistert sein.

- H. C. Andersens Boulevard 22, www.tussaud.dk, Mitte April–Ende Aug. tgl. 10–23 Uhr, sonst bis 18 Uhr (letzter Einlass eine Stunde vor Schließung), Eintritt: 84 DKK, Kinder bis 9 Jahre 36 DKK, Jugendliche bis 15 Jahre 59 DKK

3 ESSEN UND TRINKEN

1 [I E4] **Krasnapolsky,** Vestergade 10, Tel. 33328800, täglich 12–2 Uhr, So. ab 15 Uhr, Küche bis 22 Uhr (wird momentan renoviert, Neueröffnung voraussichtlich ab Herbst 2007). In den 1980ern die Kneipe der Künstler und Bohemiens, ist das Krasnapolsky heute eher Mainstream. Nichtsdestotrotz wurde die entspannte Stimmung auch in unsere Zeit hinübergerettet. Die Küche überzeugt, täglich wechselt die Karte. Ab und an auch Livemusik, junges Publikum.

2 [I E4] **Domhuskælderen,** Nytorv 5, Tel. 33148455, Mo.–Sa. 11–23 Uhr. Gemütliches Kellerlokal mit freundlichem Service. Im Sommer bietet es 100 Plätze unter freiem Himmel.

3 [I G4] **Ensemble,** Tordenskjoldgade 11, Tel. 33113352. Edel, teuer und elitär. Wer hier das 5-Gänge-Menü essen will, das von französischer Küche inspiriert ist, muss vorbestellen. Bekam einen Stern im Guide Rouge.

2 [I G4] **Kalinka Bar,** Havnegade 28, Tel. 33935040. Nicht ganz billig, dafür aber 2004 zum „Besten Café mit Blick aufs Meer" gewählt. Der Name „Bar" sollte nicht in die Irre führen, hier kann man auch gut essen.

4 [I F4] **Restaurant Peder Oxe,** Gråbrødretorv 11, Tel. 33110077. Traditionelles Smørrebrød am Mittag, französisch inspirierte Küche am Abend. Edel geht es in Peder Oxes Weinkeller zu.

5 [I F4] **Den Grøene Kælder,** Pilestræde 48, Tel. 33930140. Relativ preisgünstiges vegetarisches Restaurant in zentraler Lage.

6 [I G4] **Nyhavns Færgekro,** Nyhavn 5, Tel. 33151588. Eines der preisgünstigeren Restaurants am malerischen Nyhavn, Spezialitäten des Hauses sind Smørrebrød und das Heringsbuffet.

7 [I G4] **Restaurant Fyrskibet,** Kajplads 151, Nyhavn, Tel. 33111933. Hierbei handelt es sich um ein vegetarisches Restaurant auf einem alten Feuerschiff. Die Sonnenstrahlen auf Deck gibt es im Sommer gratis dazu.

8 [G4] **Told & Snaps,** Toldbodgade 2, Tel. 33938385, www.toldogsnaps.dk. Gemütliches Kellerrestaurant, das regelmäßig zu den besten Restaurants der Stadt gewählt wird. „Snaps" heißt auf Dänisch „Schnaps" – und genau dieses Getränk spielt auf der Karte eine wichtige Rolle.

9 [I F4] **Restaurant Schønnemann,** Hauser Plads 16, Tel. 33120785, 11.30–16 Uhr. Traditionelles Restaurant, gegründet 1877, in dem der Fußboden rustikal mit Sand ausgestreut ist.

Detailkarte I: Kopenhagen Zentrum

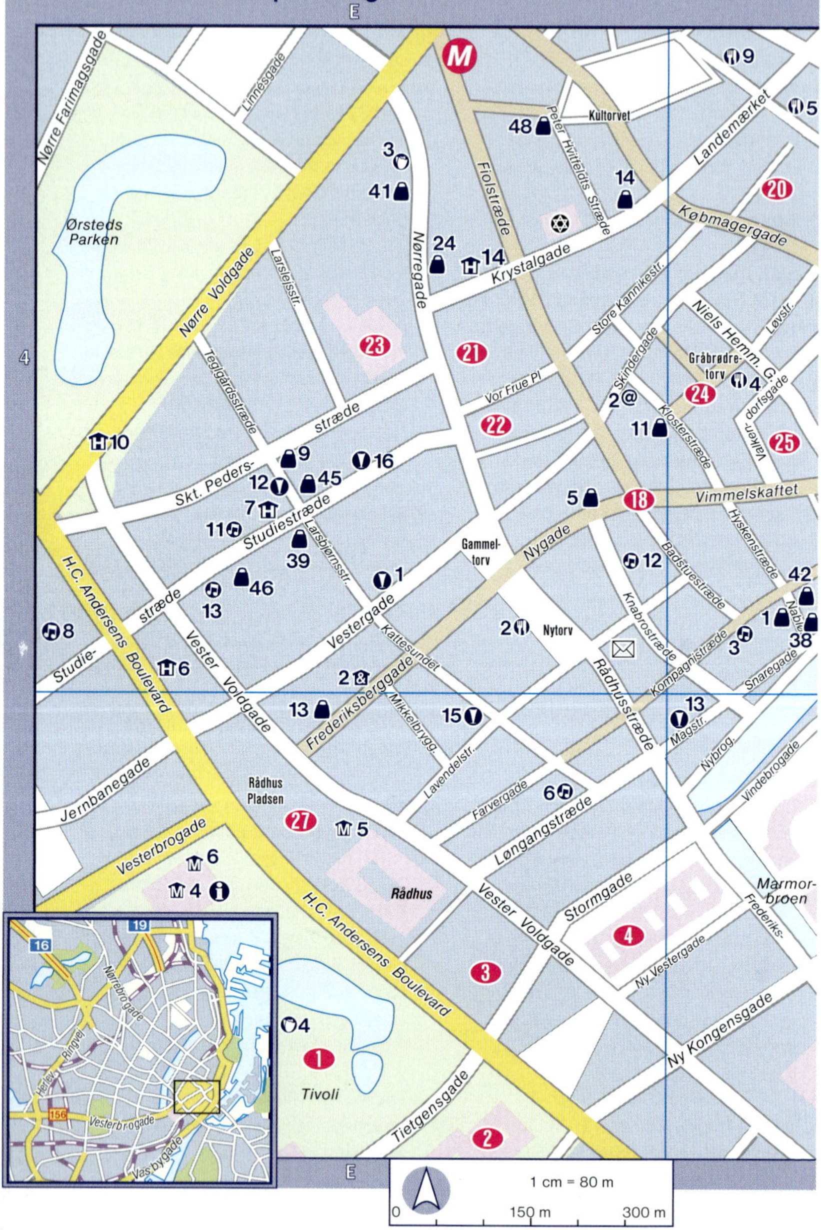

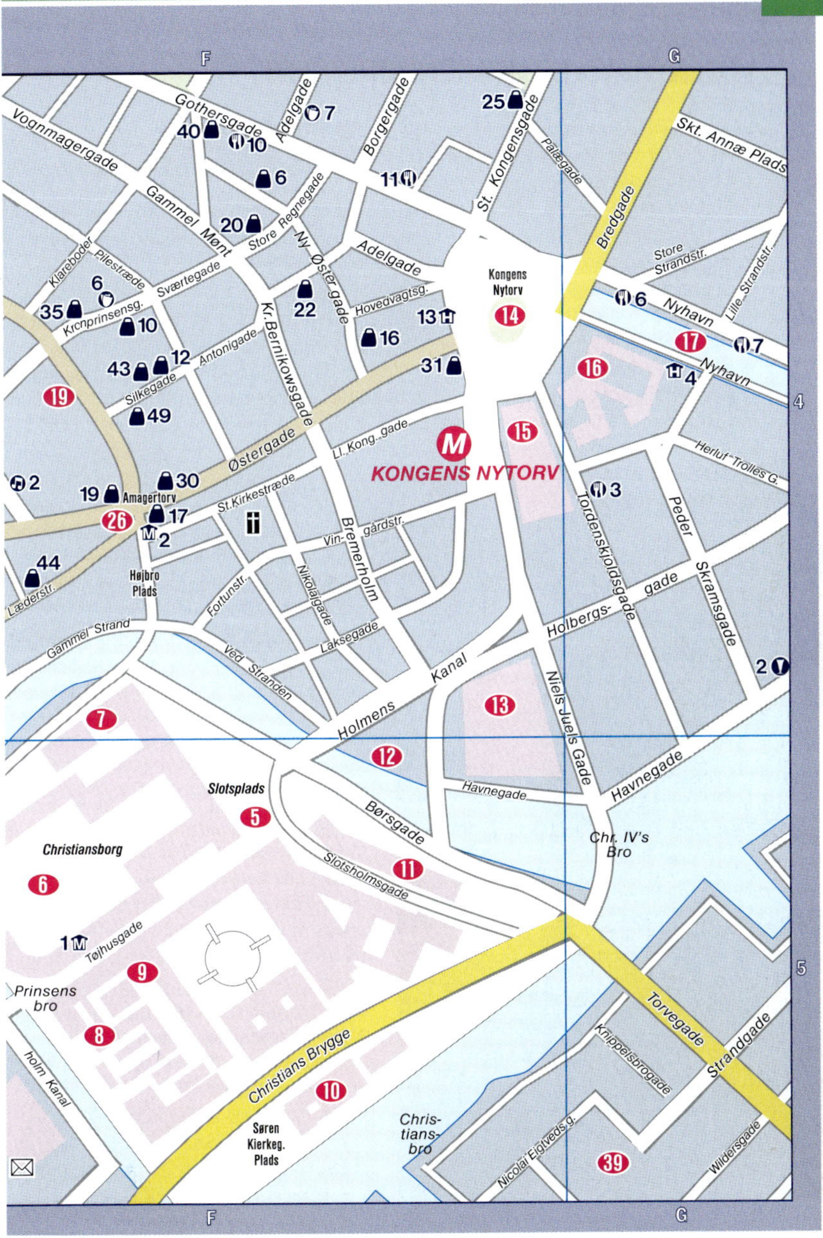
F
G
Gothersgade
Vognmagergade
Adelgade
Borgergade
St. Kongensgade
Pålægade
Skt. Annæ Plads
Bredgade
Gammel Mønt
Store Regnegade
Ny Øster gade
Adelgade
Kongens Nytorv
Store Strandstr.
Lille Strandstr.
Nyhavn
Nyhavn
Klareboder
Pilestræde
Sværtegade
Kronprinsensg.
Hovedvagtsg.
Kr. Bernikowsgade
Antonigade
Silkegade
Østergade
Ll. Kong. gade
KONGENS NYTORV
Herluf Trolles G.
Amagertorv
St. Kirkestræde
Vin-gårdstr.
Bremerholm
Tordenskjoldsgade
Peder Skramsgade
Holbergs-gade
Højbro Plads
Læderstr.
Fortunstr.
Nikolajgade
Laksegade
Gammel Strand
Ved Stranden
Holmens Kanal
Niels Juels Gade
Slotsplads
Havnegade
Havnegade
Børsgade
Chr. IV's Bro
Christiansborg
Slotsholmsgade
Tøjhusgade
Prinsens bro
holm Kanal
Christians Brygge
Torvegade
Knippelsbrogade
Strandgade
Søren Kierkeg. Plads
Chris-tians-bro
Nicolai Eigtveds g.
Wildersgade
4
5

VON NYHAVN BIS ROSENBORG SLOTT

Dieser zweite Innenstadtspaziergang beginnt in Nyhavn. Wer möchte, kann ihn mit dem ersten Spaziergang verbinden und aus beiden zusammen eine große Rundtour machen. Spaziergang Nummer 2 führt zu den Schlössern Amalienborg und Rosenborg, zu den wichtigsten Kunstmuseen der Stadt und zur meistfotografierten Sehenswürdigkeit: der Kleinen Meerjungfrau.

Von Nyhavn 17 aus erreicht man durch die Bredgade, die besonders als Einkaufsstraße für Antiquitäten bekannt ist, nach etwa 400 Metern die Marmorkirche bzw. Frederikskirke.

034kh Abb.: rk

28 FREDERIKSKIRKE (MARMORKIRCHE) ★★ [G3]

Mit ihrer mächtigen, sich hoch über die Dächer der Stadt erhebenden Kuppel ist die Fredrikskirke eines der auffälligsten Bauwerke in der Skyline der Stadt.

Ursprünglich war die Kirche ein richtiges **Angeberprojekt:** Der 1740 begonnene Bau sollte aus Marmor erbaut werden und in seinen Ausmaßen den Petersdom in Rom übertreffen. Doch auf so viel Unbescheidenheit blickte Gott offenbar nicht wohlgefällig, denn schon bald zeigte sich, dass der Bau nicht zu finanzieren war. Schließlich wurden die Arbeiten 1770 eingestellt und die Kirche blieb als unvollendete Bauruine stehen.

Erst als ein dänischer Industrieller seine Geldbörse öffnete, konnte weitergebaut werden. Allerdings in etwas bescheidenerem Maße und auch ohne Marmor – Kalkstein musste jetzt genügen. Immerhin konnte die Kirche 1894 endlich eingeweiht werden und die **Kuppel** war – obwohl man von den einst geplanten 45 m Durchmesser gewaltige Abstriche machen musste – mit 31 m immer noch eine der größten in Europa.

Sehr empfehlenswert ist der, allerdings etwas mühsame, Aufstieg zur **Aussichtsplattform** an der Kuppelspitze. Von dort oben hat man einen weiten Blick über die Stadt und den Öresund.

› Frederiksgade 4, www.marmorkirken.dk, Kirche: Mo.–Do., Sa. 10–17 Uhr, Mi. bis 18.30 Uhr, So. 12–17 Uhr, Aussichtsplattform: Mitte Juni–Ende Aug. tgl. 13 und 15 Uhr, sonst nur Sa., So. und Feiertage 13 und 15 Uhr, Eintritt: 25 DKK, Metro: Kongens Nytorv, Bus: 1A, 15, 19, 26, 29

29 SCHLOSS AMALIENBORG ★★★ [G3]

Die königlichen Wachen vor dem Schloss sind beliebte Fotomotive - insbesondere dann, wenn um 12 Uhr mittags der Wachwechsel stattfindet.

Schloss Amalienborg besteht aus vier gleich aussehenden Rokokopalästen, die sich um den **achteckigen Amalienborg Plads** gruppieren. Vom Hofarchitekten *Nicolai Eigtved* (1701–1754) 1749 entworfen, waren die Paläste ursprünglich Wohnungen für adlige Familien. Doch als 1794 Schloss Christiansborg 6 niederbrannte, stellten diese der obdachlos gewordenen Königsfamilie ihre Paläste zur Verfügung. Dort wohnt die Königsfamilie bis heute, vor allem während der Wintermonate. Offiziell ist Amalienborg die **Winterresidenz** von Königin *Margrethe II.* Ist sie zu Hause, weht am Schloss die dänische Fahne. Das Schloss selbst kann nicht besichtigt werden, das **Schlossmuseum** jedoch erzählt die Geschichte des Hauses *Glücksburg* ab 1863. Zu sehen sind u.a. die originalgetreu eingerichteten Arbeitszimmer *Christians IX.* und *X.* und *Frederiks VIII.* und *IX.* sowie Königin *Louises* Salon.

Das 12 m hohe **Reiterstandbild** in der Mitte des Platzes stellt König *Fredrik V.* dar. Gefertigt wurde es 1771 von *Jacques François Saly* (1717–1776). Billig war die Statue nicht, die Rechnung des französischen Bildhauers war höher als die Summe, die für die vier Paläste Amalienborgs zusammen ausgegeben werden musste!

Vom Ufer hinter dem Schloss hat man einen Logenplatz für einen Blick auf das neue, 2005 eingeweihte Opernhaus 44.

› Amaliegade/Amalienborg Plads, www.rosenborg-slot.dk (als Unterpunkt auf der Webseite), Mai–Okt. tgl. 10–16 Uhr, sonst Di.–So. 11–16 Uhr, Eintritt: 50 DKK bzw. 15 DKK (Kinder bis 15 Jahre), Metro: Kongens Nytorv, Bus: 1A, 15, 19, 26, 29

Geht man auf der Bredgade weiter stadtauswärts, erreicht man nach circa 200 Metern linker Hand die zwischen 1880 und 1883 erbaute russisch-orthodoxe **Alexander Newsky Kirche** (Bredgade 53, Di., Mi., Do. 11.30–13.30 Uhr). Sie ist leicht an ihren drei Goldkuppeln zu erkennen und wurde auf Veranlassung *Dagmars*, der Tochter *Christians IX.*, erbaut, die Zar *Alexander III.* heiratete und ihren Namen zu *Maria Feodorovna (1847–1928)* änderte. Eines ihrer Kinder war *Nikolaus II.*, der letzte Zar Russlands. Die Baukosten für die Kirche wurden damals von der russischen Regierung getragen.

Auf der rechten Straßenseite passiert man die katholische **St. Ansgars Kirche**, zwischen 1785 und 1787 im klassizistischen Stil erbaut, und erreicht schließlich das **Kunstgewerbemuseum** 1. Dessen Sammlungen zählen sicherlich zu den umfassendsten in Skandinavien. Dänisches und internationales Kunstgewerbe, Kunsthandwerk und Industriedesign aus den Bereichen Möbel, Silber, Glas und Textilien sind hier ausgestellt.

› Bredgade 68, www.kunstindustrimuseet.dk, Mo.–So. 11–17 Uhr, Eintritt: 50 DKK, unter 18 Jahren freier Eintritt

◀ *Über den Amalienborg Plads blickt man direkt auf die wuchtige Frederikskirke (Marmorkirche)*

036kh Abb.: WoCo/Christian Alsing

Wendet man sich am Ende der Bredgade nach rechts, erreicht man am Rande des Kastellparks das **Widerstandmuseum (Frihedsmuseet)**, ein eindrucksvolles Museum zum dänischen Widerstand während der Zeit der nationalsozialistischen deutschen Besatzung zwischen 1940 und 1945.

› Churchillparken, www.frihedsmuseet.dk, Mai–Sept. Di.–So. 10–17 Uhr, sonst Di.–So. 10–15 Uhr, freier Eintritt, Bus: 1A, 15, 19

Wenige Schritte weiter befindet sich die **St. Albans Church.** Erbaut zwischen 1885 und 1887, ist sie die Kirche der anglikanischen Gemeinde und deswegen ist das „Church" im Namen durchaus richtig. Obwohl sie in Kopenhagen steht, trägt sie daher ganz offiziell eine englische Bezeichnung.

› Churchill Parken, www.st-albans.dk

Den **Gefionbrunnen** direkt neben der St. Albans Church halten viele Besucher fälschlich für eine Darstellung von Europa mit dem Stier. Die 1908/09 von *Anders Bundgaard* (1864–1937) geschaffene Statue stellt aber die Göttin *Gefion* und ihre vier Söhne in Gestalt von Ochsen dar (siehe Exkurs „Die Sage von Gefion").

EXTRATIPP

Wer direkt zum **Statens Museum for Kunst** ㉜ weitergehen will, biegt am Ende der Bredgade links ab, geht ein kurzes Stück Esplanaden entlang und folgt dann der Gernersgade bis zu ihrem Ende. Dort biegt man erneut links ab und erreicht über die Rigensgade die Sølvgade. Dort hält man sich rechts und erreicht nach der nächsten großen Kreuzung das Museum.

DIE SAGE VON GEFION

Einst lebte an der schwedischen Küste ein König mit Namen Gylfi. Zu ihm kam eines Tages eine Frau, mit der er eine Liebesnacht verbrachte. In einer anderen Version heißt es, der König sei von dem Gesang der Frau betört gewesen. Wie auch immer, der König war offenbar von dem Erlebten so beeindruckt, dass er der Besucherin ein Geschenk machen wollte. Deswegen versprach er ihr so viel Land, wie sie im Laufe einer Nacht mit Hilfe von vier Ochsen umpflügen konnte. Was der König aber nicht wusste: Sein Gast, Gefion, stammte aus dem Göttergeschlecht der Asen und verfügte demzufolge über übernatürliche Kräfte.

Gefion rief ihre vier Söhne herbei, die sie dereinst mit einem Riesen gezeugt hatte, und verwandelte sie in kräftige Ochsen, die sie vor den Pflug spannte. Aufgrund der enormen Stärke der Ochsen grub sich der Pflug so tief in die Erde, dass sich ein riesiges Stück Land vom Festland abteilte. Dieses Stück Land schleppten Gefions Söhne nun auf das offene Meer hinaus, bis das Tageslicht anbrach. An der Stelle, an der die ersten Strahlen der Morgensonne auf das Land trafen, verankerte es Gefion wieder. So entstand die dänische Insel Seeland.

Als der König am Morgen erwachte, stellte er zu seinem Erschrecken fest, dass ein riesiges Stück seines Landes fehlte. Dort aber, wo das Land herausgerissen war, entstand ein See, der heute den Namen „Mälarsee" trägt. Mitunter heißt es auch, dass das Loch, das durch das Herauspflügen des Landes entstand, der Vänersee sei. (Das wäre logischer, denn er liegt näher an Dänemark.) König Gylfi wird es egal gewesen sein: Er dürfte sich so oder so über die Konsequenzen seines Handelns geärgert haben.

Die Sage ist also letztendlich eine Geschichte darüber, wie teuer es sein kann, sich mit der falschen Frau einzulassen.

30 KASTELL ★ [G2]

Zwischen dem Gefionbrunnen und der Statue der Kleinen Meerjungfrau 31 liegt das wuchtige **Kastell**, eine über 300 Jahre alte **Festungsanlage**, die – natürlich – *Christian IV.* zur Verteidigung Kopenhagens erbauen ließ. Das Kastell ist von viel Grün umgeben und obwohl es noch heute vom Militär genutzt wird, ist der Kastellpark für alle zugänglich. Zur Festung gehört auch eine kleine Windmühle von 1847.

› Langelinie, Park: April–Okt. tgl. 6–22 Uhr

Die Statue der Kleinen Meerjungfrau liegt etwas abseits, für den Fußweg zu ihr hin und zurück muss man etwa 20 Minuten einrechnen.

◄ *Der dramatisch in Szene gesetzte Gefionbrunnen erzählt eine alte Geschichte*

GESCHICHTEN RUND UM DIE MEERJUNGFRAU

DIE GEBURT DER MEERJUNGFRAU

*Im Jahre 1909 besuchte **Carl Jacobsen,** der Besitzer der Carlsberg Brauerei, das Ballett „Die kleine Meerjungfrau" nach dem gleichnamigen Märchen von Hans Christian Andersen. Er war so beeindruckt von der Aufführung, dass er umgehend Edvard Eriksen mit der Schaffung einer „Meerjungfraustatue" beauftragte. Am 23. August 1913 schließlich wurde die Staue enthüllt und von Jacobsen der Stadt Kopenhagen geschenkt.*

*Als ob er die Bosheit der Menschen vorausgesehen hätte, enthüllte Edvard Eriksen im Jahre 1913 nur eine **Kopie** der Jungfrau. Das Original wird bis zum heutigen Tage von den Erben des Bildhauers an einem geheimen Ort aufbewahrt. Wenn dann wieder einmal ein Bösewicht der kleinen Schönheit den Kopf oder ein anderes Körperteil absägt, fertigt man flugs einen Abguss des Originals - und schon ist die Dame wieder (fast) wie neu.*

*Doch auch diese „Schönheitsoperationen" werden in Zukunft kaum mehr nötig sein: Um den Kopfdieben ein für allemal das Handwerk zu legen, wurde der (Hohl-)Körper der Lille Havfrue **mit Beton ausgegossen.** Wer ihr jetzt an den Kragen will, wird sich an ihrem neuen Innenleben vermutlich die Zähne ausbeißen. Trotzdem: Nach der Dildo-Attacke am Weltfrauentag 2006 (s. u.) wird überlegt, die Dame zu ihrer eigenen Sicherheit in tieferes Wasser umzusiedeln.*

035kh Abb.: rk

LISTE DER ANSCHLÄGE

- *1. September 1961: Witzbolde malen ihr einen Büstenhalter und Schlüpfer an und färben ihr Haar rot.*
- *28. April 1963: Wieder ein Farbattentat, diesmal wird die ganze Meerjungfrau mit roter Farbe bemalt.*
- *24. April 1964: Die Meerjungfrau wird enthauptet. Kopenhagen trauert.*
- *22. Juli 1984: Diesmal wird ihr der rechte Arm abgeschnitten.*
- *5. August 1990: Der nächste Enthauptungsversuch: Die Attentäter scheitern.*
- *6. Januar 1998: Jetzt ist der Kopf gänzlich weg - wieder wurde die Meerjungfrau enthauptet.*
- *11. September 2003: 11. September! Die Meerjungfrau ist verschwunden. Später findet man sie im Wasser wieder, sie war vom Stein gesprengt worden.*
- *8. März 2006: Seit die Meerjungfrau mit Beton „gefüllt" wurde (s. o.), ist es nahezu unmöglich, ihr einen Körperteil abzusägen. Deswegen probieren es „Scherzbolde" jetzt andersherum: Am Weltfrauentag montieren sie der Jungfrau einen übergroßen Penis an und bemalen ihren Körper mit grüner Farbe.*
- *3. März 2007: Wieder ein Farbanschlag: Gesicht, linker Arm und der Schoß der Meerjungfrau wurden mit roter Farbe besprüht.*
- *20. Mai 2007: Unbekannte verhüllen die Statue mit einem an einen muslimischen Schleier erinnernden roten Tuch. Hintergrund: In Dänemark wird heftig über die Kopfbedeckung muslimischer Frauen diskutiert.*

31 KLEINE MEERJUNGFRAU ★ [H2]

„Den lille Havfrue" – die Kleine Meerjungfrau – ist die bekannteste Touristenattraktion Dänemarks und eine der meistfotografierten Statuen der Welt. Dabei ist die Schöne auf ihrem Felsen ein eher zierliches Persönchen und fast jeder, der sie zum erstenmal sieht, wundert sich, wie klein sie doch ist.

Gerade 125 Zentimeter misst die allerdings 175 Kilogramm schwere Dame. Seit 1913 sitzt die Bronzefigur aus dem gleichnamigen Märchen *Hans Christian Andersens* auf einem Findling am Langelinie Kai. Geschaffen hat sie der Kopenhagener Bildhauer *Edvard Eriksen* (1876–1958), der ihren Kopf nach dem Vorbild von *Ellen Price* (1878–1968), einer Balletttänzerin des Königlichen Theaters, modellierte. Da die Tänzerin aber nicht nackt dargestellt werden wollte, saß für den Körper der Meerjungfrau *Eriksens* Ehefrau *Eline* Modell.

- Langelinie, S-Bahn: Østerport, Bus: 1A, 15, 19, 26

Dänemarks weltberühmte „Kleine Meerjungfrau" hat seit August 2006 eine große Schwester: die **genmanipulierte Meerjungfrau.** Nur rund einen Kilometer nördlich am Langelinie Kai sitzt die ebenfalls in Bronze gegossene Märchenfigur auf einem Stein. Die Skulptur des dänischen Künstlers *Bjørn Nørgaard* (* 1947) ist, ihrem Namen entsprechend, verwachsen und dekonstruiert. Sie ist eines von neun Kunstwerken aus *Nørgaards* Skulpturengruppe „Das genmanipulierte Paradies", die um einen versinkenden Triumphbogen in einem rund 400 m² großen Wasserbassin gruppiert werden. Damit fand das ursprünglich zur EXPO 2000 in Hannover entstandene Werk nun einen endgültigen Platz in seiner Heimat. „Nun kann sich Dänemark zwei Bilder davon machen, wie unterschiedliche Zeitalter ihr Kulturerbe deuten", so *Nørgaard,* der u. a. auch die berühmten Pop-Gobelins für Königin *Margrethe* angefertigt hat (vgl. dazu ❻).

32 DÄNISCHE NATIONALGALERIE – STATENS MUSEUM FOR KUNST ★★★ [F3]

In der Dänischen Nationalgalerie wird eine wahrlich einzigartige Sammlung in- und ausländischer Kunst gezeigt: Skulpturen und Gemälde von 1300 bis zur Gegenwart.

Den Anfang nahm die Sammlung unter König *Frederik V.* Mitte des 18. Jahrhunderts. Da er mit seiner Kunstsammlung nicht hinter der anderer Königshäuser zurückstehen wollte, beauftragte der Monarch den Verwalter seiner Kunstsammlung, **Meisterwerke aus ganz Europa aufzukaufen.** Besonders holländische und flämische Maler aus dieser Zeitperiode sind in der Sammlung reich vertreten. Später dann wurden vor allem Werke dänischer Maler hinzugekauft, so dass das Statens Museum for Kunst heute die weltweit umfassendste Ausstellung von Werken dänischer Künstler aufweist.

Im 20. Jahrhundert kamen schließlich Schenkungen und langfristige Leihgaben hinzu. Deswegen findet man u. a. auch viele Bilder **französischer Maler des 19. und 20. Jahrhunderts.** Aus deutscher Sicht ist vor allem die umfangreiche Sammlung von Werken des Expressionisten *Emil Nolde* bemerkenswert.

Auch architektonisch hat das Museum Besonderes zu bieten. Seit 1998 ist der moderne Anbau durch einen **gläsernen Skulpturengang** mit dem alten Museumsbau von 1896 verbunden. In dieser hellen Passage kommen die eindrucksvollen Skulpturen besonders gut zur Geltung und man nutzt die angebotenen Ruheplätze gerne zum Verweilen. Zusätzlich zu den Dauerausstellungen werden jedes Jahr noch mehrere hochkarätige Sonderausstellungen gezeigt.

Empfehlenswert zur Vorbereitung des Besuchs ist die **sehr gut gemachte Homepage** des Museums (www.smk.dk), auf der unter anderem die zehn Prunkstücke der Ausstellung, dazu gehören neben anderen Werke von *Matisse* und *Rubens,* detailliert und kenntnisreich vorgestellt werden.

› Sølvgade 48–50, www.smk.dk, Di.–So. 10–17 Uhr, Mi. bis 20 Uhr, freier Eintritt, Bus: 6A, 14, 26, 40, 42, 43, 184, 185, 150S, 173 E

33 HIRSCHSPRUNGSCHE SAMMLUNGEN ★★ [F3]

Wer nach dem Besuch des Statens Museum for Kunst noch nicht genügend Bilder gesehen hat, kann gleich in den Hirschsprungschen Sammlungen weiter auf Besichtigungstour gehen. Das Museum wurde von dem Tabakfabrikanten *Heinrich Hirschsprung* (1836–1908) dem Staat geschenkt und 1911 eröffnet. *Hirschsprung* wollte seine Sammlung schon im Jahre 1902 dem Staat überlassen. Dass es dann noch fast 10 Jahre

▶ *Der moderne Anbau der Dänischen Nationalgalerie*

037kh Abb.: WoCo/Jens Bangsbo

dauerte, bis das Museum eröffnet werden konnte, liegt daran, dass der Beschenkte nicht nur dankbar war, sondern auch Forderungen stellte.

Zunächst sollte *Hirschsprung* seine Sammlung einfach an die Nationalgalerie abtreten. Als er das nicht wollte und einen eigenen Museumsbau finanzierte, war dieser dem Staat zunächst nicht pompös genug. Schließlich setzte sich *Hirschsprung* mit seinen Ideen aber doch durch und wer heute durch die Ausstellung geht, kann ihm zu seiner Standfestigkeit nur gratulieren. Gerade die **Intimität der Ausstellungsräume** ist es, die den Charme ausmacht. *Hirschsprung* erlebte den Erfolg seiner Bemühungen jedoch nicht mehr. Er starb 1908, drei Jahre vor der Eröffnung des von ihm gestifteten Museums.

Die Sammlung gibt einen hervorragenden Überblick über die dänische Kunst des 19. Jahrhunderts von der Klassik bis zur Moderne. Da Hirschsprung ein großer Bewunderer der **Skagenmaler** war – die so genannt wurden, weil sie ihre Motive unter den Fischern und Bauern in Nordjütland fanden –, besitzt das Museum eine ansehnliche Sammlung von Bildern *P. S. Krøyers*.

› Stockholmsgade 20, www.hirschsprung.dk, tgl. 11–16 Uhr (außer Di.), Eintritt: 50 DKK bzw. 40 DKK (Studenten und Rentner), unter 18 Jahren freier Eintritt, Bus: 6A, 14, 26, 40, 42, 43, 184, 185, 150S, 173 E

EXTRATIPP

Picknickpause

Die Ausstellung liegt in derselben Parkanlage wie das Statens Museum for Kunst. Bei gutem Wetter drängt sich eine Picknick-Pause in der weitläufigen **Østre Anlæg** förmlich auf.

34 GEOLOGISCHES MUSEUM ★ [F3]

Dargestellt wird in dem Museum die Geologie Dänemarks und Grönlands, ferner Mineralien aus aller Welt, ein **Stein vom Mond**, den Apollo 17 mitgebracht hat, außerdem eine der umfangreichsten Meteoritensammlungen Europas.

› Øster Voldgade 5–7, www.nathimus.ku.dk/geomus, Di.–So. 13–16 Uhr, Eintritt: 25 DKK, Kinder bis 11 Jahre 10 DKK, Rentner 15 DKK, Mi. freier Eintritt, Bus: 6A, 26, 184, 185

35 BOTANISCHER GARTEN – BOTANISK HAVE ★ [E3]

Im Botanischen Garten werden auf einer Gesamtfläche von etwa 10 ha mehr als 20.000 Pflanzen gezeigt!

Das Geologische Museum grenzt zwar unmittelbar an den Botanischen Garten, doch um eines der beiden Eingangstore zu erreichen, muss man noch gut 200 m um das Gelände herum gehen.

Das Prachtstück ist das runde **Palmenhaus** von 1874, in dem dicht gedrängt tropische und subtropische Pflanzen wachsen. In diesem gelangt man auf einer eisernen Wendeltreppe bis unters Dach und kann dort auf einer Galerie die Runde machen.

› Zugang durch Gothersgade 128 oder Øster Farimagsgade 2c, www.botanic-garden.ku.dk, Gelände: Mai–Sept. tgl. 8.30–18 Uhr, sonst 8.30–16 Uhr, Mo. geschlossen, Palmenhaus: tgl. 10–15 Uhr (Okt.–April Mo. geschlossen), Eintritt frei, Metro: Nørreport, Bus: 5A, 14, 40, 42, 43

36 ARBEITERMUSEUM – ARBEJDERMUSEET ★ [E3]

Nur wenige Schritte vom Botanischen Garten entfernt, erreicht man in der Rømersgade das Arbeitermuseum. Hier

038kh Abb.: rk

sind **Arbeiterwohnungen aus unterschiedlichen Zeiten** zu sehen. Zunächst wird eine Familie mit ihren Lebensbedingungen um 1915 porträtiert, dann eine in den Depressionsjahren um 1930 und schließlich eine aus den 50er Jahren des 20. Jahrhunderts, als der „American way of life“ in Dänemark Einzug hielt.

Ein anderer Teil der Ausstellung befasst sich mit dem **Kampf der Arbeiterbewegung** um bessere Lebensverhältnisse im Laufe des 20. Jahrhunderts. Das Museum befindet sich in einem ehemaligen Arbeiterversammlungshaus, das 1879 erbaut wurde und damit das älteste seiner Art in Nordeuropa ist. Im großen Sitzungssaal, der heute noch für Theatervorstellungen, Konferenzen u. Ä. genutzt wird, hat einst auch *Rosa Luxemburg* (1871–1919) gesprochen. Nach dem Museumsbesuch kann man sich in der ehemaligen Arbeiterbierstube „Café & Ølhalle“ bei traditionell dänischen Speisen oder einem Glas Bier stärken.

› Rømersgade 22, www.arbejdermuseet.dk, tgl. 10–16 Uhr, Eintritt: 50 DKK bzw. 40 DKK (Studenten und Rentner), Jugendliche bis 18 Jahre freier Eintritt

Dem Botanischen Garten gegenüber liegt Schloss Rosenborg.

► *Im Inneren des prachtvollen Schlosses Rosenborg befinden sich die Kronjuwelen*

◄ *Das runde Palmenhaus des Botanischen Gartens*

039kh Abb.: rk

37 SCHLOSS ROSENBORG – ROSENBORG SLOTT ★★★ [F3]

Im Inneren die Kronjuwelen, vor den Schlosstoren ein großer Park – Rosenborg hat für jeden etwas zu bieten.

Das Schloss wurde 1606–1634 als Sommerpalast von *Christian IV.* (1588–1648) im Stil der holländischen Renaissance errichtet, bald aber schon zu einem „richtigen“ Schloss ausgebaut. Es waren einige niederländische Architekten mit dem Bau betraut, als sicher gilt aber, dass auch der bauwütige *Christian* eigene Ideen in die Pläne hat einfließen lassen. Rosenborg war Residenz bis 1710, dann wurde das Schloss den Hoheiten zu unmodern und unbequem. Seitdem wird es zur Unterbringung der königlichen Kunstsammlungen verwendet.

Heute ist im Schloss u. a. eine Ausstellung zur Geschichte des dänischen Königshauses untergebracht. In der **Schatzkammer** werden die Kronjuwelen, der Schmuck der Königin und wertvolle Orden aufbewahrt. Das damals nicht gekleckert, sondern geklotzt wurde, beweist die Goldkrone der absolutistischen Herrscher, mit der zwischen 1670 und 1839 alle Könige gekrönt wurden. Sie hat ein Gesamtgewicht von 2080 Gramm und ist mit zwei geschliffenen Granatedelsteinen sowie zwei Saphiren besetzt.

Sehenswert sind auch der Thronsaal, die Schreibstube *Christians IV.* im Turm, der Spiegelsaal nach Versailler Vorbild und der Rittersaal mit den wertvollen Rosenborgtapeten.

› Øster Voldgade 4A, www. rosenborgslot.dk, Juni–Aug. tgl. 10–17 Uhr, Mai, Sept., Okt. tgl. 10–16, Nov.–April Di.–So. 11–16 Uhr, Dez. geschlossen, Eintritt: 50 DKK bzw. 40 DKK (Studenten und Renter), Jugendliche bis 17 Jahre freier Eintritt, Metro: Nørreport

Um zum Ausgangspunkt dieses Rundgangs am Nyhavn zurückzukommen, folgt man einfach der Gothersgade etwa eineinhalb Kilometer Richtung Osten.

MIT DER KÖNIGLICHEN LEIBGARDE DURCH DIE STADT

Ein beliebtes Touristenspektakel ist der ***Wachwechsel,*** *der täglich um 11.30 Uhr im Schloss Rosenborg beginnt. Dann machen sich ein Dutzend Männer der königlichen Leibgarde, die auch im Hochsommer ihre Bärenfellmützen auf dem Kopf tragen (müssen), auf den Weg zum Schloss Amalienborg. Dort kommen sie eine halbe Stunde später an, nachdem sie durch die Gothersgade, die Bredgade und die Amaliegade marschiert sind.*

Wenn Königin Margrethe II. oder ein anderes hochrangiges Mitglied in Amalienborg weilt, macht sich die Leibgarde sogar ***in großer Besetzung*** *auf den Weg. Dann marschieren dreimal so viele Gardisten mit zwei Offizieren und zwei Sergeanten los – und werden zudem noch von einer großen Kapelle begleitet.*

KLEINE PAUSE

Kongens Have, jener schöne Park, der das Schloss Rosenborg umgibt, ist ein beliebtes Ausflugsziel der Kopenhagener. Wer einen Platz für ein romantisches Picknick im Zentrum der Stadt sucht, ist hier richtig.

4 ESSEN UND TRINKEN

10 [I F4] **Gold Prag,** Gothersgade 39, Tel. 33914712, 16–24 Uhr. Kein Gourmettempel, aber ein gemütliches Lokal, in dem man billig satt wird. Die Küche bietet das Spektrum traditioneller tschechischer Kochkunst wie Gulasch, Schnitzel, Würstchen ... und dazu Bier. Mehrfach in die Liste der besten preisgünstigen Restaurants der Stadt gewählt.

11 [I F4] **Den tatoverede Enke,** Gothersgade 8c, www.dentatoveredeenke.dk, Tel. 33918877,Mo. 16–24, Di.–Sa. 14–2 Uhr (Küchenschluss immer um 22 Uhr). In der „Tätowierten Witwe“ gibt es volle Teller zum kleinen Preis. Bei Einheimischen ist das Lokal vor allem wegen des guten belgischen Bieres bekannt.

CHRISTIANSHAVN UND HOLMEN

Auf der anderen Seite des Inneren Hafens liegt Christianshavn, Kopenhagens Antwort auf Amsterdam. Der von Kanälen durchzogene Stadtteil wurde im 17. Jahrhundert auf Befehl von König Christian IV. (1588–1648) gegründet. Einst war er Arbeiterviertel, heute leben hier Künstler und Hippies in friedlicher Nachbarschaft mit Geschäftsleuten und Yuppies – Christianshavn ist angesagt.

Viele der alten Häuser wurden im holländischen Stil errichtet. Diesen erkennt man u. a. daran, dass die Giebelfront zum Kanal weist. Grund für diese Bauweise war, dass die Händler mit den am Giebel angebrachten Kränen ihre Waren leichter ins Haus befördern konnten. Viele **Holländerhäuser** sind noch erhalten und deswegen sind die stimmungsvollsten Straßen in Christianshavn auch diejenigen, die am Kanal entlangführen.

38 CHRISTIANSKIRKE ★ [G5]

Gleich hinter der Knippelsbro, über die man Christianshavn vom Stadtzentrum kommend erreicht, liegt rechter Hand die Christianskirche. Sie wurde zwischen 1754 und 1759 nach Plänen des königlichen Hofarchitekten *Nicolai Eigtved* (1701–1754) im Stil des Rokoko errichtet. Lange Zeit diente sie als Kirche der **deutschen Gemeinde** in Kopenhagen. Bis 1901 trug sie deswegen auch den Namen „König Frederiks Deutsche Kirche“. *Eigtved,* als dessen Hauptwerk das Schloss Amalienborg gilt, erlebte die Fertigstellung der Kirche nicht mehr, er starb kurz nach der Grundsteinlegung.

Von 1832 bis 1839 wirkte der Kirchenreformator, Schriftsteller, Philosoph und Pädagoge *Nikolai Frederik Severin Grundtvig* (1783–1872) hier als Prediger. Über die Landesgrenzen hinaus ist *Grundtvig,* der zu den bedeutendsten Persönlichkeiten in der Geschichte seines Landes zählt, als Gründer der dänischen Volkshochschulen bekannt.

› Strandgade 1, tgl. 8–18 Uhr, Nov.–Feb. nur 8–17 Uhr

040kh Abb.: rk

► *Beschaulicher Kanal in Christianshavn*

39 VOR FRELSERS KIRKE ★★ [G5]

Die Vor Frelsers kirke bietet eine wunderbare Aussicht über die Stadt – aber nur für Schwindelfreie, denn der Aufstieg zur Kirchturmspitze erfolgt über eine Wendeltreppe an der Außenseite.

Die Vor Frelsers kirke (dt. Erlöserkirche), zwischen 1682 und 1696 von dem niederländisch-norwegischen Architekten *Lambert van Haven* (1630–1695) erbaut, ist wegen ihrer an der Außenseite des Turms bis zur Spitze hinaufführenden **Wendeltreppe** bekannt. Diese wurde erst 1752 von *Lauritz de Thurah* (1706–1759) „angefügt".

Von der Turmspitze aus blickt eine drei Meter hohe, eine Flagge haltende goldene Christusfigur über die Stadt. Vom Boden bis zur Flaggenspitze sind es 90 m und da die Treppe nur mit einem hüfthohen Geländer abgesichert wird, ist für den Aufstieg **Schwindelfreiheit erforderlich.** Die Geschichtsbücher wissen zu berichten, dass der Turm mit großem Pomp am 29. August 1752 eingeweiht wurde. Damals schritt König *Frederik V.* (1746–1766) stolzen Schrittes die Stufen zur Spitze hinauf, während unter seiner Majestät im Kirchhof 27 Kanonen Salutschüsse abfeuerten.

Dramatisch klingt die oft erzählte Geschichte, nach der Baumeister *Lauritz de Thurah* vom Turm gesprungen sein soll. Grund für den Selbstmord sei seine Enttäuschung darüber gewesen, dass sich der Turm etwas nach rechts geneigt habe. Doch die Geschichte stimmt nicht, *de Turah* starb 1759 verarmt und vergessen in seinem Bett.

› Sankt Annægade 29, www.vorfrelserskirke.dk, Kirche: April–Aug. 11–16.30 Uhr, sonst 11–15.30 Uhr, So. erst ab 12 Uhr, freier Eintritt. Der Turm kann zu den gleichen Zeiten bestiegen werden, ist allerdings von November bis März geschlossen, Einritt: 20 DKK. **Achtung:** Die Kirche wird momentan renoviert und kann daher nicht besichtigt werden, die Renovierung wird bis Mitte 2008 dauern.

40 MUSEUM DER DÄNISCHEN MARINE – ORLOGSMUSEET ★ [G5]

Das Museum der Dänischen Marine ist in einem ehemaligen Marinekrankenhaus untergebracht. Erbaut wurde das Gebäude im Jahre 1780. Es diente im Laufe der Jahrhunderte auch als Gefängnis, Marineschule oder Außenstelle des Reichsarchivs. Das Museum zeichnet die Geschichte der Dänischen Marine von 1650 bis heute nach und verfügt u. a. über eine **beeindruckende Sammlung an Schiffsmodellen.**

› Overgaden oven Vandet 58, www.orlogsmuseet.dk, Di.–So. 12–16 Uhr, Eintritt: 40 DKK bzw. 20 DKK (Studenten und Rentner), Jugendliche bis 17 Jahre und Mi. freier Eintritt, Metro: Christianshavns Torv, Bus: 2A, 19, 47, 66, 350S

► *Straße im alternativen Stadtteil und ehemaligen Hausbesetzungsviertel Christiania*

41 CHRISTIANIA ★★ [H5]

Einst war Christiania das größte Hausbesetzungsviertel im Land, heute ist es (auch) eine Touristenattraktion. Mehr als eine Million Besucher pro Jahr bummeln heute durch die Straßen des Viertels.

Angefangen hat alles zu Beginn der 1970er Jahre, als die Marine ein 34 ha großes **Kasernengelände** räumte und die Gebäude **dem Verfall preisgab.** 1971 besetzten dann zunächst ein paar engagierte Bürger aus dem Stadtteil das Gelände und forderten, dass ein Park und ein Spielplatz auf dem Gelände eingerichtet werden sollten. Nichts geschah ... bis eine lokale Zeitung groß über die Aktion berichtete – und dabei darauf hinwies, dass auf dem Kasernengelände viel Wohnraum leer stand.

Der Artikel **lockte Wohnungslose, Hippies und Alternative an,** die das Gelände besetzten. Von Anfang an kam es immer wieder zu heftigen Auseinandersetzungen mit der Polizei. Der staatlichen Obrigkeit war insbesondere die sich immer heftiger entwickelnde Drogenszene in Christiania ein Dorn im Auge. Die Lage beruhigte sich erst, als in den 1980ern ein Selbstreinigungsprozess einsetzte und die Christianiter den Händlern von harten Drogen und Drogensüchtigen die Tür wiesen. Nach wie vor wird aber in der Pusherstreet weitgehend offen mit Marihuana und Haschisch gehandelt. Das ist zwar illegal, wird aber von der Polizei weitgehend geduldet. Trotzdem: Touristen, die hier ihre Kameras auspacken, werden immer noch argwöhnisch beäugt oder sogar recht aggressiv angegangen, die Angst vor Polizeispitzeln geht immer noch um.

Seit 1991 zahlen die Bewohner von Christiania ganz brav Miete und Neben-

041kh Abb.: rk

kosten für ihre Wohnungen – allerdings sind diese wesentlich niedriger als andernorts in Kopenhagen. Heute ist Christiania nicht länger ein Ort für rebellische Aufrührer, sondern **ein fast normales Viertel**. Einige der knapp 1000 Einwohner gehen außerhalb Christianias einem ganz gewöhnlichen Nine-to-Five-Job nach. Die übrigen verdienen ihr Geld mit Restaurants, Kneipen, Handwerk und Kunst ... oder dem Verkauf von weichen Drogen wie Haschisch.

Je nach Färbung der jeweiligen Regierung kommt immer wieder einmal die Diskussion über die Räumung des Gebietes auf. Neben politischen Gründen spielen aber inzwischen auch handfeste wirtschaftliche Gründe eine Rolle, wenn es um die **Zukunft Christianias** geht. Die Grundstücke, auf denen die besetzten Häuser stehen, gehören inzwischen zu den Filetstücken der Hauptstadt.

› Prinsessegade südlich des Refshalevej, www.christiania.org, Metro: Christianshavns Torv

42 LILLE MØLLE ★ [G5]

Die „Kleine Mühle" ist **die letzte der Windmühlen** von Christianshavn. Sie wurde 1783 erbaut und versah ihren Dienst bis zum Jahr 1909. Danach kümmerte sich einige Jahre niemand um das Bauwerk, bis es 1916 ein Ingenieur kaufte und in ein Wohnhaus umwandelte. Wer die Mühle heute besichtigt, bekommt keine arbeitende Mühle zu sehen, sondern ein Heim vom Anfang des 20. Jahrhunderts.

In der benachbarten Wohnung, in der einst das Müllerehepaar wohnte, ist heute das Restaurant Bastionen & Løven [5] untergebracht.

› Christianshavns Voldgade 54, www.natmus.dk/sw4614.asp, Juni–Sept. Sa., So. Führungen um 13, 14 und 15 Uhr (außer Mo.), Eintritt: 50 DKK, Studenten und Rentner 40 DKK, freier Eintritt unter 18 Jahre, Metro: Christianshavns Torv

43 NORDATLANTISCHES HAUS – NORDATLANTENS BRYGGE ★ [G4]

Das Nordatlantische Haus ist in einem alten, 1766/67 erbauten Lagerhaus untergebracht, in dem früher die Waren aus Grönland aufbewahrt wurden. Das ist durchaus passend, denn auch heute geht es dort um die **Beziehungen Dänemarks zu den Ländern im Nordatlantik.**

Das Haus dient als Kultur- und Ausstellungszentrum für Grönland, Island und die Färöer Inseln. Kunst, Musik und Literatur stehen auf dem Programm – und mit dem Noma [5] ist eines der besten Restaurants der Stadt hier beheimatet.

› Strandgade 91, www.bryggen.dk, Mo.–So. 10–17 Uhr, Eintritt: 40 DKK, Rentner 30 DKK, Studenten und Jugendliche zwischen 12 und 18 Jahre 20 DKK, unter 12 Jahren freier Eintritt, Metro: Christianshavns Torv, Bus: 2A, 19, 48, 350S

44 OPERNHAUS ★★★ [H4]

Erst umstritten, jetzt der Stolz der Kopenhagener: Das moderne Opernhaus setzt neue Maßstäbe.

Die neue Oper, eröffnet im Januar 2005, schenkte der dänische Reeder *Arnold Mærsk Mc-Kinney Møller* (*1913) dem dänischen Volk. Von Anfang an war das Geschenk **nicht ganz unumstritten,** denn so mancher hatte Probleme damit, dass der Multimillionär den Bau auch zur Selbstinszenierung benutzte. Insbesondere die exponierte Lage direkt gegenüber Schloss Amalienborg 29 störte manche Kritiker. Inzwischen ist der vom dänischen Stararchitekten *Henning Larsen* (*1925) entworfene Bau aus Jura-Stein und Glas aber in den Herzen der Kopenhagener angekommen und wird von ihnen als Kunsttempel akzeptiert.

Das Haus besticht durch **Rekordzahlen:** 14 Etagen, davon allein fünf unter der Erde, 1000 Räume, modernste Bühnentechnik, ein Auditorium für 1400 Zuschauer, eine Experimentierbühne für 200 Zuschauer – und Gold an der Decke: Etwa 105.000 kleine Goldblättchen, die einer Gesamtmenge von 1,5 Kilo Gold entsprechen.

› Ekvipagemestervej 10, www.operaen.dk, Tel. 33696933, Führungen: Sa., So. 9.30 u. 16.30 Uhr, Eintritt: 100 DKK, Bus: 66 oder Havnebus von Nyhavn

45 ISLANDS BRYGGES FOLKEPARK ★ [F6]

Südlich von Christianshavn liegt direkt hinter der über den Hafen führenden Brücke Langebro der neu angelegte „Volkspark" Islands Brygges Folkepark. Besonders im Sommer ist **in diesem Naherholungsgebiet immer viel los.** Angestellte aus den umliegenden Büros nutzen ihre Mittagspause zu einem Bad in der Sonne und Anwohner treffen sich zum Plausch.

Wer will, kann sich im **Hafenbad** sogar ins Wasser wagen. Obwohl es mitten in der Stadt liegt, hat es beste Badewasserqualität. Anschließend bleibt vielleicht Zeit für eine Pause in einem der nahen Cafés oder für einen Streifzug durch einige der vielen kleinen Läden, die hier in den letzten Jahren eröffnet haben.

042kh Abb.: WoCo/Christian Alsing

Südlich des Folkeparks wird noch gebaut, denn hier entsteht der **Stadtteil Havnestaden** – die Hafenstadt. Zu seinen markantesten Gebäuden gehört ein umgebauter Silo, der „Gemini" heißt und in dem mittlerweile Wohnungen untergebracht sind.

▲ *Der Islands Brygges Folkepark mit dem Hafenbad ist auch ein lohnenswertes Ziel für Familien mit Kindern*

5 ESSEN UND TRINKEN

Die meisten Kneipen und Restaurants im Stadtteil Christianshavn liegen in der Wildersgade und in der Overgaden neden Vandet. Die Letztgenannte liegt, wie der dänische Name schon sagt, direkt am Wasser am Christianshavns Kanal.

Wildersgade

3 [G5] **Eiffel Bar,** Wildersgade 58, Tel. 32577092, 9–2 Uhr, Do.–Sa. bis 3 Uhr. Christianshavns älteste Kneipe. Touristen findet man hier keine, dafür aber Studenten, Künstler und Christianiter, wie sich die Besetzer von Christiania selbst nennen. Eine nette Geschichte am Rande: Die jetzigen Pächter übernahmen das Lokal an ihrem Hochzeitstag, dem 18.9.2001. Wer an diesem Septembertag in Kopenhagen ist, kann gerne zum Gratulieren vorbeischauen.

4 [G5] **Fingerbøllet,** Wildersgade 39, Tel. 32546717, bis 2 Uhr. Hier trifft man sich auf ein Bier oder zum Billardspielen. Abends wird Livemusik geboten oder man fiebert vor der Großbildleinwand bei Fußballspielen mit. Sehr spartanische Einrichtung, doch gerade das macht die Kneipe aus.

5 [G5] **Café Wilder,** Wildersgade 56, Tel. 32547183, Mo.–Mi. bis 24 Uhr, Do. bis 1 Uhr, Fr. und Sa. bis 2 Uhr. Alteingesessene Kneipe, in der sich vor allem die Einheimischen treffen. Die Speisenauswahl ist klein, aber fein. Die Eigentümerin *Brigitte* hat einige Zeit in Italien gelebt und das merkt man an der Qualität ihres Kaffees, der als der beste im Viertel gilt.

Overgaden neden Vandet

1 [G5] **Bådudlejning og café,** Overgaden neden Vandet 29, Tel. 32965353, tgl. 10–24 Uhr. Klasse Lage am Kanal, hier kann den Schiffen zusehen, wer gemütlich seinen Kaffee oder sein Bier trinkt. Wen dann die Lust auf eine Wasserfahrt packt, der kann sich gleich ein Boot ausleihen. Da der Bootsverleih das Hauptgeschäft ausmacht, ist auch das Café nur im Sommer geöffnet.

12 [G5] **Era Ora,** Overgaden neden Vandet 33b, Tel. 32540693, 12–15 Uhr u. 19–22.30 Uhr. Angeblich das einzige italienische Restaurant im Norden, das es zu einem Michelin-Stern gebracht hat. In dem Familienbetrieb wird Wert aufs Detail gelegt und deswegen werden viele Rohwaren direkt aus Italien eingeflogen. Ein weiteres Plus des Lokals ist seine Lage am Kanal.

13 [G5] **Grisobasowitz,** Overgaden neden Vandet 17, Tel. 32545408, geöffnet ab 12 Uhr. Restaurant direkt am Kanal, das dänische Küche mit französischem Einschlag serviert. Der Küchenchef *Søren Gericke* hat sich von *Jamie Oliver* inspirieren lassen – und das nicht nur bezüglich des Kochstils. Ebenso wie der berühmte Brite stellt er sozial benachteiligte Jugendliche ein, die dann zusammen mit Nobelköchen das Essen zubereiten. Sogar die EU unterstützt sein Engagement!

Weitere Cafés und Restaurants

14 [G5] **Bastionen & Løven,** Lille Mølle, Christianshavns Voldgade 50 (am Ende der Sankt Annægade), Tel. 32950940, 12–24 Uhr, Wochenende ab 10 Uhr, dann Brunch von 10 bis 14 Uhr. In der alten Mühle 42 auf der Bastion hat Bastionen & Løven seine Heimat. Bekannt ist es vor allem für sein riesiges Brunchbuffet am Wochenende (150 DKK). Hierfür sollte man auf jeden Fall einen Tisch reservieren. Hauptgerichte am Abend kosten um die 180 DKK.

6 [H5] **Café Høvlen,** Prinsessegade 77a, Tel. 32542170, geöffnet bis 24 Uhr. Wirtshaus in altem Stil, dem man ansieht, dass es schon einige (unrenovierte) Jahre auf dem

Buckel hat. Doch das macht genau seinen Reiz aus. Literaturfreunde kennen es aus *Peter Høegs* „Fräulein Smillas Gespür für Schnee“. Trotz dieser „Berühmtheit“ blieben die Einheimischen hier bisher unter sich.

2 [G5] **Café Lynge Larsen,** Strandgade 50, Tel. 32544624, Mo.-Do. 8-22 Uhr, Fr.-So. 10-24 Uhr. Das ehemalige Færge Café heißt jetzt Café Lynge Larsen. Dänische Küche, das Tagesgericht für 100 DKK. Schöne Lage am Christianshavn Kanal. Aber ob die weißen Stühle im Retrostil wirklich zu den Fachwerkbalken passen?

EXTRATIPP

Kopenhagens Gastronomietheater

Madeleines Madteater (dt. Esstheater) ist das erste Gastronomietheater der Welt mit einem essbaren Theaterprogramm. Dabei sind die Theatergäste im Rahmen der allabendlichen **Kochaufführung** in drei Akten live ins dramatische Geschehen eingebunden - um danach das Gekochte in insgesamt zehn Gängen zu genießen. Das Madteater liegt in einer ehemaligen Lagerhalle der Brauerei Tuborg im Kopenhagener In-Viertel Islands Brygge.

Ungewöhnlich wie die dreieinhalbstündigen Vorstellungen ist auch das Ambiente von Madeleines Madteater. Der Speisesaal wird durch Raumteiler geteilt, auf denen Filmsequenzen zu sehen sind. So entsteht ein Grenzland zwischen Theater, Restaurant und Filmstudio. Die jeweils 50 Gäste „Madeleines“ sitzen an Tischen mit wechselnden Licht- und Toninstallationen. **Tickets** müssen vorbestellt werden und sind zum Preis von 1200 Kronen (inkl. Getränke) bei www.billetnet.dk erhältlich.

15 **Madeleines Madteater,** Drechselsgade 10, Tel. 33140555, www.madeleines.dk

16 [G4] **Restaurant Noma,** Strandgade 93, Tel. 32963297, Mo.-Fr. 12-14 Uhr u. 18-24 Uhr, Sa. nur abends geöffet. Dieses Restaurant hat sich auf die nordeuropäische Küche spezialisiert und damit sogar einen Michelin-Stern verdient. Die frischen Zutaten werden aus Grönland, Island und den Färöer Inseln eingeflogen. Entsprechend der nordischen Esstradition wird viel Fisch angeboten, es kommen aber auch Lamm oder sogar Moschusochse auf den Tisch. Da passt auch die Geschichte des Gebäudes: Im 17. Jahrhundert wurde es als Lagerhalle für Importgüter aus Grönland verwendet. Schöne Lage am Wasser direkt gegenüber von Nyhavn.

17 [G5] **Restaurant Kanalen,** Wilders Plads 2, Tel. 32951330, Mo.-Sa. 11.30-24 Uhr (Küche bis 22 Uhr). Das Restaurant ist in einem alten Bootsschuppen untergebacht und bietet dänische Küche mit mediterranem Einschlag. Im Sommer kann man draußen in der Sonne sitzen und sich im Winter gemütlich am offenen Kamin wärmen. Fangfrischer Fisch vom Tage kostet um 160 DKK.

18 [G5] **Sofiekælderen,** Overgaden oven Vandet 32/Sofiegade 1, Tel. 32577701, Mo.-Mi. 16-24 Uhr, Do.-Sa. 16-3 Uhr, So. 16-22 Uhr, Küche bis 21.30 Uhr. Den Sofiekælderen kennen die meisten Kopenhagener noch als Kiezkneipe. Seit Kurzem ist daraus aber ein Café/Restaurant geworden. Bierfreunde kommen nach wie vor auf ihre Kosten, denn es werden 26 ausländische Biere angeboten und am Wochenende kann man diese mit Musikbegleitung trinken. Dann spielen nämlich Livebands oder stadtbekannte DJs legen auf. Vor allem jüngeres Publikum findet hierhin. Hauptgerichte kosten zwischen 130 und 150 DKK.

043kh Abb.: WoCo/Cees van Roeden

VESTERBRO UND FREDRIKSBERG

Vesterbro ist so etwas wie das Kreuzberg Kopenhagens. Wo einst die Fleischer wohnten, haben heute Einwanderer, Studenten und Künstler eine preisgünstige Bleibe gefunden. In den letzten Jahren hat sich eine lebhafte Kneipen- und Kunstszene entwickelt und deswegen entdecken auch allmählich „Besserverdiener" das zentral gelegene Viertel für sich. Ein Bummel durch die Straßen lohnt allemal, wenn auch Sehenswürdigkeiten im eigentlichen Sinne rar sind.

Das Zentrum des Viertels ist die **Øksnehalle** in der Tietgensgade 65. Es beinhaltet Konzerthalle, Austellungsraum, Kaffee, Restaurant, Bowlingbahn, Hotel und sogar eine Schwimmhalle – die Øksnehalle von 1905 ist schon fast eine Stadt für sich.

Unmittelbar an Vesterbro schließt **Fredriksberg** an. Obwohl nur wenige Kilometer vom Stadtzentrum Kopenhagens entfernt, ist Frederiksberg eine eigenständige Stadt. Die größte Sehenswürdigkeit ist der große **Park Fredriksbergs Have** [A5], der das ideale Ziel für ein sonntägliches Picknick ist.

Das barocke Lustschloss Fredriksberg in seiner Mitte kann nicht besichtigt werden, dient es doch heute als Militärakademie. Dafür gibt es aber im näheren Umkreis einiges zu sehen.

46 TYCHO BRAHE PLANETARIUM ★ [D5]

Der Bau ist Planetarium, astronomische Ausstellung und IMAX-Kino in einem. Insbesondere für Familien mit Kindern stellt das Planetarium ein ideales **Ausflugsziel an Regentagen** dar.

› Gammel Kongevej 10, Tel. 331211224, www.tycho.dk, Di.-Do. 9.30-21 Uhr, Fr.-Mo. ab 10.30 Uhr, Eintritt: 125 DKK, Kinder bis 12 Jahre 75 DKK, Bus: 14, 15, 831

47 STADTMUSEUM ★ [D5]

In dem Museum wird die **Stadtentwicklung** von 1530 bis in die Jetztzeit dargestellt. Ein weiterer Schwerpunkt liegt auf dem Leben und Werk des Philosophen *Søren Kirkegaard* (1813-1855).

Das Stadtmuseum bietet eine neue Art des Stadtrundgangs an – den **Audiowalk.** Sechs junge dänische Autoren und Künstler nehmen die Besucher mit zu einem „Hör-Rundgang“ in englischer Sprache. „Stadtführer“ ist dabei ein kleiner MP3-Player mit Kopfhörer. Großstadt-Wanderer haben die Wahl zwischen Hintergrundgeschichten von heute oder gestern: So können sie zum Beispiel den Spuren eines Neubürgers folgen, der aus der Provinz in die quirlige Hauptstadt gezogen ist. Oder man blickt in die Zeiten zurück, als die Großmutter eines der Erzähler an der Vesterbrogade einen Frisеursalon betrieb. Die MP3-Player können gegen Vorlage eines Ausweises geliehen werden, die Texte stehen aber auch zum kostenlosen Download bereit: www.flamingoeffekten.dk.

› Vesterbrogade 59, Tel. 33210772, www.bymuseum.dk, Do.-Mo. 10-16 Uhr, Mi. 10-21 Uhr, Eintritt: 20 DKK, Rentner 10 DKK, Jugendliche bis 17 Jahre und Fr. freier Eintritt, Bus: 6 A, 26

◄ *Schloss Fredriksberg darf leider nicht besichtigt werden, der Park des Schlosses lädt dafür zum Entspannen ein*

48 BAKKEHUSMUSEUM ★ [B6]

Museum, das sich mit der **Literatur und Kultur** der Zeit zwischen 1780 und 1830 befasst, eingerichtet im ehemaligen Wohnhaus des Schriftstellers *Knud Lyne Rahbek* (1760-1830). Zusammen mit seiner Ehefrau veranstaltete er einen literarischen Zirkel, dem auch der junge *Hans Christian Andersen* angehörte.

› Rahbeks Allé 23, www.bakkehusmuseet.dk, Tel. 33314362, Di.-So. 11-16 Uhr, Eintritt: 10 DKK, Bus: 6A,18,26A,832

49 REVYMUSEUM ★ [B5]

Das dänische „Museum für Unterhaltung“ stellt eine große Sammlung von Requisiten, Kostümen und Plakaten aus den letzten beiden Jahrhunderten aus. Nicht Dänisch sprechenden Besuchern bleibt ein Teil des Reizes verborgen, denn sie werden die über Video abgespielten Aufzeichnungen alter Schmonzetten und Kabarettvorstellungen nicht verstehen.

› Allégade 5, www.revymuseet.dk, Di.-So. 11-16 Uhr, Tel. 38102045, Eintritt: 35 DKK bzw. 25 DKK (Studenten, Kinder und Senioren), Metro: Frederiksberg, Bus: 18, 26, 831

50 STORM P. MUSEUM ★ [B5]

Neben dem Revymuseet gelegen, befasst sich dieses Museum mit dem Leben und Werk des bedeutendsten dänischen **Zeichners und Karikaturisten** der ersten Häfte des 20. Jahrhunderts: *Robert Storm Pedersen* (1882–1949), der in Dänemark unter dem Namen *Storm P.* bekannt ist.

In nahezu allen großen Zeitungen waren seine Karikaturen zu sehen, von denen er im Laufe seines Lebens mehr als 60.000 schuf. Bei einer solchen Produktivität verwundert es fast, dass *Storm P.* noch Zeit hatte, sich als Kabarettist und Schauspieler einen Namen zu machen. In seinem erlernten Beruf blieb er dagegen zeitlebens erfolglos – *Storm P.* war Metzger.

› Frederiksbergs Runddel, Tel. 38860523, www.stormp-museet.dk, Mai–Sept. Di.–So. 10–16 Uhr, Okt.–April Mi., Sa., So. 10–16 Uhr, Eintritt: 30 DKK bzw. 20 DKK (Studenten und Senioren), freier Eintritt für Kinder, Metro: Frederiksberg, Bus: 18, 26, 831

51 ROYAL COPENHAGEN WELCOME CENTRE ★ [A4]

Im Center finden sich Ausstellung und Fabrikverkauf des international bekannten dänischen Porzellanherstellers. Ein Bonus für Porzellanliebhaber: Man kann live dabei zusehen, wie Tassen, Teller, Vasen und Figuren gebrannt und schließlich auch bemalt werden.

› Søndre Fasanvej 5, Tel. 38149297, www.royalcopenhagen.com, Mo.–Fr. 9–16 Uhr, Eintritt: 40 DKK, Öffnungszeiten des Verkaufs: Mo.–Fr. 10–17.30 Uhr, Sa. 10–14 Uhr, Bus: 4 A, 14, 15

52 ZOO ★ [A5]

Der größte und am meisten besuchte Tierpark Dänemarks, der auch wegen seiner **schönen Lage** einen Ausflug wert ist. Jüngste Attraktion des Zoos ist die „afrikanische Savanne", ein großes Freigelände, in dem die Tiere in naturähnlicher Umgebung leben können. Extra hierfür schaffte man drei Nashörner an, die seitdem selbstverständlich die neuen Stars im Zoo von Kopenhagen sind.

› Roskildevej 32, www.zoo.dk, Nov.–Feb. tgl. 9–16 Uhr, März Mo.–Fr. 9–16 Uhr, Sa., So. 9–17 Uhr, April, Mai, Sept. Mo.–Fr. 9–17 Uhr, Sa., So. 9–18 Uhr, Juni tgl. 9–18 Uhr, Juli, Aug. tgl. 9–21.30 Uhr, Okt. 9–17 Uhr (letzter Einlass eine halbe Stunde vor Schließung), Eintritt: 120 DKK bzw. 60 DKK (Kinder bis 11 Jahre), Bus: 4A, 6A, 18, 26, 171E, 832

53 CARLSBERG BRAUEREI ★★ [B6]

Nicht nur für Bierliebhaber ist ein Rundgang durch die größte Brauerei Dänemarks ein Genuss.

1847 ließ ein gewisser Herr *Jacobsen* hier das erste Bier brauen. *Jacobsen* hatte einen Sohn, *Carl,* und nach ihm wurde auch die Brauerei benannt. Um der internationalen Konkurrenz standzuhalten, fusionierten die beiden dänischen Braueiriesen Carlsberg und Tuborg im Jahre 1970. Zwar wird weiterhin unter getrennten Namen verkauft, die Gewinne fließen aber seitdem in die gemeinsame Konzernkasse. Carlsberg ist heute **eine der größten Brauereien weltweit** – der dänische Gerstensaft wird in mehr als 130 Ländern ausgeschenkt.

Im Besucherzentrum kann man heute die Brauanlage von 1847 besichtigen und sich über die **Geschichte des Bierbrauens** bzw. der Brauerei informieren. Im Anschluss an die Führung darf man sich auch mit einem Bierchen stärken. Nicht allein zur Freude der Leber hebt man sein Glas: Familie *Jacobsen* tritt schon seit Firmengründung als Mäzen auf und ein Teil des Firmengewinns fließt in die Kulturförderung. So ist beispielsweise auch die Ny Carlsberg Glyptotek ⑦ eine Stiftung der Brauerfamilie.

› Gamle Carlsberg Vej, Tel. 33271314, www.visitcarlsberg.com, Di.–So. 10–16 Uhr, Eintritt frei, Bus: 6A, 18, 26, 832

6 ESSEN, TRINKEN UND NACHTLEBEN

19 [D5] **Cofoco,** Abel Cathrines Gade, Tel. 33136060, www.cofoco.dk, 17.30–24 Uhr (Essensbestellung bis 22 Uhr), So. geschl. Man sitzt an langen Tischen und wählt zwischen nur zwei oder drei Hauptgerichten, die aber allesamt ausgezeichnet sind. Der Service ist freundlich, gutes Preis-Leistungs-Verhältnis.

7 [C5] **Hackenbusch,** Vesterbrogade 124, Tel. 33217474, www.hackenbusch.dk. Restaurant, Bar, Kneipe und manchmal sogar Konzerthalle. Das Hackenbusch ist alles in einem – vor allem aber ein Ort, an dem man viel Spaß haben kann.

1 [C6] **Vega,** Enghavevej, Tel. 33257011, www.vega.dk. Gilt als der beste Klub der Stadt. Auf drei Stockwerken wird getanzt, was das Zeug hält. Regelmäßig finden Konzerte statt. Man sollte sich nicht vom Äußeren abschrecken lassen, denn die Location sieht aus wie ein Plattenbau.

NØRREBRO

Nørrebro, der nordwestlich des Zentrums gelegene Stadtteil, hat sich in den letzten Jahren zu einem der beliebtesten Ausgehvierteln der Stadt entwickelt. Bevor man sich ins Nachtleben stürzt, sollte man aber die einzige größere Sehenswürdigkeit des Stadtteils besichtigen: den Assistens Kirkegård.

54 ASSISTENS KIRKEGÅRD ★★★ [C2]

Kopenhagens größter Friedhof ist bekannt als Grabstätte vieler berühmter Dänen.

Der Friedhof wurde in der Mitte des 18. Jahrhunderts angelegt. Damals wurde die Stadt von einer Pestepidemie heimgesucht und man brauchte deswegen dringend neue „Bestattungsfläche“. Heute ist der **parkähnliche Friedhof** so etwas wie ein Naherholungsgebiet und mit dänischer Nonchalance sonnen sich die Anwohner zwischen den Gräbern oder genießen ihr Wochenendpicknick.

Auf dem Assistens Kirkegård sind u. a. der Philosoph *Søren Kierkegaard* (A17, Angaben in Klammern = Lage des Grabes auf dem Friedhof), der Schriftsteller *Martin Andersen Nexø* (H2), der Physik-Nobelpreisträger *Niels Bohr* (Q6), der 1993 allzu früh verstorbene Krimiautor *Dan Turéll* (B13), der Schriftsteller und die „Lichtfigur“ aller dänischen Kommunisten *Hans Scherfig* (B4) und der Märchendichter *Hans Christian Andersen* (P1) begraben.

› Kapelvej, www.assistens.dk, Nov., Dez. 8–16 Uhr, Jan., Feb. 8–17 Uhr, März, April, Sept., Okt. 8–19 Uhr, Mai–Aug. 8–20 Uhr, Bus: 5A, 350S

PROMINENTE AUF DEM ASSISTENS KIRKEGÅRD

GRABFELD A

- *Peter Faber, Schriftsteller, 1810–1877*
- *Frederik Kuhlau, Komponist, 1786–1832*
- *Johannes Wiedewelt, Bildhauer, 1731–1802*
- *Christian Købke, Maler, 1810–1848*
- *Herman Vilhelm Bissen, Bildhauer 1798–1868*
- *Søren Kierkegaard, Philosoph, 1813–1855*

044kh Abb.: rk

GRABFELD B

- *Kjeld Abell, Schriftsteller, 1901–1961*
- *Hans Scherfig, Schriftsteller, Maler, 1905–1979*
- *Viggo Stuckenberg, Schriftsteller, 1863–1905*
- *Regine Schlegel, Verlobte von Søren Kierkegaard, 1822–1904*
- *Otto Evens, Bildhauer, 1825–1895*

GRABFELD C

- *C.W. Eckersberg, Maler, 1783–1853*

GRABFELD D

- *Peter von Scholten, Politiker, 1784–1854*

GRABFELD E

- *Poul Martin Møller, Dichter, Philosoph, 1794–1838*
- *Nicolai Balle, Bischof, 1744–1816*
- *Wilhelm Marstrand, Maler, 1810–1873*
- *Theodor Faber, Schriftsteller, 1824–1886*
- *Rasmus Rask, Sprachforscher, 1787–1832*
- *Hans Christian Ørsted, Physiker, 1777–1851*

GRABFELD F

- *Peter Adler Alberti, Politiker, 1851–1932*
- *Lauritz Melchior, Opernsänger, 1890–1973*

GRABFELD H

- *Martin Andersen Nexø, Schriftsteller, 1869–1954*

GRABFELD N

› *Amdi Riis Jønsson, Komponist, 1911-1965*

GRABFELD P

› *Hans Christian Andersen, Schriftsteller, 1805-1875*
› *Jens August Schade, Schriftsteller, 1903-1978*
› *Peter Malberg, Schauspieler, 1887-1965*
› *Sonja Ferlov Mançoba, Bildhauerin, 1911-1984*

GRABFELD Q

› *Niels Bohr, Physiker, 1885-1962*

GRABFELD R

› *Ben Webster, Tenorsaxofonist, 1909-1973*
› *Kenny Drew, Jazzpianist, 1928-1993*

GRABFELD U

› *John Christensen, Maler, 1896-1940*

GRABFELD V

› *Michael Strunge, Dichter, 1958-1986*

◄ *Das Grab von Martin Andersen Nexø*

55 ZOOLOGISCHES MUSEUM ★ [D1]

Für Museumsfans ist das noch etwas weiter außerhalb gelegene Zoologische Museum interessant. Es beschäftigt sich mit drei großen Themenbereichen: der dänischen Tierwelt, der Tierwelt der Arktis und Antarktis und dem Leben in den Ozeanen. Die größte Sehenswürdigkeit des Museums ist ein **14 m langes Skelett eines Grönlandwals.**

› Universitetsparken 15, Tel. 35311001, www.zoologiskmuseum.dk, Di.-So. 11-17 Uhr, Eintritt: 60 DKK bzw. 35 DKK (bis 16 Jahre), Bus: 4A, 18, 42, 43, 150S, 184, 185

7 ESSEN, TRINKEN UND NACHTLEBEN

18 [D3] **Gefährlich,** Fælledvej 7, Tel. 35241324, www.gefahrlich.dk, Mo. geschlossen, sonst 17-1, 2 oder 3 Uhr. Das Gefährlich zu beschreiben ist fast unmöglich, denn es ist alles in einem: Restaurant, Bar, Café, Galerie, Boutique, Plattenladen und Kulturzentrum – für jeden, der sich für neue Trends interessiert, einen Besuch wert.

19 [D2] **Pussy Galore's Flying Circus und Sebastopol,** Pussy Galore's: Skt. Hans Torv 30, Tel. 35245300, www.pussy-galore.dk; Sebastopol: Skt. Hans Torv 32, Tel. 35363002. Der St. Hans Platz ist der ideale Ort, um im Sommer den Cappuccino in der Sonne einzunehmen. Das Pussy Galore's zieht vor allem Gäste aus der „Designerecke" an – kein Wunder, kann man doch hier in original Arne-Jacobsen-Stühlen sitzen.

20 [D2] **Rust,** Guldbergsgade 8, Tel. 35245200, www.rust.dk, Mi.-Sa. 21-5 Uhr. Livebands und stadtbekannte

DJs sind hier regelmäßig zu Gast. Das musikalische Spektrum reicht von Indie über Rap zu Dancehall und Rock.

3 [D3] **The Laundromat,** Elmegade 15, Tel. 33352672, www.thelaundromatcafe.com. Eigenwillige Kombination aus Waschsalon und Café. Wer gerade keine dreckige Wäsche dabei hat, kann auch im Internet surfen oder in einem der 4000 Bücher schmökern.

10 [D3] **Nørrebro Bryghus,** Ryesgade 3, Tel. 35300530, Mo.–Mi. 11–24 Uhr, Do.–Sa. 11–2 Uhr, So. bis 22 Uhr. Mikrobrauerei, in der das Bier vor den Augen der Gäste gebraut wird. Dabei kommen meist sehr schmackhafte Kreationen heraus, manchmal aber auch Gewöhnungsbedürftiges wie das Kaffeebier. Bierliebhaber bestellen gleich das „Ølmenu", das aus vier oder fünf Gläsern besteht und auf das ein Mengenrabatt gewährt wird. Das Essen ist exzellent, allerdings nicht ganz billig. Sonntagsbrunch von 11.30 bis 15 Uhr.

11 [D3] **Ølbaren,** Elmegade 2, Tel. 35354534, Mo. ab 21 Uhr, Di., Mi., Do., Sa. ab 16, Fr. ab 15 Uhr, jeweils bis 1 Uhr. Hier ist der Name Programm. In der „Bierbar" hat man die größte Auswahl an Gerstensaft in der Stadt. Egal, ob aus Deutschland, Australien, Belgien oder den USA – das Bierangebot umspannt die Welt.

BIERGROSSMACHT DÄNEMARK

Dänemark ist nach Österreich und noch vor Deutschland das europäische Land mit den ***meisten Brauereien pro Einwohner.*** *Allein im Jahre 2005 wurden über 30 neue Mikrobrauereien eröffnet! Und so wundert es nicht, dass deren Anteil am Gesamtbierausstoß kontinuierlich größer wird. „Die Verbraucher betrachten die neuen dänischen Biersorten als Delikatessen. Wir reiten auf einer Qualitätswelle, was Essen und Getränke anbelangt, und das beeinflusst die Einstellung zum Bier", so der Direktor des Verbandes der dänischen Brauereien, Niels Hald.*

Viele Brauerein sind mittlerweile auch ***Sehenswürdigkeiten.*** *Die meisten Schaulustigen lockt das Besucherzentrum der Carlsberg Brauerei* 53 *an. Mit rund 140.000 Neugierigen aus aller Welt liegt das nach dem Konzerngründer J. C. Jacobsen benannte Biermuseum (selbstverständlich mit angeschlossener Hausbrauerei) auf Rang 39 aller dänischen Attraktionen.*

› *www.bryggeriforeningen.dk*

KOPENHAGENS UMGEBUNG

Das Umland von Kopenhagen lässt sich sowohl mit dem Auto als auch mit öffentlichen Verkehrsmitteln hervorragend erschließen. Einem Ausflug zu den herrlichen Schlössern von Kronborg oder Frederiksborg steht also ebenso wenig im Wege wie einer Fahrt in die alte Königsstadt Roskilde. Nicht vergessen sollte man auch, dass es im Umfeld der Stadt einige hervorragende Strände gibt. Im diesem Kapitel findet man Informationen zu den wichtigsten Sehenswürdigkeiten zwischen Køge im Süden, Helsingør im Norden und Roskilde im Westen.

046kh Abb.: WoCo

SÜDLICH VON KOPENHAGEN

56 AUF DER INSEL AMAGER ★★

Die Insel Amager, auf welcher der Flughafen von Kopenhagen liegt und über die man die Öresundbrücke erreicht, ist auch ein beliebtes Ausflugsziel. Hauptort ist **Dragør.** Der Großteil der alten Fischerhäuser aus dem 18. Jahrhundert steht unter Denkmalschutz.

Im örtlichen **Seefahrtsmuseum** kann man die mit dem Fischfang und den Lotsendiensten verbundene Geschichte des Ortes nacherleben. Hauptsehenswürdigkeit ist ein Fischkutter, mit dem 1941 70 dänische Juden nach Schweden und damit in die Freiheit flohen.

› Gamle Havn, www.dragoermuseum.dk, Tel. 32524106, Juni–Aug. Sa., So. 12–16 Uhr, Eintritt: 20 DKK, bis 18 Jahre freier Eintritt, Bus: 30, 32, 73, 75E, 350S

In der ebenfalls zu Dragør gehörenden Gemeinde St. Magleby ist das Heimatmuseum, das **Amagermuseum,** besuchenswert. Es besteht aus zwei alten Häusern aus dem 18. Jahrhundert. Dort erfährt man mehr über das bäuerliche Leben auf der Insel im 19. Jahrhundert.

› St. Magleby, Hovegaden 4 und 12, Dragør, Tel. 32530250, www.amagermuseet.dk, Juni–Aug. 12–16 Uhr, Eintritt: 30 DKK, Kinder freier Eintritt

57 MUSEUM ARKEN ★★

In der ansonsten wenig ansprechenden Vorstadt Ishøj liegt Arken, das Museum für Moderne Kunst. Wie ein riesiges **Betonschiff** liegt es am Meeresufer. Der interessante Bau geht auf ein Konzept von *Søren Robert Lund* zurück, der damit einen Architekturwettbewerb gewann. Das Besondere daran: *Lund*, inzwischen ein bekannter dänischer Architekt, war zum damaligen Zeitpunkt gerade einmal 25 Jahre alt und noch Student!

Zur ständigen Sammlung des Museums gehören die Werke aller **wichtigen modernen Künstler des Nordens**, ausgestellt werden aber auch internationale Größen wie *Jean Arp* und *Jeff Koons*. Wechselnde Ausstellungen ergänzen die permanente Sammlung.

› Skovvej 100, Ishøj, www.arken.dk, Di. u. Do.-So. 10-17 Uhr, Mi. 10-21 Uhr, Mo. geschlossen, Eintritt: 50 DKK, Studenten und Rentner 35 DKK, bis 17 Jahre freier Eintritt, S-Bahn: Ishøj, Bus: 128

58 GREVE ★

Wenige Kilometer südlich von Ishøj erreicht man Greve, das erste Dorf jenseits der Stadtgrenze von Kopenhagen. Wer sich für die Bauernkultur auf Seeland interessiert, kann hier einen kurzen Zwischenstopp im **Grevemuseum** einlegen. In einem alten Bauernhof werden Trachten, Textilien und Interieur aus der Zeit des 19. Jahrhunderts ausgestellt. Im schönen Garten sitzt man bei einer Tasse Kaffee gemütlich in der Sonne.

› Bækgårdsvej 9, Greve, Di.-Fr. 11-15 Uhr, So. 11-17 Uhr, freier Eintritt

◄ *Das moderne Museum Arken liegt direkt an der Küste*

59 KØGE ★★

Die 40.000 Einwohner zählende Stadt liegt an der letzten Station der Kopenhagener S-Bahn und ist daher trotz der 40 km Entfernung zur Hauptstadt leicht zu erreichen. Ein Ausflug dorthin lohnt, denn Køge ist eine der besterhaltenen Mittelalterstädte des Landes.

Die **alten Fachwerkhäuser** im Stadtzentrum sind der Hauptanziehungspunkt. Auf jeden Fall sollte man das Haus in der Kirkestræde 20 besuchen. Es wurde 1527 erbaut und ist damit das älteste Fachwerkhaus Dänemarks.

In der Kirkestræde 26 liegt die **Sct. Nicolai Kirke.** 1324 erbaut, wurde sie dem Schutzheiligen der Seefahrer geweiht. Angeblich verfolgte König *Christian V.* (1670-1699) vom Turm der Kirche aus die Seeschlacht von Køge, in der *Nils Juel* (1629-1697) die schwedische Flotte besiegte. Wer von derselben Stelle wie einst der König über die Bucht blicken will, muss im Sommer nach Køge kommen, denn der Turm kann nur zwischen Mitte Juni und Mitte August bestiegen werden (Mo.-Fr. 10-16, So. 12-16 Uhr, Turmbesteigung: 5 DKK).

In einem alten Kaufmannshof von 1619 ist das **Køge Museum** untergebracht. Die Ausstellung gibt einen Überblick über die Geschichte und Kulturgeschichte der Region.

› Nørregade 4, Tel. 56634242, Juni-Aug. Di.-So. 11-17 Uhr, Sept.-Mai Di.-Fr., So. 13-17 Uhr und Sa. 11-15 Uhr, Eintritt: 30 DKK

Einige Schritte weiter liegt das **Kunstmuseet Køge Skitsesamling.** Als einziges Museum in Dänemark zeigt es den Entstehungsprozess von Kunstwerken und

DIE ÖRESUNDBRÜCKE, DER DÄNISCH-

Christer verlässt jeden Morgen seine Wohnung am Stadtrand von Malmö, startet sein Auto und fährt nach Kopenhagen. Er ist Däne, arbeitet als Lehrer an einem Gymnasium und wohnt seit zwei Jahren in Schweden. „Alles ist billiger hier", sagt Christer. Wenn er den Mietpreis für seine Wohnung nennt, strahlen seine Augen, als habe er im Supermarkt ein Schnäppchen ergattert. Trotz der niedrigen Monatsmiete will er bald eine Wohnung kaufen. Auch die ist in Malmö günstiger. „In Kopenhagen könnte ich mir etwas Ähnliches niemals leisten", meint er. Allerdings sollte er sich damit beeilen: Weil so viele Dänen nach Südschweden ziehen, steigen dort die Immobilienpreise so stark an wie nirgendwo sonst in Schweden – 15 Prozent allein zwischen Sommer 2005 und 2006.

Die 57 m hohe Brücke über den Öresund verbindet Schweden und Dänemark seit der Jahrtausendwende. Sie hat in der Region einiges verändert. Seit die umständliche Schiffspassage weggefallen ist, sind Malmö und Kopenhagen zu einer Metropole zusammengewachsen. Mehr als dreieinhalb Millionen Menschen leben im Großraum Kopenhagen-Malmö. „Malmhagen" oder „Kopenmö" ist damit so groß wie Berlin und die bevölkerungsreichste Stadt im Norden.

Jetzt holen sich die Menschen das Beste aus beiden Städten: Um zu arbeiten, fahren viele Schweden nach Kopenhagen. Dort kann man deutlich mehr verdienen und auch das Kulturangebot in der dänischen Hauptstadt ist besser. Umgekehrt wohnen viele Dänen in Malmö oder fahren zum Einkaufen dorthin. Nur das Bier ist teurer, Tuborg oder Carlsberg kauft man in Kopenhagen. Europa wächst zusammen, zumindest am Öresund.

Imposant ist die Brücke, die die dänische Königin Margrethe und ihr schwedischer Kollege Carl Gustaf am 1. Juli 2000 nach fünfjähriger Bauzeit einweihten. Fast acht Kilometer ist sie lang – und macht damit doch nur knapp die Hälfte des gigantischen Bauwerks aus. Weitere vier Kilometer Straße verlaufen über eine künstliche Insel. Ebenso lang ist der Tunnel, durch den man am Stadtrand von Kopenhagen ins Meer abtaucht.

Pläne zum Bau einer Brückenverbindung zwischen Schweden und Dänemark gab es schon lange, doch die hochfliegenden Ideen scheiterten an der technischen Realisierbarkeit. Bis weit ins 20. Jahrhundert hinein wäre ein solch gigantisches Bauwerk schlicht nicht zu verwirklichen gewesen. In den Jahren danach fehlte es entweder an Geld oder politischem Willen, manchmal auch an beidem.

Wir haben inzwischen die Auffahrt zur Brücke erreicht. Die Fahrzeuge vor uns halten an der Mautstation an, Christer hingegen fährt einfach weiter. Ich blicke ihn fragend an, er antwortet nur kurz „Brobizz" und weist auf das kleine Kästchen an seiner Windschutzscheibe. Das Gerät ist sein Ticket, jede Brückenüberfahrt wird automatisch registriert und der entsprechende Betrag abgebucht. Christers Fahrkarte ist billiger als die Einzelfahrkarte. Es wundert mich nicht: Christer ist der König der Schnäppchenjäger

SCHWEDISCHE BRÜCKENSCHLAG

und man kann sicher sein, dass er alles gut durchkalkuliert hat. Als ich ihn frage, ob sich der Umzug nach Malmö denn auch lohne, wenn man den Brückenzoll und das Benzin mit einrechne, rasselt er eine Kolonne von Zahlen herunter. Und er kommt unter dem Strich noch immer auf eine 50-prozentige Ersparnis.

Der Blick von der Brücke zieht mich in seinen Bann. Die Sonne scheint und taucht den unter uns liegenden Sund in mildes Morgenlicht. Selbst das Containerschiff, das auf die Brücke zusteuert, sieht aus wie gemalt. An Tagen wie diesem ist die Öresundbrücke nicht nur Verkehrsweg, sondern bietet auch atemberaubende Ausblicke, allerdings nur dem Beifahrer. Der Fahrer hat wenig von der Schönheit, denn er kann hier nirgends anhalten.

Christer will das auch nicht. Er hat dieses Bild schon x-mal gesehen, meine Begeisterung scheint an ihm abzutropfen. Schweigend sitzt er hinter dem Lenkrad, hat wohl ganz andere Dinge im Kopf als ich. Vielleicht denkt er an die vor ihm liegende Mathematikstunde, auf die er sich wegen unseres Bummels durch Malmös Kneipen am Vorabend nicht vorbereitet hat. Viel Zeit bleibt ihm nicht für seine Gedanken. Schon 45 Minuten nachdem wir seine Wohnung in Malmö verlassen haben, stehen wir vor Christers Schule in Kopenhagen. Der schwierigste Teil der Fahrt beginnt aber noch: Parkplatzsuche in der dänischen Hauptstadt. Sämtliche Verkehrsprobleme kann die Brücke auch nicht lösen.

PRAKTISCHE INFOS

Die Überfahrt über die Brücke ist mautpflichtig. PKWs bis zu 6 m Länge bezahlen 245 DKK (34 €) einfach, Wohnmobile bzw. PKWs mit Anhänger 490 DKK (68 €). Die Mautstelle liegt - egal von wo man kommt - auf der schwedischen Seite der Brücke. Bezahlt wird in bar (auch Euro oder US-Dollar werden akzeptiert) oder mit allen gängigen Kreditkarten. Wer die Brücke mehrmals jährlich passiert, kann sich auf der Internetseite der Betreiber über Mehrfahrtenkarten (ab zehn Passagen) informieren. Dort sind auch aktuelle Informationen über die Brücke und die aktuell gültigen Preise einzusehen:

› *www.oresundsbron.com*

EINIGE FAKTEN

› *Fertigstellung: Juli 2000*
› *Bauherr: Öresundkonsortium*
› *Gesamtlänge: 7845 Meter*
› *Größte Spannweite: 490 Meter*
› *Lichte Höhe über dem Sund: 57 Meter*

verfügt über eine Sammlung von mehr als 12.000 Skizzen. Besonders interessant sind die Skizzen von *Bjørn Nørgaard*, die der Künstler als Vorarbeit zu den 20 Pop-Gobelins erstellte, welche die dänische Königin *Margrethe* 1990 zu ihrem 50. Geburtstag erhielt. Die fertigen Wandteppiche kann man heute in Schloss Christiansborg in Kopenhagen sehen.

› Nørregade 29, Tel. 56676020, Di.-So. 10-17 Uhr, Eintritt: 30 DKK

Die folgenden beiden Museen machen Køge auch zum Lieblingsreiseziel für Kinder. Im **Kjøge Mini-By** (Strandvejen 101, Juni-Aug. Mo.-Fr. 10-16, Sa., So. 11-15 Uhr, Mai u. Sept. Mo.-Fr. 10-13 Uhr, Eintritt: 25 DKK, Kinder 5 DKK) ist die Stadt im Maßstab 1 : 10 dargestellt – so wie sie 1865 war. Und im **Spielzeugmuseum** in der Vestergade 29 (Fr., Sa. 11-14 Uhr, während der dänischen Schulferien Di.-Fr. 11-15 Uhr, Sa. 11-14 Uhr, Dez.-Feb. geschlossen, Eintritt: 20 DKK, Kinder 5 DKK) sieht man, wie und vor allem mit was Kinder früher, genauer gesagt in der Zeit zwischen1550 und 1950, gespielt haben.

Acht Kilometer außerhalb von Køge liegt das **Renaissanceschloss Vallø**, erbaut 1738. Es ist von einem herrlichen Park umgeben und deswegen ein ideales Ziel für einen Ausflug mit Picknickkorb. Das Schloss selbst ist bewohnt und nicht zu besichtigen, die Stallungen und das Schlossmuseum (Eintritt: 20 DKK, Kinder 10 DKK) können besucht werden.

ⓘ **Touristeninformation Køge,** Vestergade 1, Tel. 56676001, www.koegeturist.dk, Mo.-Fr. 9-17 Uhr, Sa. 10-13 Uhr, Juni-Aug. Sa. 10-14 Uhr

60 STEVNS KLINT ★★

Südlich von Køge beginnt die Halbinsel Stevns, an deren Ostküste Stevns Klint aus dem Meer ragt.

Stevns Klint, die **Steilküste** von Stevns, ist ebenso schön wie dramatisch. An einem Sommertag, wenn der Kalk auf dem Meeresgrund das Meer in einem tiefen Blau erscheinen lässt, hebt sich die weiße Steilküste kontrastreich dagegen ab. 16 km sind die Kalkfelsen lang und bis zu 41 m hoch.

Stevns Klint ist ein beliebtes Ausflugsziel für Jedermann, für **Fossiliensammler** ist es jedoch ein Paradies. Besonders fündig werden diese im alten Kreide- und Kalksteinbruch von Holtug. Nachdem er 1972 stillgelegt wurde, haben sich dort viele Pflanzen und Tiere angesiedelt.

Der bekannteste Ort auf Stevns ist **Højerup.** Von hier hat man den wohl besten Blick auf die Steilküste. Der Chor der örtlichen Kirche stürzte 1928, als bei einem Unwetter ein Teil des Steilufers abbrach, ins Meer. Als letzter Überrest reckt sich heute der kleine Turm schüchtern in die Höhe und das „gekürzte“ Hauptschiff klammert sich eng an den Abgrund. Eigentlich hätte die Katastrophe aber gar nicht passieren dürfen, denn der Legende folgend springt die Kirche in jeder Weihnachtsnacht um einen Hahnenschritt vom Meer weg ins Land hinein.

ⓘ **Touristeninformation:** Havnevej 21, Rødvig Stevns, Tel. 56506464, www.stevnsklint.dk

EXTRATIPP

Jedes Jahr am zweiten Dienstag im August wird die Kirche von Højerup für einen **Gesangs- und Musikabend** geöffnet.

NÖRDLICH UND WESTLICH VON KOPENHAGEN

61 KOPENHAGENS NÖRDLICHE VORSTÄDTE ★

In der Nähe des Städtchens Lyngby, am Stadtrand von Kopenhagen, liegt **Schloss Sorgenfri** – Sorgenfrei. Es wurde im 18. Jahrhundert erbaut und befindet sich bis zum heutigen Tag im Besitz der Königsfamilie. Besichtigt werden kann es nicht, dafür ist aber der Schlosspark im englischen Stil zugänglich.

› Lyngby Hovedgade, www.ses.dk/13b000c, S-Bahn: Sorgenfri

Nur wenige Kilometer weiter in Kongens Lyngby erreicht man das **Frilandsmuseet.** Im größten **Freilichtmuseum** Dänemarks kann man durch Bauerngehöfte aus der Zeit zwischen dem 17. und 19. Jahrhundert spazieren.

› Kongevejen 100, Tel. 33134411, www.natmus.dk/sw4621.asp, April–Mitte Okt. Di.–So. 10–17 Uhr, Eintritt frei, S-Bahn: Sorgenfri, Bus: 184, 195

Wiederum ganz in der Nähe in der Gemeinde Hellerup liegt das **Experimentarium.** Hierbei handelt es sich um ein „Hands-on-Museum", in dem die Besucher zu Forschern werden. Man kann alles selber ausprobieren und versteht so das vielleicht erste Mal in seinem Leben Physik, Chemie und andere Naturwissenschaften wirklich. Die Ausstellung ist ideal für Familien mit Kindern und für Erwachsene, bei denen der trockene Schulunterricht Wissenslücken hinterlassen hat. Jährlich wechselnde große Sonderaustellungen sorgen dafür, dass auch „Wiederholer" immer wieder Interessantes finden.

› Tuborg Havnevej 7, Tel. 39273333, www.experimentarium.dk, Mo., Mi., Do., Fr. 9.30–17 Uhr, Di. 9.30–21 Uhr, Sa., So. 11–17 Uhr, Eintritt: 125 DKK, Kinder bis 11 Jahre 80 DKK

Danmarks Aquarium in Charlottenlund ist eines der schönsten Aquarien in Europa, in dem man fast 300 Fischarten aus aller Welt bewundern kann. Da es nur wenige Meter vom Meer entfernt liegt, kann man sich – nachdem man sich die Fische hinter Glas angesehen hat – in deren natürlichem Lebensraum erfrischen.

› Kavalergården 1, Tel. 39623283, www.akvarium.dk, Nov.–Jan. 10–16 Uhr, Feb.–April u. Sept., Okt. 10–17 Uhr, Mai–Aug. 10–18 Uhr, Eintritt: 90 DKK, Kinder bis 11 Jahre 45 DKK

Nur 10 km von der Kopenhagener Stadtmitte entfernt liegt in Klampenborg **Jægersborg Dyrehave:** Ein Wildpark von 10 km² Größe, in dem 2000 Hirsche leben. Er wurde 1669 von König *Frederik III.* (1648–1670) gegründet und bis heute darf hier nur die königliche Familie jagen. Das gemeine Volk kann aber spazieren gehen und sich am Anblick des Rotwilds erfreuen. Wer dazu keine Lust hat, trotzdem aber die Natur genießen will, kann auch mit der Kutsche durch das Gelände fahren.

Später kann man sich nebenan im **Bakken,** dem 1538 gegründeten und damit ältesten Vergnügungspark der Welt, amüsieren. Hauptattraktion ist die einen Kilometer lange Holzachterbahn aus dem Jahre 1932. Sie wird bis zum heutigen Tag von einem mitfahrenden „Bremser" gesteuert. Der Park ist ein beliebtes Ziel für Familienausflüge, nicht zuletzt deshalb, weil die Restaurants im Bakken für dänische Verhältnisse extrem günstig sind.

› Dyrehavnvej 62, Klampenborg, März–Okt. tgl. 10–24 Uhr, www.bakken.dk

62 RUNGSTEDLUND: KAREN BLIXEN MUSEUM ★

Spätestens seit dem oscargekrönten Film „Jenseits von Afrika", den Sydney Pollack 1985 drehte, kennen auch diejenigen die Schriftstellerin Karen Blixen, die sich normalerweise nicht für skandinavische Literatur interessieren.

Sie ist nämlich die Autorin des autobiografisch angehauchten Romans „Afrika, dunkel lockende Welt", der dem Film als Vorlage diente. Blixen wurde 1885 in Rungstedlund geboren und lebte dort bis zu ihrem 28. Lebensjahr. Dies tat sie nicht immer glücklich, denn besonders als junges Mädchen litt sie sehr unter ihrer strengen Mutter.

1914 **wanderte sie nach Kenia aus**, wo sie zusammen mit ihrem adligen Vetter, mit dem sie eine Zweckehe einging, bis 1925 lebte. Nach der Scheidung führte sie die gemeinsame Farm bis 1931 alleine weiter. Finanzielle Schwierigkeiten zwangen sie dann zur Rückkehr nach Rungstedlund, wo sie bis zu ihrem Tod im Jahre 1962 lebte.

Bekannt ist Blixen wegen ihrer zahlreichen Romane, aber auch wegen ihrer **leidenschaftlichen Liebesaffäre** mit dem englischen Flieger und Lebemann *Denys Finch-Hatton*, die in *Pollacks* Film eine zentrale Rolle spielt. Mancher Tourist mag sich über den „falschen" Vornamen der Autorin wundern – unter dem Pseudonym *Tania Blixen* erschienen ihre Bücher aber nur im deutschsprachigen Raum. *Blixen* schrieb ohnehin viele ihrer Werke nicht unter eigenem Namen: Auch *Isak Dinesen,* der Name, den das Blixen Museum für seine Webadresse verwendet, ist ein weiteres Pseudonym der Schriftstellerin.

Seit 1991 ist *Blixens* Wohnhaus ein Museum. Sehr sehenswert ist der Film über ihr Leben, der dort mehrmals täglich vorgeführt wird. Wenige Schritte vom Wohnhaus entfernt, fand *Karen Blixen* unter einer stattlichen Buche ihre letzte Ruhestätte.

› Strandvej 111, Rungsted Kyst, Tel. 45571057, www.isak-dinesen.dk, Mai–Sept. Di.–So. 10–17 Uhr, Okt.–April Mi.–Fr. 13–16 Uhr, Sa., So. 11–16 Uhr, Eintritt: 45 DKK, Kinder unter 14 Jahren freier Eintritt

63 LOUISIANA ★★★

Kurz vor Helsingør kommt man in der kleinen Ortschaft Humlebæk zu einem der wichtigsten modernen Museen Nordeuropas.

Die Liste der Künstler, deren Werke im Louisiana ausgestellt sind, liest sich wie das Who's who der Kunst der 1960er bis 1990er Jahre: *Lichtenstein, Rauschenberg, Warhol, Dine, Oldenburg, Hamilton, Beuys, Kienholz, Merz, Richter, Ryman, Long, Lewitt, Tuttle, Immendorf, Baselitz* und *Kiefer.*

Das **Parkgelände** des Museums, das sich malerisch am Ufer der Ostsee erstreckt, lädt nicht nur zum Spaziergang ein, sondern ist eine Fortsetzung der Ausstellung. Hier stehen unter anderem Sta-

► *Blick über Helsingørs Hafen auf das Hamlet-Schloss Kronborg*

tuen von *Jean Arp, Max Bill, Alexander Calder, Max Ernst, Henri Laurens, Joan Miró* und *Henry Moore.*

› Gammel Strandvej 13, Humlebæk, Tel. 49190719, www.louisiana.dk, tgl. 10–17 Uhr, Mi. 10–22 Uhr, Eintritt: 80 DKK, Studenten 70 DKK, Jugendliche unter 18 Jahren kostenlos

64 HELSINGØR ★★★

Mit 60.000 Einwohnern ist Helsingør etwa halb so groß wie Helsingborg, ihre schwedische Nachbarstadt auf der anderen Seite des Sundes.

Bereits um das Jahr 1000 gab es hier eine erste permanente Siedlung, um 1200 wurde der Grundstein zur St. Olai Kirche gelegt und 1426 erhielt Helsingør die Stadtrechte. Nur drei Jahre später führte König *Erik von Pommern* (1412–1439) den **Sundzoll** ein und leitete damit indirekt den Aufschwung der Stadt ein. Jedes Schiff, das den Sund passieren wollte, musste einen Obolus an den König entrichten. Obwohl der Zoll den Handel behinderte und bei den Kaufleuten alles andere als beliebt war, gewann Helsingør als der Ort, an dem dieser Zoll eingetrieben wurde, an Bedeutung. Gegen Ende des 16. Jahrhunderts war Helsingør mit 5000 Einwohnern die zweitgrößte Stadt Dänemarks.

Ebenso wie die Einführung des Öresundzolls den Aufstieg der Stadt einleitete, bedeutete dessen Abschaffung im Jahre 1857 auch deren Niedergang. Bald aber erholte sich die Stadt von diesem Rückschlag. Der Schiffsbau und eine Brauerei sorgten dafür, dass die Einwohner wieder in Arbeit und Brot standen. Heute lebt Helsingør vom Tourismus, dem Handel und vor allem den **Fährlinien**, die an 365 Tagen rund um die Uhr zwischen Helsingør und Helsingborg auf dem Sund verkehren.

047kh Abb.: rk

Helsingør Turistbureau, Havnepladsen 3, Tel. 49211333, Fax 49211577, www.visithelsingor.dk, Mo.-Fr. 10-16 Uhr, Sa. 10-13 Uhr, Juli, Aug. Mo.-Fr. 10-17, Sa. 10-15 Uhr

Schloss Kronborg

Die größte Sehenswürdigkeit Helsingørs ist das **„Hamlet-Schloss"** Kronborg. Es wurde zwischen 1574 und 1585 im Renaissancestil von König *Frederik II.* (1559-1588) auf den Ruinen der von *Erich von Pommern* erbauten Festung errichtet. Kurz nach der Fertigstellung 1629 brannte das Schloss bis auf die Grundmauern nieder. Lediglich die Kirche blieb unbeschädigt.

Zwar machte sich König *Christian IV.* (1588-1648) umgehend an den Wiederaufbau, doch da der Dreißigjährige Krieg Dänemark bis an den Rand des Ruins gebracht hatte, wurde an der Inneneinrichtung gespart. Was wir heute sehen - obwohl pompös und prachtvoll - hält keinem Vergleich mit der ursprünglichen Ausstattung stand, zumal 1658 auch noch die Schweden das Schloss beschossen und plünderten. 1785 hatte der König offenbar genug: Trotz des wahrscheinlich schönsten Ausblicks Dänemarks zog er samt Gefolge aus. Von da an wurde Kronborg bis 1923 als Kaserne genutzt. In dieser Zeit verfiel das Schloss zusehends und erhielt den wenig schmeichelhaften Beinamen „Der rostige Schlüssel am Sund".

Heute ist Kronborg eine der größten Sehenswürdigkeiten Dänemarks und lockt Jahr für Jahr 200.000 Besucher an. Im Jahr 2000 wurde es zum **UNESCO-Weltkulturerbe** ernannt.

Im Schloss ist auch das **Dänische Seefahrtsmuseum** untergebracht, das die

KRONBORG UND HAMLET

Dank Shakespeare ist Schloss Kronborg das vermutlich bekannteste Gebäude Dänemarks. Selbst wer nichts mit dem nordischen Königreich am Hut hat, kennt es doch als den (fiktiven) Hauptschauplatz von Shakespeares „Hamlet". Allerdings spielt Shakespeares Geschichte weit vor dem Baujahr des Schlosses - eine kleine dichterische Freiheit, die man dem großen Dichterfürsten gerne durchgehen lässt. Der war ohnehin nicht der Erfinder der Hamletgeschichte, diese war zu seiner Zeit schon lange Teil der Volksdichtung. Erstmals erwähnt wurde sie im 12. Jahrhundert vom dänischen Geschichtsschreiber Saxo Grammaticus (ca. 1140-ca. 1220). Vermutlich jedoch geht der Ursprung der Hamletgestalt sogar bis auf die Nordischen Sagas zurück.

Zum 200. Todestag von William Shakespeare im Jahre 1816 wurde das Hamletstück erstmals innerhalb der Mauern von Kronborg aufgeführt. Damals waren Soldaten der Garnison die Darsteller, später reihten sich dann viele berühmte Schauspieler in die Liste der Hamletdarsteller auf Kronborg ein. So traten hier beispielsweise der legendäre Gustav Gründgens sowie Laurence Olivier und Vivien Leigh auf. Bis heute kehrt Hamlet jeden Sommer heim in sein Schloss und lockt im August Tausende von Zuschauern an.

› ***Hamletfestspiele*** *in Schloss Kronborg: www.hamletsommer.dk, Tickets unter Tel. 70156565 oder auch unter www.billetnet.dk*

Geschichte der Seefahrt von 1400 bis heute erzählt. In den Kasematten unter dem Schloss befindet sich die Statue des sagenhaften unbesiegbaren Kriegers *Holger Danske.* Die Legende besagt, dass der schlafende Kämpfer sofort erwacht, wenn Dänemark bedroht wird. Das Gipsmodell, das in den Kasematten steht, war eigentlich nur die Vorarbeit für einen Bronzeabguss, den das Hotel Marienlyst in Helsingør im Jahre 1906 in Auftrag gegeben hat. Während die Bronze aber schnell in Vergessenheit geriet, wurde die Statue aus Gips zu einem wichtigen dänischen Nationalsymbol.

› Kronborgvej, Mai–Sept. 10.30–17 Uhr, April, Okt. Di.–So. 11–16 Uhr, Nov.–März Di.–So. 11–15 Uhr, www.kronborg.dk, Eintritt: 85 DKK inkl. Museum, Jugendliche 60 DKK, Kinder 15 DKK

Spaziergang durch die Stadt

Einen Spaziergang durch Helsingør beginnt man am besten am Touristenbüro gegenüber der Fährstation. Zunächst bietet es sich an, hinter dem Büro die Strandgade hinauf- und die Stengade hinunterzugehen. Die beiden Straßen bilden die kleine **Fußgängerzone** Helsingørs und hier kommt man an vielen schönen alten Gebäuden vorbei. Einen kurzen Blick sollte man auf die alte Apotheke von 1577 (Stengade 77) und das Gerichtsgebäude von 1520 (Stengade 72) werfen. An der Kreuzung von Stengade und Sct. Anna Gade erreicht man schließlich den dem heiligen Olav geweihten **Dom** der Stadt aus dem 16. Jh. (Sct. Anna Gade 12, Mai–Aug. 10–16 Uhr, sonst 10–14 Uhr). Schon wenige Schritte danach gelangt man zu einem weiteren Kirchenbau: der **Sct. Marie Kirche** und dem daneben liegenden Karmeliterkloster. Dieses Gotteshaus wurde auf den Resten einer alten romanischen Kirche erbaut und 1559 eingeweiht. Das Schmuckstück im Inneren ist der Altaraufsatz aus dem 17. Jahrhundert. Im ehemaligen Armenhaus der Karmeliterinnen von 1516 ist das **Stadtmuseum** untergebracht. Es gibt einen Einblick in die Stadtgeschichte vom Mittelalter bis heute. Besonders sehenswert ist ein großes Holzmodell, das die Stadt im Jahre 1801 zeigt (Sct. Anna Gade 36, 12–16 Uhr).

Das Denkmal auf dem nahe gelegenen **Axel torv** erinnert an König *Erich von Pommern,* der Helsingør 1426 die Stadtrechte verlieh. Mehrmals wöchentlich findet hier ein kleiner Markt statt. Knapp

048kh Abb.: rk

► *Straßencafé in Helsingørs Innenstadt*

einen halben Kilometer weiter erreicht man, am Nordhafen gelegen, das **Øresundsaquarium**, in dem man Fische und andere Meerstiere aus der nahen Ostsee beobachten kann. Nichts Spektakuläres, aber für Familien mit Kindern ein schönes Ausflugsziel.

› Strandpromenaden 5, Tel. 49213722, www.oresundsakvariet.ku.dk, 10–17 Uhr, Sept.–Mai wochentags nur bis 16 Uhr, Eintritt: 50 DKK, Studenten und Rentner 40 DKK, Kinder bis 14 Jahre 30 DKK

Nochmals 500 Meter weiter stadtauswärts kommt man schließlich zum **Schloss Marienlyst** (Marienlyst Allé 32, Tel. 49283791, tgl. 12–17 Uhr, Eintritt: 20 DKK). Das 1587 als Pavillon errichtete Gebäude wurde um 1760 von dem französischen Architekten *Nicolas Henri Jardin* (1720–1799) umgebaut und erweitert. Sehenswert sind die Louis-XVI.-Möbel im oberen Stockwerk. Im Rest des Gebäudes ist eine kleine Kunstausstellung untergebracht. Der englische Park lädt zu einem Spaziergang ein.

Knapp drei Kilometer außerhalb liegt das **Technische Museum.** Hier kann man alte Flugzeuge, Autos und Motorräder besichtigen (Fabriksvej 25, Tel. 49222611, Di.–So. 10–17 Uhr, Eintritt: 65 DKK im Sommer, 50 DKK im Winter, Kinder freier Eintritt).

Essen und Trinken in und um Helsingør

Jan Hurtigkarl & Co., Nordre Strandvej 154, Ålsgårde, www.hurtigkarl.dk, Tel. 49709003. Billig ist es bei Jan Hurtigkarl nicht, dafür bietet der Spitzenkoch aber auch Erstklassiges. Immer wieder stellt er die Speisekarte nach neuen Themen zusammen. Genauso hervorragend wie das Essen ist die Aussicht: Das Restaurant liegt am Meer und wer richtig sitzt, kann sein Abendessen mit Blick auf Schloss Kronborg einnehmen. Allerdings liegt das dann in einiger Entfernung, denn Ålsgårde ist 10 km von Helsingør entfernt.

Madam Sprunck, Stengade 48, www.madamsprunck.dk, Tel. 49264849, Mo.–Do. 11.30–24 Uhr, Fr. 11.30–2 Uhr, Sa. 10.30–2 Uhr, So. 10.30–24 Uhr (Restaurantbetrieb jeweils 18–24 Uhr). Gemütliches Café und Restaurant, im Sommer sitzt man schön im Garten. Die Speisekarte bietet Dänisches mit einem kleinen Abstecher nach Italien.

Ausflug nach Gilleleje

Nördlich von Helsingør liegen einige der schönsten Strände Dänemarks. **Bade- und Surffans** finden u. a. in **Julebæk,** dem **Seebad Hornbæk** und **Gilleleje,** dem nördlichsten Ort der Insel Seeland, ideale Reviere. Hungrig? Dann auf zum Hafen. Entweder kauft man dort in einem der Läden fangfrischen oder geräucherten Fisch oder man lässt sich in einem der Lokale bekochen. Oft kann man auch Fisch direkt von den Fischerbooten kaufen. Ein beliebtes Ziel für Kurzwanderungen ist der 35 m hohe **„Aussichtsberg" Gilbjerg Hoved,** auf dem auch ein Gedenkstein für den Philosophen *Søren Kierkegaard* zu sehen ist.

Von der „Bergspitze" hat man eine herrliche Sicht über das Kattegatt. Bei klarem Wetter kann man bis zur Insel Hesselø sehen. Die **Kirche von Gilleleje** wurde 1538 von den Fischern des Ortes erbaut, das **Dorfmuseum** widmet sich vor allem dem Thema Fischerei. Die 2 km vom Ortskern entfernte **Schlossruine Søborg** aus dem 12. Jahrhundert diente im Mittelalter als Staatsgefängnis.

› **Informationen:** www.gilleleje-turistbureau.dk

65 SCHLOSS FREDERIKSBORG ★★★

Hillerød (35.000 Ew.) ist eine unscheinbare Provinzstadt und wäre kaum einer Erwähnung wert, läge dort mit Frederiksborg nicht das schönste Renaissanceschloss des Landes.

Es wurde zwischen 1600 und 1620 im Auftrag von König *Christian IV.* erbaut, brannte 1859 nieder, wurde aber umgehend wieder errichtet und auf Betreiben des Brauereibesitzers und Kulturmäzens *J. C. Jacobsen* zum **Nationalhistorischen Museum** umgewandelt. In etwa 60 Räumen sind Gemälde und Einrichtungsgegenstände aller Epochen ausgestellt, die aus Schlössern und Herrenhäusern in ganz Dänemark zusammengetragen wurden. Berühmt ist Frederiksborg für seine umfangreiche Portraitsammlung. Bei dem Brand von 1859 blieb die Schlosskirche zwar unversehrt, dennoch fand damals die Tradition ein Ende, hier den dänischen König zu krönen.

Die **Kirche** liegt im westlichen Teil des Königsflügels und ist eine der Hauptattraktionen des Schlosses. Betritt man den Kirchenraum, wird man von üppigem Prunk fast erschlagen. Marmoreinlegearbeiten, Alabasterfiguren, Intarsien aus Ebenholz – hier wurde nur edelstes Material verwendet. In Fachkreisen berühmt ist die **Compenius-Orgel** mit ihren mehr als 1000 Pfeifen, die 1610 von dem norddeutschen Orgelbauer *Esaias Compenius* (1572–1617) erbaut wurde. Ursprünglich war die Orgel für das Schloss Hessen gedacht, doch die *Herzogin von Braunschweig-Wolfenbüttel* schenkte sie dann *Christian IV.* 1617 überführte *Compenius* die Orgel persönlich nach Frederiksborg. Der Orgelbauer erkrankte auf dieser Reise so schwer, dass er noch in Hillerød starb. Einmal in der Woche, donnerstags von 13 bis 14 Uhr, ertönt das klanggewaltige Instrument.

KLEINE PAUSE

Spisestedet Leonora

Frühstücken und Mittagessen in historischer Umgebung im Schloss Frederiksborg. Am Sonntag gibt es von 10 bis 13 Uhr für unter 100 DKK ein großes Brunchbuffet (Tel. 48267516, www.leonora.dk, 11–16 Uhr, So. ab 10 Uhr).

049kh Abb.: WoCo/Klaus Bentzen

▶ *Schloss Frederiksborg ist nicht nur schön, es beherbergt auch das Nationalhistorische Museum*

Über der Kirche liegt der 50 Meter lange **Rittersaal.** Er war beim Schlossbrand zerstört worden und ist demnach eine Rekonstruktion von 1859. Sehenswert sind die Deckenschnitzereien und die Wandteppiche, die Szenen aus dem Kalmarkrieg darstellen, den Dänemark zwischen 1611 und 1613 gegen Schweden führte. Der **Barockgarten** des Schlosses mit seinen symmetrisch angeordneten Wegen, Blumenbeeten und Baumpflanzungen gilt als der schönste seiner Art im Norden Europa.

› www.frederiksborgmuseet.dk, Nov.-März 11-15 Uhr, April-Okt. 10-17 Uhr, Tel. 48260439, Eintritt: 60 DKK, Studenten/Schüler 50 DKK, Kinder/Jugendliche bis 15 Jahre 15 DKK

66 SCHLOSS FREDENSBORG ★

Am Südufer des Esrumsees erreicht man gut 40 km nördlich von Kopenhagen das Schloss Fredensborg. Hier lebt das dänische Königspaar im Frühjahr und im Herbst, außerdem werden in Fredensborg häufig Staatsgäste empfangen. Erbaut wurde das Schloss in den Jahren zwischen 1720 und 1726 im Auftrag von König *Frederik IV.* (1699-1730) vom dänischen Architekten *Johan Cornelius Krieger* (1683-1755).

Ursprünglich als kleines Jagdschloss gedacht, wurde Fredensborg in der zweiten Hälfte des 18. Jahrhunderts und im 19. Jahrhundert Schritt für Schritt erweitert. Deswegen ist das Gebäude auch eine **Mischung verschiedener Baustile:** Barock, Rokoko und Klassizismus.

Im **barocken Schlossgarten** ist der 2002 neu geschaffene **Skulpturengarten „Nordmansdalen“** beachtenswert. Hier sind etwa 70 Statuen zu entdecken, die norwegische und färöische Bauern und Fischer darstellen.

› Slotsgade, www.ses.dk/132000c. Der **Park** ist ganzjährig geöffnet, das **Schloss** kann nur im Juli im Rahmen von Führungen besichtigt werden sowie alle 15 Minuten in der Zeit zwischen 13 und 16.30 Uhr.

67 KLOSTER ESRUM ★

Am Nordufer des Esrumsees liegt das gleichnamige **Zisterzienserkloster.** Es wurde 1151 gegründet und sollte sich den Regeln des Ordens entsprechend „entfernt von den Wegen der Menschen“ befinden. Auch heute ist das Kloster noch weit entfernt von hektischem Großstadtreiben.

Ein Spaziergang durch den **Klostergarten** mit seinen medizinischen Kräutern ist deswegen auch gleichsam ein Spaziergang zurück in der Zeit. Eine kleine Ausstellung im Hauptgebäude informiert über die Geschichte des Klosters.

› Klostergade 11, Tel. 48360400, www.esrum.dk, Mitte Jan.-April Do.-So. 10-16, Mai Di.-So. 11-16, Juni-Aug. Di.-So. 10.30-16.30, Sept., Okt. Di.-So. 11-16, Nov.-Mitte Dez. Do.-So. 11-16 Uhr, Mitte Dez.-Mitte Jan. geschl., Eintritt: 40 DKK, bis 15 Jahre 20 DKK

KLEINE PAUSE

Broder Rus' Kælder
Speisen, wie man sie im Mittelalter gegessen hat, bietet dieses dem Kloster Esrum angeschlossene Restaurant. Bekannt ist es auch wegen seines sehr schmackhaften Klosterbiers (Mai-Okt. 11-15.30 Uhr, im Juni 11-16.30 Uhr, Mo geschl., Okt.-Mai nur Do./Fr.-So. geöffnet).

68 ROSKILDE ★★★

Mit dem Dom und dem Wikingerschiffmuseum hat Roskilde zwei der wichtigsten Sehenswürdigkeiten Dänemarks zu bieten und ist daher auf jeden Fall eine Reise bzw. einen Ausflug wert.

Roskilde heißt nichts anderes als „Ro(ar)s Quelle“ – auf Dänisch „Ro(ar)s kilde“ –, denn angeblich war es König *Roar,* der hier die Stadt an einer Quelle gründete. *Roar* jedoch ist lediglich eine Figur aus der Legende und hatte mit der eigentlichen Stadtgründung im Jahre 998 nichts zu tun. Damit ist Roskilde über 1000 Jahre alt und **eine der ältesten Städte Dänemarks.**

Der Aufstieg der Stadt ging schnell vonstatten. Bereits 1020 wurde Roskilde **Bischofssitz.** Während des Mittelalters stieg Roskilde zu einer der wichtigsten Städte Nordeuropas auf, in der mehr als 10.000 Menschen lebten und die dänischen Könige residierten.

Mit der Reformation begann der Niedergang der Stadt, Kirchen und Klöster wurden aufgelöst und teilweise zerstört. Bis zum 18. Jahrhundert war Roskilde zu einer unbedeutenden Gemeinde mit gerade einmal 1500 Einwohnern geschrumpft. Erst als 1847 die Zugverbindung mit der Hauptstadt Kopenhagen eröffnet wurde, setzte ein neuerlicher Aufschwung ein. Mittlerweile leben immerhin ca. 54.000 Menschen in der alten Königsstadt.

Touristeninformation: Gullandsstræde 15, Tel. 46316565, www.visitRoskilde.com, geöffnet ganzjährig Sa. 10–13 Uhr, zusätzlich April–Aug. Mo.–Fr. 10–17 Uhr, Sept.–Dez. schließt das Büro am Freitag schon um 16 Uhr

EINKAUFSTIPP

Butik Jeppe

Die Galerie wird von 18 Künstlern und Kunsthandwerkern gemeinsam betrieben. Hier kann man relativ preisgünstig Keramik, Glas, Textilarbeiten, Seidenmalereien und sogar selbstgefertigte Hüte und Strickwaren kaufen (Skomagergade 33, Tel. 46369435).

Dom

Der Dom von Roskilde wurde 1995 von der UNESCO in die Liste des Weltkulturerbes aufgenommen und zählt zu den herausragenden Sehenswürdigkeiten Dänemarks.

1170 begann man unter der Aufsicht von Bischof *Absalon* (1128–1201), dem Stadtgründer von Kopenhagen, mit dem Bau. Geweiht wurde die Kirche dem heiligen *Lucius,* der 253/54 für nicht einmal ein Jahr Papst gewesen war. Im Laufe der Jahrhunderte wurde der Dom immer wieder umgebaut und erweitert. Die beiden Türme kamen im 14. Jahrhundert hinzu, die mit Kupfer verkleideten Helme setzte man sogar erst 1635/36 auf.

Nach der Reformation wurde der Dom zu Roskilde die **Grablege der dänischen Könige.** Bis zum heutigen Tag fanden hier 38 Königinnen und Könige ihre letzte Ruhestätte. Besonders sehenswert sind das vom Lübecker Künstler *Johannes Junge* 1414 geschaffene Grabmal für Königin *Margarethe I.* und der in einer Seitenkapelle stehende Renaissancesarg von König *Christian IV.* Dieser König hat, mit den von ihm in Auftrag gegebenen prunkvollen Bauten, das Gesicht Kopenhagens bis zum heutigen Tag geprägt. Die letzte Monarchin, die hier bestattet wurde, war die Mutter der jetzigen

Königin: *Ingrid von Schweden* (1910–2000). Sie wurde an der Seite ihres bereits 1972 verstorbenen Ehemannes *Fredrik IX.* in einer Grabkapelle außerhalb des Doms bestattet.

Neben den Königsgräbern ist vor allem die Barockorgel aus dem 16. Jahrhundert ein Anziehungspunkt für Besucher. Im Sommer wird sie einmal in der Woche anlässlich eines kostenlosen Konzertes gespielt. Ebenso sehenswert ist das Chorgestühl aus der Mitte des 15. Jahrhunderts und der Flügelaltar aus dem 16. Jahrhundert, eine Arbeit eines flämischen Meisters. Im **Dommuseum** erhält man Einblick in die Baugeschichte des Doms. Außerdem sind einige Kirchenschätze ausgestellt. Das sagenumwobene „güldene Kleid" von Königin *Margarethe I.* ist allerdings nur eine Kopie.

› Domkirkepladsen 1, April–Sept. Mo.–Sa. 9–17 Uhr, So. 12.30–17 Uhr, Okt.–März Di.–Sa. 10–16 Uhr, So. 12.30–16 Uhr, www.roskildedomkirke.dk, Eintritt: 25 DKK, Kinder 15 DKK

Wikingerschiffmuseum

Fünf Wikingerschiffe kann man gegenwärtig im „Vikingeskibsmuseet" besichtigen. In einigen Jahren werden es vermutlich zwei mehr sein, denn als man das Museum erweiterte, fand man direkt vor der eigenen Haustür die Wracks zweier Wikingerschiffe auf dem Grund des Roskildefjords.

Die Schiffe, die in der Ausstellung zu sehen sind, waren nicht Opfer von Wind und Wetter und sie wurden auch nicht von feindlichen Angreifern zerstört. Vielmehr versenkte man sie im 11. Jahrhundert absichtlich bei Skuldelev, 20 km nördlich von Roskilde, um die Zufahrt in den Roskildefjord zu erschweren. Roskilde war damals ständig von Angriffen bedroht und deswegen legten die Bewohner ein **System von Sperren im Roskildefjord** an – und die fünf Schiffe in der Wikingerschiffshalle stammen eben aus einer dieser Sperren. Mit Steinen gefüllt bildeten sie ein nur schwer zu überwindendes Hindernis im Meer. Fast tausend Jahre lagen sie auf dem Meeresgrund, bevor sie 1962 entdeckt und gehoben wurden.

Ein Glücksfall für die Wissenschaftler, aber auch für die Besucher: Der Fund umfasste fünf verschiedene Schiffstypen, die zusammen einen einzigartigen Eindruck von der Schiffsbau- und Handwerkskunst der Wikinger geben.

In der Unteretage der Ausstellung wird die **Geschichte eines fiktiven norwegi-**

050kh Abb.: WoCo/Christian Alsing

▶ *Am Hafen des Wikingerschiffmuseums*

ROSTKILDE-FESTIVAL – LET IT ROCK

Mehr als 80.000 Musikfans pilgern Jahr für Jahr Anfang Juli nach Roskilde. Dann findet dort ***eines der größten Musikfestivals in Europa*** *statt – das größte im Norden ist es sowieso.*

1971 fing alles an, damals noch ganz bescheiden und auch etwas chaotisch: Das Festival zeichnete sich vor allem durch schlechte Organisation, aber großen Enthusiasmus aus. Es gab nur eine Bühne, auf der etwa 20 Bands auftraten. Das Festival dauerte zwei Tage, etwa 10.000 Besucher kamen pro Tag.

Heute spielen im Laufe des viertägigen Festivals mehr als 160 Bands auf insgesamt 6 Bühnen. Damit das alles auch reibungslos funktioniert, sind vor und hinter den Kulissen fast 25.000 freiwillige Helfer unterwegs. Die setzen ihre Arbeitskraft für eine gute Sache ein: Das Festival wird von einer gemeinnützigen Organisation veranstaltet und der ***gesamte Gewinn wird karitativen Einrichtungen zur Verfügung gestellt.*** *Vier Tage gute Laune sind also in der Regel vorprogrammiert, wenn man sich zum Roskilde-Festival aufmacht.*

Einzige Ausnahme: das ***tragische Jahr 2000.*** *Damals kamen bei einem Konzert von Pearl Jam neun Männer ums Leben. Nachdem im hinteren Bereich die Lautsprecher ausgefallen waren, drängte das Publikum immer weiter nach vorne zur Bühne. Vor dem Konzert hatte es geregnet und der Boden war glitschig – einige Fans rutschten aus und fielen zu Boden. Die nachdrückende Menge trampelte über sie hinweg … In den folgenden Jahren wurden die Sicherheitsmaßnahmen verbessert, eine Katastrophe wie 2000 sollte nach menschlichem Ermessen in Zukunft ausgeschlossen sein.*

Praktische Tipps für Festivalbesucher

Der Eintrittspreis für die gesamte Festivaldauer beträgt etwa 1500 DKK. Tagestickets werden nur für den Sonntag, den letzten Tag des Festivals, verkauft (etwa 650 DKK). An diesem Tag haben zudem Senioren über 60 Jahre freien Eintritt. Im Ticketpreis inbegriffen sind Camping- und Parkplatzgebühren. Auf www.billetnet.dk kann das Ticket im Internet gekauft und am eigenen Drucker ausgedruckt werden. Der Vorverkauf beginnt bereits im Dezember des Vorjahres.

Jugendliche unter 15 Jahre dürfen nur aufs Festivalgelände, wenn sie von einem Erwachsenen begleitet werden. Weitere Informationen unter:

› *www.roskilde-festival.dk*

schen Flottenangriffs auf Roskilde nacherzählt. Der Besucher begleitet die norwegischen Schiffe von ihrer Abfahrt in Südnorwegen bis zu ihrer Einfahrt in den Roskildefjord und ist auch bei den darauf folgenden Kämpfen Zeuge. Die Ausstellung beschreibt nicht nur die eingesetzten Schiffe und Waffen, sondern auch die Funktion der Skuldelev-Sperre als Schutz gegen seeseitige Angriffe.

Von 2000 bis 2004 wurde in der museumseigenen Werft mit Werkzeugen und Methoden aus der Wikingerzeit eines der in Skuldelev versenkten Schiff nachgebaut. Das so entstandene 30 m lange Langschiff zählte damals zu den

KLEINE PAUSE

Im Wikingerschiffmuseum kann man auch essen: Das **Snekken** ist aber mehr als eine Museumscafeteria, denn abends verwandelt es sich in ein Restaurant mit französisch angehauchter Speisekarte. In dem hellen und schnörkellos eingerichteten Gastraum isst man mit tollem Blick auf den Roskildefjord und den Yachthafen (Vindeboder 16, Tel. 46359816, www.snekken.dk, tgl. 11.30–22 Uhr).

größten Kriegsschiffen. Diesen Nachbau und andere aktuelle Projekte kann man in der Werft und dem Hafen des Museums besichtigen. Touristen können sogar auf einigen Nachbauten auf dem Roskildefjord segeln!

› Vindeboder 12, Tel. 46300200, www.vikingeskibsmuseet.dk, tgl. 10–17 Uhr, Eintritt: 80 DKK (Mai–Sept.) bzw. 50 DKK (Okt.–April), freier Eintritt für Kinder und Jugendliche unter 18 Jahren

Roskilde-Museum

Zwar „nur" ein Regionalmuseum, aber ein ausgezeichnet gemachtes! Wer sich für die **Kultur und Geschichte der Region** um den Roskildefjord interessiert, ist hier gut aufgehoben. Bemerkenswert ist vor allem die große Mittelalterausstellung.

KLEINE PAUSE

Raadhuskælderen

Gemütlich im Gewölbe oder bei Sonne draußen im Garten speist man im „Rathauskeller". Lamm, Perlhuhn und fangfrischer Fisch sind die Spezialitäten auf der Karte (Fondens Bro 1, Tel. 46360100, www.raadhusk.dk, Mo.–Sa. 11–23 Uhr).

› Sct. Ols Gade 18, Tel. 46316500, www.roskildemuseum.dk, tgl. 11–16 Uhr, Eintritt: 25 DKK, Rentner und Studenten 15 DKK, Jugendliche unter 18 Jahren freier Eintritt

69 ARCHÄOLOGISCHES VERSUCHSZENTRUM VON LEJRE ★

Hier kann man ein nachgebautes Dorf aus der Eisenzeit besichtigen, einen Wikingerhof, Bauernhäuser aus der Zeit des 19. Jahrhunderts und vieles andere mehr – und man sieht nicht nur zu.

Wer will, darf selbst Brot backen, mit einer Axt aus der Eisenzeit Holz hacken oder mit einem Einbaum über das Wasser gleiten.

Keine Angst, nicht alles wird nachgespielt. Der Gang durchs Opfermoor ist ungefährlich, obwohl hier früher nicht nur Tiere, sondern auch Menschen geopfert wurden. Das Archäologische Versuchszentrum ist sogar für diejenigen, die sich nicht für die „alten Zeiten" interessieren, interessant. Es liegt nämlich ungewöhnlich schön am Wasser und ist der ideale Ort für ein Picknick.

› Slangealleen 2, Lejre, Tel 46480878, www.lejre-center.dk, Juli–Mitte Aug. tgl. 10–17 Uhr, Mai, Juni, Mitte Aug.–Sept. Di.–Fr. 10–16 Uhr, Sa., So. 11–17 Uhr, Eintritt: 100 DKK, Studenten 90 DKK, Kinder bis 14 Jahre 60 DKK

REISETIPPS KOPENHAGEN

Das folgende Kapitel ist für Handfestes zuständig: Es hilft dem Reisenden bei allen kleinen und großen Fragen weiter, die vor oder während der Reise auftauchen.

Schreiben Sie uns, wenn sich zwischenzeitlich etwas geändert hat oder Sie interessante Hinweise an Leser der nächsten Auflage weitergeben möchten.

ANREISE

MIT AUTO UND FÄHRE

Die Anfahrt mit den Fähren von Scandlines (www.scandlines.de) erfolgt über **Rostock–Gedser** (Überfahrtszeit: 105 Minuten, Preis: ab 76 €/Auto inkl. Insassen) und über die **Vogelfluglinie** von Puttgarten auf Fehmarn nach Rødby (Überfahrtszeit: 45 Minuten, Preis: ab 56 €/Auto inkl. Insassen). Hier verkehren die Fähren in der Hochsaison im Halbstundentakt und rund um die Uhr. Von beiden Fährhäfen ist man dann nochmals mit dem Auto knapp zwei Stunden bis Kopenhagen unterwegs.

Die **Anreise über den schwedischen Teil** der Öresundregion erfolgt mit TT-Line (www.ttline.com) und Scandlines von Rostock nach Trelleborg (Preis: um 110 € pro Auto inkl. Insassen). Scandlines verkehrt zusätzlich von Sassnitz nach Trelleborg und TT-Line von Travemünde nach Trelleborg. Die Fähren nach Schweden starten drei bis fünf Mal pro Tag.

Über die **Öresundbrücke** (siehe dazu „Die Öresundbrücke, der dänisch-schwedische Brückenschlag", Preis für einfache Fahrt mit Pkw: 34 €) erreicht man von Trelleborg aus Kopenhagen via Malmö in weniger als einer Stunde.

FLUG

Kopenhagen erreicht man direkt von Berlin, Düsseldorf, Frankfurt, Hamburg, Hannover, Stuttgart, München, Köln und Nürnberg sowie von Wien, Zürich und Genf mit SAS (www.flysas.de). Die in Dänemark heimische Billigfluggesellschaft Sterling (www.sterling.dk) fliegt ab Berlin, Frankfurt und Salzburg, Cimber Air von Basel (www.cimber.dk) und easyJet von

052kh Abb.: rk

Berlin (www.easyjet.de). Mit Air Berlin erreicht man die dänische Hauptstadt von Hamburg, Düsseldorf und Berlin aus (www.air-berlin.de). Da sich speziell bei den **Billigfliegern** die Flugrouten häufig ändern, sollte man sich vor der Reiseplanung auf der Homepage von VisitDenmark über die aktuellen Verbindungen informieren (www.visitdenmark.com).

Der **Flughafen** von Kopenhagen-Kastrup liegt auf der Insel Amager zwischen Kopenhagen und Malmö und ist von beiden Städten gleich leicht mit dem Zug zu erreichen. Seit Jahren gewinnt Kastrup übrigens regelmäßig den Preis für den besten Flughafen Europas.

Der Preis für eine einfache Zugfahrt vom Flughafen ins Zentrum von Kopenhagen kostet 28,50 DKK, nach Malmö etwa 90 SEK. Für eine Taxifahrt ins Zentrum von Kopenhagen muss man mit 30–35 € rechnen.

LITERATURTIPP

„City-Trips mit Billigfliegern" und „Noch mehr City-Trips mit Billigfliegern"

Die beiden Bände erschließen die 50 interessantesten Metropolen und schönsten Städte Europas für einen preisgünstigen Kurztrip. Sie enthalten alle Informationen, um die City individuell zu entdecken:

• Flugverbindungen • Transport in die City • preiswert wohnen und speisen • ausführlicher Cityguide • detaillierter Stadtplan • Shopping- und Erlebnistipps • Infosstellen ...

Reise Know-How Verlag, Bielefeld

BAHN

Täglich verkehren über die Vogelfluglinie (Puttgarden–Rødby) und die Große-Belt-Verbindung mehrere Züge nach Kopenhagen. Der **DB NachtZug** fährt täglich aus dem Rhein-Ruhr-Gebiet und von München, Nürnberg, Würzburg und Fulda sowie ab Basel nach Kopenhagen.

› Informationen, Beratung und Buchung: Tel. 01805 141514 (0,12 €/Min.), www.nachtzugreise.de

Mit dem **DB Autozug** kann man von Dortmund, Frankfurt/Neu-Isenburg oder Stuttgart/Kornwestheim an die dänische Grenze nach Niebüll fahren oder alternativ von Lörrach, München oder Villach nach Hamburg.

› Informationen, Buchung: www.autozug.de

Mit dem **Berlin Night Express** erreicht man von Berlin aus Malmö. Obwohl die Strecke nicht von der Deutschen Bahn betrieben wird, kann man die Tickets auch an deren Schaltern bekommen. Der Preis im Liegewagen beträgt etwa 90 €, im Zwei-Bett-Schlafwagen etwa 125 €.

› www.berlin-night-express.com

BUS

Für unter 40 € kann man mit dem Bus von Berlin nach Kopenhagen fahren. **Berlin Linienbus** verkehrt auf dieser Strecke dreimal täglich.

› www. berlinlinienbus.de

FAHRRAD

Die Anreise mit dem Fahrrad nach Kopenhagen ist sicherlich eine etwas ungewöhnliche Alternative, aber von Berlin aus gibt es einen 630 km langen, durchgehend markierten **Radweg Berlin–Kopenhagen**, der die beiden Hauptstädte miteinander verbindet. Im BVA-Verlag ist hierzu 2004 in zweiter Auflage ein Radfüher mit dem Titel „Radweg Berlin-Kopenhagen“ erschienen.

› Infos: www.bike-berlin-copenhagen.com/sprog_tysk/tysk.html

AUSRÜSTUNG UND KLEIDUNG

Für eine Kopenhagenreise muss man keine besonderen Kleidungsstücke in den Koffer packen. Was für Deutschland richtig ist, passt auch für Dänemark. Allerdings: **Regen- und Windschutz** kann nicht schaden – auch im Sommer.

AUTOFAHREN

Die **Höchstgeschwindigkeit** auf Autobahnen liegt in Dänemark bei 130 km/h bzw. 110 km/h, wobei die Strecken um Kopenhagen alle zur zuletzt genannten Kategorie gehören. Auf Haupt- und Landstraßen darf 80 km/h gefahren werden und in geschlossenen Ortschaften wie gewohnt 50 km/h.

Die **Promillegrenze** beträgt 0,5 ‰. Achtung: Alkoholtest und Geschwindigkeitskontrollen sind häufig und die Strafen drastisch! Wie in allen anderen Ländern Nordeuropas auch müssen Autos und Motorräder **rund um die Uhr das Abblendlicht** einschalten. Gurtpflicht besteht auch auf den hinteren Sitzen.

Im Notfall bekommt man deutschsprachige Hilfe bei:

› **ADAC Auslandsnotruf,** c/o Falck Euro-Service, Boulevarden 66, 7100 Vejle, Tel. + 45 79424285, Fax + 45 75727879

In Kopenhagen sind **Parkplätze knapp.** Es ist ein völlig aussichtsloses Unterfangen, im Innenstadtbereich einen kostenlosen Parkplatz finden zu wollen. In den Stadtteilen Østerbro, Vesterbro und Nørrebro darf man (so man einen Platz findet) sein Auto zwei Stunden kostenlos abstellen (Parkscheibenpflicht). Zudem gibt es häufig Staus, sodass man den eigenen Wagen am besten in der Nähe einer Bahnstation am Stadtrand oder auf dem Hotelparkplatz abstellt und dann auf die öffentlichen Verkehrsmittel (siehe „Verkehrsmittel“) umsteigt.

BEHINDERTE AUF REISEN

Dänemark ist ein **sehr behindertenfreundliches Reiseziel.** Alle öffentlichen Neubauten müssen für Rollstuhlfahrer zugänglich sein. Die meisten öffentlichen Verkehrsmittel, städtische und staatliche Museen sind ebenfalls behindertengerecht ausgestattet. Eine **ausgezeichnete Webseite** mit Informationen für Behinderte gibt es bei VisitDenmark:

› www.visitdenmark.com/tyskland/de-de/Menu/turist/turistinformation/barrierefrit.htm

Weitere Infos für Behinderte findet man beim dänischen Behindertenverband:

› **Invalideorganisationernes Brugerservice,** Kløverprisvej 10 B, DK-2650 Hvidovre, Tel. +45 36751793 (nur Mo.–Fr. 10–12 Uhr), Fax +45 36388539, E-Mail: service@handicap.dk, www.handicap.dk/ibs (nur auf Dänisch)

- **Rollstuhlverleih und -reparatur** in Kopenhagen: Hans Knudsen, Borgervænget 7, Tel. 39162130

BIBLIOTHEK

- **Zentralbibliothek,** Krystalgade 15, Mo.–Fr. 10–17 Uhr, Sa. 10–14 Uhr. Dort kann man auch ausländische Zeitungen lesen.

DIPLOMATISCHE VERTRETUNGEN

- **Deutsche Botschaft (Tysklands Ambassade),** Stockholmsgade 57, 2100 Kopenhagen Ø, Tel. +45 35459900, Fax +45 35267105, E-Mail: tyskeamba@email.dk, www.kopenhagen.diplo.de
- **Österreichische Botschaft,** Sølundsvej 1, 2100 Kopenhagen Ø, Tel. +45 39294141, Fax +45 39292086, E-Mail: kopenhagen-ob@bmaa.gv.at
- **Schweizer Botschaft,** Amaliegade 14, 1256 Kopenhagen K, Tel. +45 33141796, Fax +45 33337551, www.eda.admin.ch/copenhagen, E-Mail: vertretung@cop.rep.admin.ch

EINREISEBESTIMMUNGEN

Aufgrund Dänemarks Mitgliedschaft im **Schengener Abkommen** entfallen Ausweiskontrollen an den deutsch-dänischen Grenzen. Ein gültiger Reisepass oder Personalausweis muss allerdings mitgeführt werden. Seit dem 1. Januar 2004 können alle Waren, auch Alkohol und Tabak, für den persönlichen Gebrauch eingeführt werden.

Als **Richtwerte** gelten: 10 l hochprozentiger Alkohol, 60 l Schaumwein, 90 l Wein und 100 l Bier sowie 800 Zigaretten, 400 Zigarillos und 200 Zigarren. Für Schweizer und andere Reisende aus EU-Nichtmitgliedsländern gelten nach wie vor die alten Beschränkungen: 1 l Wein und 2 l Schaumwein oder 1 l Spirituosen.

FILM UND FOTO

Wer noch analog fotografiert, sollte das Filmmaterial möglichst aus Deutschland mitbringen. Filme aller Art sind problemlos erhältlich, aber der Preis dafür liegt deutlich über dem, den man von zu Hause gewohnt ist.

FUNDBÜRO

- **Fundbüro** der Polizei, Slotsherrensvej 113, Vanløse (S-Bahn-Station: Islev), Tel. 38748822, Mo., Mi., Fr. 9–14 Uhr, Di., Do. 9–17.30 Uhr
- Für **Liegengelassenes in Bussen** kontaktiert man die Tel.-Nummer 36131415 (unter Angabe der Nummer des Busses), Verlorenes in S-Bahn-Zügen erfragt man unter Tel. 36141701.

GELDFRAGEN

Dänemark gehört (noch) nicht zur Eurozone, die Währungseinheit ist die **Dänische Krone** (Abkürzung: DKK). Im Umlauf sind Banknoten zu 1000, 500, 200, 100 und 50 Kronen, Münzen zu 20, 10, 5, 2 und 1 Krone sowie zu 50 und 25 Øre.

Mit Maestro-, Master-, Cirrus-, Spar- und Visacard kann man an Geldautomaten rund um die Uhr Geld abheben. Kreditkarten und Reiseschecks werden von allen Geldinstituten sowie vielen Hotels, Restaurants und größeren Geschäften akzeptiert. Die **Banken** sind 10–16 Uhr, donnerstags bis 18 Uhr geöffnet.

› **Wechselkurs** (Juli 2007):
  1 € = 7,44 DKK, 1 DKK = 0,13 €

HAUSTIERE

Hunde und Katzen müssen mindestens 30 Tage und maximal zwölf Monate vor der Einreise gegen Tollwut geimpft werden. Als Nachweis ist der **internationale Impfausweis** (gelber Impfpass) erforderlich. Bei Tieren, die regelmäßig (d. h. einmal im Jahr) geimpft werden, entfällt die 30-Tage-Frist. Für Jungtiere bis drei Monate muss ein tierärztliches Gesundheitszeugnis vorliegen, das zum Zeitpunkt der Einreise nicht älter als 10 Tage sein darf. Kampfhunde dürfen nicht eingeführt werden.

Außerdem müssen die Tiere laut EU-Regelung **eindeutig identifiziert** werden können. Das kann durch eine Tätowierung oder einen Chip geschehen. Hunde müssen der Besitzer man am Strand in der Zeit vom 1. April bis 30. September an der Leine führen.

EXTRATIPP

Clever umtauschen

Da ungeachtet der Höhe des Betrages eine Wechselgebühr in Höhe von 20 DKK berechnet wird, empfiehlt es sich, einmal eine höhere Summe als mehrmals niedrigere Beträge umzutauschen.

HEIRATEN

Ledig in den Urlaub fahren, verheiratet wiederkommen? Manche Paare verbinden inzwischen den Kopenhagenaufenthalt mit ihrer Hochzeit. Wer den großen Schritt in einem der Standesämter der dänischen Hauptstadt wagen will, für den gelten die folgenden Hinweise:

› **Terminvereinbarung** mit dem jeweiligen Standesamt vor der geplanten Hochzeit
› **Mindestaufenthalt** vor der Hochzeit im Land: In Kopenhagen drei Wochen, in jedem anderen Ort Dänemarks (z. B. auch dem Kopenhagener Vorort Fredriksberg) vier Tage
› Vorlage der Geburtsurkunde und des Reisepasses bzw. Personalausweises

Weitere Informationen gibt es bei der Dänischen Botschaft in Deutschland (www.daenemark.org) und beim Dan-Heirats-Service (www.romantische-hochzeit.de).

INFORMATIONSQUELLEN

INFOSTELLEN

ⓘ **VisitDenmark,** Glockengießerwall 2, 20095 Hamburg, Tel. 0180 326463 (12 Cent/Minute), Fax 040 65031930, www.visitdenmark.com

ⓘ **Wonderful Copenhagen,** Gammel Kongevej 1, 1610 Kopenhagen, Tel. +45 70222442, Fax 70222452, www.visitcopenhagen.dk

INFORMATIONEN IM INTERNET

Über Kopenhagen gibt es unzählige Informationsquellen im Internet. Außer den genannten Seiten von VisitDenmark und Wonderful Copenhagen sind folgende Seiten empfehlenswert:

- www.aok.dk: „Alt om København“ – die Seite gibt auf Dänisch und Englisch Tipps über aktuelle Veranstaltungen, Restaurants, Filme etc.
- www.ctw.dk: „Copenhagen this Week“ – Internetseite des in Kopenhagen kostenlos verteilten Veranstaltungsmagazins. Hier kann man sich zusätzlich die Printversion als PDF herunterladen.
- www.daenemark.org: Seite der dänischen Botschaft in Deutschland mit offiziellen Hinweisen zu Reiseregelungen, aber auch Hintergrundinfos zu Dänemark.
- www.dankultur.de: Hervorragende Seite des dänischen Kulturinstitutes.
- www.denmark.dk: Seite des dänischen Außenministeriums.
- www.kk.dk: Offizielle Seite der Stadt Kopenhagen, leider nur auf Dänisch und Englisch.
- www.kopenhagen.de: Seite mit Infos zu Kopenhagen und Dänemark im Allgemeinen.
- www.kunstonline.dk: Eine Fundgrube für alle, die sich für die Biografien dänischer Künstler interessieren. Nur auf Dänisch.
- www.oresundsregionen.org: Touristische Informationen über die Öresundregion.
- www.tourismus.de: Kommerzielle Seite mit touristischen Hinweisen weltweit, recht ordentlicher Abschnitt zu Dänemark.

INTERNET

Es ist nicht schwer, in Kopenhagen ein Internetcafé oder einen WLAN-Hotspot zu finden. Die meisten Hotels bieten ihren Gästen kostenlos oder gegen eine geringe Gebühr die Internetnutzung an. Zwei der größten Internetcafés sind:

@1 [E5] **Boomtown,** Axeltorv 1, gegenüber vom Tivoli Vergnügungspark ❶, rund um die Uhr geöffnet, über 100 PCs

@2 [I E4] **Faraos Cigarer,** Skindergade 27

MEDIZINISCHE VERSORGUNG

Alle Touristen haben **Anspruch auf kostenlose Behandlung** in dänischen Krankenhäusern im Falle plötzlicher Krankheit, Unfall, Geburt oder unerwarteter Verschlimmerung eines chronischen Leidens. Ein eventueller **Krankentransport** in die Heimat muss jedoch selbst bezahlt werden. Kosten, die für Arzt- bzw. Zahnarztbesuche sowie Medikamente entstehen, werden in der Regel von der Krankenkasse zurückerstattet. Genauere Infos sollte man sich jedoch vor der Abreise bei der jeweiligen Krankenkasse einholen und sich auch einen **Auslandskrankenschein** ausstellen lassen. Für akute Notfälle gilt in Dänemark wie bei uns die **Notruf-Nummer 112.**

Krankenhäuser mit 24-stündigem Notdienst:

- Bispebjerg Hospital, Bispebjerg Bakke 23, Tel. 35312373
- Frederiksberg Hospital, Nordre Fasanvej 57, Tel. 38163816
- Amager Hospital, Italiensvej 1, Tel. 32343500

Zahnärztliche Notfallversorgung:

- Tandlægevagten, Oslo Plads 14, Tel. 35380251, Mo.–Fr. 8–21.30 Uhr, Sa., So. 10–12 Uhr. Die Behandlung muss sofort in bar bezahlt werden.

Die **Steno Apotek** (Vesterbrogade 6c) in der Nähe des Hauptbahnhofes ist rund um die Uhr geöffnet. Den **ärztlichen Bereitschaftsdienst** erreicht man zwischen 16 und 8 Uhr in Kopenhagen unter Tel. 70130041, im Umland hingegen unter Tel. 44534400.

MUSEEN

Seit dem 1.1.2006 ist der Eintritt in viele der großen Museen in Dänemark **für Jugendliche bis 18 Jahre kostenlos.** Die Regelung gilt für sämtliche 140 staatlichen bzw. staatlich anerkannten Museen. Hintergrund dieser Maßnahme ist ein neues dänisches Museumsgesetz, dass auch der jüngeren Generation einen ungehinderten Zugang zum „dänischen Kulturerbe" ermöglichen soll.

In den staatlichen Museen der Hauptstadt haben sogar Erwachsene freien Eintritt. So ist z. B. der Eintritt in das Nationalmuseum ❹ und das Staatliche Kunstmuseum (Statens Museum for Kunst) ㉜ kostenlos. Lediglich zu großen Sonderausstellungen müssen Kunstfreunde dort Eintritt entrichten.

8 MUSIKSZENE

Die Jazzszene in Kopenhagen ist legendär. Schon in den 1960er und 1970er Jahren hatte Kopenhagen den Ruf einer internationalen Jazzhauptstadt. Das legendäre **Kopenhagen Jazzfestival** zieht jedes Jahr von Anfang bis Mitte Juli ein großes Publikum von Jazzenthusiasten an, denn dann finden mehr als 500 Konzerte in allen Jazzgenres und über die gesamte Stadt verstreut statt.

› www.festival.jazz.dk

JAZZKLUBS

2 [I F4] **Copenhagen JazzHouse,** Niels Hemmingsensgade 10, Tel. 33152600, www.jazzhouse.dk

3 [I F4] **La Fontaine,** Kompagnistræde 11, Tel. 33116098, www.lafontaine.dk

KLUBS, KNEIPEN UND LOKALE MIT HÄUFIGER LIVEMUSIK

4 **Forbrændingen,** Vognporten 11, Albertslund, Tel. 43625043, www.fbf.dk

5 [G5] **Loppen,** Bådsmandsstræde in Christiania, Tel. 32578422, www.loppen.dk

6 [I E5] **Mojo Blues-Bar,** Løngangsstræde 21c, Tel. 33 11 64 53, www.mojo.dk

7 **Café Pavillonen,** Borgmester Jensens Allé 45, Tel. 35387383, www.cafe-pavillonen.dk. Open-Air-Café und Konzerte, aber nur im Sommer. Der Schwerpunkt liegt auf Salsa und Blues.

8 [I E4] **Pumpehuset,** Studiestræde 52, Tel. 33931960, www.pumpehuset.dk

9 [G5] **Sofiekælderen,** Sofiegade 1, Tel. 32572787, www.sofiekaelderen.dk

1 [C6] **Vega,** Enghavevej 40, Tel. 33258012, www.vega.dk

NOTFÄLLE

NOTRUF

Bei akuter Gefahr oder jedwedem Notfall wählt man dänemarkweit die **Notruf-Nummer Tel. 112.**

SPERRNOTRUF

2005 wurde in Deutschland eine einheitliche Notrufnummer zum Sperren von elektronischen Berechtigungen bei sensiblen Medien wie Kredit-, Maestro- oder Mobilfunkkarten eingerichtet. Bei Verlust oder Diebstahl einer solchen Karte sollte man sich sofort melden unter folgender Sperrnotrufnummer:

› Tel. +49 116116, www.sperr-notruf.de

ÖFFNUNGSZEITEN

Geschäfte und Postämter sind Mo.–Fr. von 9/10 bis 17.30, 18 oder 19 Uhr geöffnet, Do. teilweise auch bis 20 Uhr, Sa. bis 12, 14 oder 16 Uhr. Die Öffnungszeiten stehen im Ermessen des Ladeninhabers und sind deswegen von Ort zu Ort sehr unterschiedlich. Samstagnachmittags und an Sonn- und Feiertagen sind Bäckereien, Kioske und Blumenläden in der Regel geöffnet.

Öffnungszeiten der **Banken:** Mo.–Fr. 10–16 Uhr und Do. 10–18 Uhr.

POST

PORTO

Das Porto für einen Standardbrief bis 50 g oder eine Postkarte nach Deutschland, Österreich und in die Schweiz kostet 7 DKK.

POSTÄMTER IN DER INNENSTADT

- ✉Hauptbahnhof/Hovedbanegården, Mo.–Fr. 8–21 Uhr, Sa. 9–16, So. 10–16 Uhr
- ✉Postamt in der Fußgängerzone, Købmagergade 33, Mo.–Fr. 10–17.30 Uhr, Sa. 10–14 Uhr
- ✉Hauptpostamt, Tietgensgade 25–39, Mo.–Fr. 11–18 Uhr, Sa. 10–13 Uhr

PREISE UND KOSTEN

Kopenhagen ist **kein billiges Reiseziel.** Besonders **Essen** in Restaurants und Hotelübernachtungen sind im Vergleich zu uns relativ teuer. Mit umgerechnet 20 € für ein Hauptgericht muss man rechnen, ein kleines Bier schlägt mit etwa 3 € zu Buche. Auch ein kleiner Snack an einer Imbissbude geht schnell ins Geld: 5 € für ein Würstchen im Brot ist ein durchaus normaler Preis.

Die **Übernachtung** im Doppelzimmer eines Drei-Sterne-Hotels kostet ca. 150 €, in einem Vier-Sterne-Haus zahlt man im Schnitt nochmals 50–100 € mehr. Relativ günstig ist der **öffentliche Nahverkehr:** Eine Bus- oder Bahnfahrt im Stadtbereich kostet nur wenig mehr als 2 €.

Auch die Eintritte in staatliche Museen sind sehr preisgünstig (vgl. „Museen"). **Freien Eintritt** in folgenden **Museen** gibt es an folgenden Tagen:

- Mittwoch: Widerstandsmuseum, Königliches Zeughaus/Tøjhus (8), Postmuseum, Schifffahrtsmuseum, Thorvaldsens Museum (7), Geologisches Museum (34)
- Freitag: Stadtmuseum (47)
- Sonntag: Ny Carlsberg Glyptotek (2)

Generell kostenlos sind u. a. Nationalmuseum (4), Statens Museum for Kunst (32), Botanischer Garten (35), Rathaus (27), Carlsbergs Brauerei (53).

RADFAHREN

Kopenhagen ist **DIE Stadt für Fahrradfahrer,** sowohl was die Rücksichtnahme der Autofahrer als auch das hervorragend ausgebaute Netz an Fahrradwegen betrifft. Zudem stehen rund 2200 Fahrräder von Mitte April bis Anfang November an einem von über 110 Fahrradparkplätzen im Zentrum **zur kostenlosen Ausleihe** bereit. Mit einer 20-Kronen-Münze als Pfand löst man das Schloss und schon kann es losgehen. Das Geld bekommt man zurück, wenn man das Rad zurückgibt. Besonders bequem sind die stabilen Zweiräder nicht, aber für eine kurze Fahrt durch die Innenstadt sind sie ideal.

Die **Innenstadtzone** darf man ohnehin **nicht verlassen**, denn außerhalb einer Zone, die von der Kleinen Meerjungfrau im Norden bis zu den Stadtkanälen im Westen, Christianshavn im Osten und einige Hundert Meter hinter dem Bahnhof im Süden reicht, ist das Fahren mit den Leihfahrrädern verboten. Ein an jedem Rad festgeschraubter Stadtplan aus Metall zeigt sowohl die genauen Begrenzungen des Innenstadtbereichs als auch die Standorte der Ausleihstationen. Wer ein Leihfahrrad außerhalb der Innenstadtzone entdeckt, sollte den „Bycykelservice" informieren, damit dieser das Fahrrad abholen kann: Tel. 80301434.

Der **Bycykelservice** unterhält eine eigene Reparaturwerkstatt für die Fahrräder und hat ständig vier mobile Reparaturteams im Einsatz. Alles in allem werden 30 Personen beschäftigt. Zumeist sind dies Arbeitslose, die während einer sechsmonatigen Ausbildung auf ihr späteres Berufsleben vorbereitet werden. Das klappt offenbar sehr gut, den 80 % von ihnen fanden bislang danach andernorts eine Festanstellung.

› www.bycyklen.dk

053kh Abb.: rk

City Safari bietet das ganze Jahr über geführte Fahrradtouren durch Kopenhagen an. Sogar eine Tour durch die Nacht kann man buchen.

› www.citysafari.dk

9 SCHWULE UND LESBEN

In Dänemark wurden Schwulen und Lesben schon früh gleiche Rechte wie allen anderen „normalen" Bürgern auch zuerkannt. **Gleichgeschlechtliche Ehen** wurden in Dänemark bereits 1989, als erstes Land weltweit, anerkannt. Inzwischen dürfen bei gleichgeschlechtlichen Ehepaaren die Partner auch das Kind des Partners adoptieren.

Die erste Schwulenbar in Kopenhagen, Centralhjørnet (s. u.), öffnete bereits vor mehr als 80 Jahren ihre Pforten und existiert bis zum heutigen Tag. Sogar einen eigenen **Radiosender für Homosexuelle** gibt es in der dänischen Hauptstadt: Radio Rosa (www.radiorosa.dk) sendet Tag für Tag auf FM 91,4 MHz.

BARS UND DISKOTHEKEN FÜR SCHWULES PUBLIKUM

12 [I E4] **Amigo Bar,** Schønbergsgade 4, www.a-bar.dk, Mo.-Mi. 10-2 Uhr, Do. bis 3 Uhr, Fr./Sa. bis 5 Uhr, So. bis 22 Uhr. Karaokebar, nicht nur schwules Publikum versucht sich hier an Klassikern des Pop.

13 [I F5] **Boiz,** Magstræde 12-14, Tel. 33312570, www.boiz.dk, Mo.-Fr. 11-2 Uhr, Sa., So. 11-5 Uhr. Erst seit Januar 2006 gibt es das **Boiz:** Bar, Café, Brasserie, Restaurant, Lounge und am Wochenende auch Diskothek. Dienstagabends finden während des Diners Dragshows statt, Brunch am Wochenende.

14 [B4] **Café Intime,** Allégade 25, www.cafeintime.dk, 18-2 Uhr. Piano-Bar in Frederiksberg. Älteres Publikum, Künstler und solche, die sich dafür halten. Nicht nur homosexuelles Publikum. Zu essen gibt es bis auf kleine Snacks nichts.

15 [I E5] **Centralhjørnet,** Kattesundet 18, Tel. 33118549, www.centralhjornet.dk, 12-2 Uhr. Die älteste Schwulenkneipe der Stadt.

16 [I E4] **Jailhouse CPH & Oscar Bar & Café,** Studiestræde 12, Tel. 33152255, www.jailhousecph.dk, 14-2 Uhr, Sa., So. 14-5 Uhr. In der Nähe des Rathauses gelegene interessante Mischung aus Café, Bar und Lounge.

11 [I E4] **Masken,** Studiestræde 33, www.maskenbar.dk, Mo.-Fr. 16-2, Sa., So. 16-5 Uhr. Das Masken ist eine der ältesten Schwulendiskos und -bars der Stadt. Richtig voll wird es hier erst spät am Abend.

12 [I E4] **Pan,** Knabrostræde 3, www.pan-cph.dk, Fr. 11-5, Sa. 11-6 Uhr. Schwulendiskothek mit mehreren Tanzflächen und einem breiten Angebot an Musik. Karaoke gibt es auch.

BARS UND DISKOTHEKEN FÜR LESBISCHES PUBLIKUM

17 [D5] **Vela,** Viktoriagade 2-4, Tel. 33313419 oder 26302318, www.velagayclub.dk, Mi., Do. 20-24 Uhr, Fr., Sa. 20-5 Uhr. Cocktailbar und Diskothek.

13 [I E4] **Chaca,** Studiestræde 38, Tel. 30705705, www.chaca.dk, Mi. 16-23 Uhr, Do. 16-24 Uhr, Fr. 16-3 Uhr, Sa. 18-3 Uhr. Das Chaca ist eine Art lesbisches Kulturzentrum. Hier werden Spielabende organisiert, Vorträge gehalten, aber es wird auch getanzt, getrunken und gefeiert, ab und an mit Livemusik.

BED AND BREAKFAST NUR FÜR SCHWULE GÄSTE

1 [E3] **Windsor,** Frederiksborggade 30, Tel. 33110830, Fax 33118387, www.hotelwindsor.dk

2 [I E4] **Copenhagen Rainbow,** Frederiksberggade 25c (Strøget), Tel. 33141020, www.copenhagen-rainbow.dk

3 [F5] **At Carstens Guest House,** Christians Brygge 28, 5. Stock, Tel. 33149107 oder 40509107, www.circuitq.dk. Auch für lesbische Gäste.

VERANSTALTUNGEN

Ende August findet Kopenhagens Version des **Christopher Street Day** statt. Bei der überrregional bekannten **Copenhagen Pride Parade** sind etwa 600 Teilnehmer und gut 50.000 Zuschauer dabei (www.copenhagenpride.dk).

Im Oktober wird das **Schwul-Lesbische Filmfestival** veranstaltet, eines der ältesten Filmfestivals dieser Art weltweit (www.cglff.dk).

SICHERHEIT

Kopenhagen ist eine sehr sichere Stadt. Es gibt keine Gebiete in der Stadt, die man besser nicht betritt. Normale Vorsicht ist aber angebracht, denn Langfinger im Gedränge gibt es auch hier. Wertsachen deponiert man wie überall am besten im Hotelsafe.

SPORT UND ERHOLUNG

Auskünfte über Sportveranstaltungen im Land und Infos zu den Anschriften der einzelnen Sportverbände erhält man beim

› **Dänischen Sportverband,** Idrættens Hus, Brøndby Stadion 20, Brøndby, Tel. +45 43262626, www.dif.dk

FUSSBALL

In und um Kopenhagen spielen drei Vereine in der ersten Liga, die, da von einer Fluggesellschaft gesponsert, den Namen „SAS-Liga" trägt. Am erfolgreichsten spielt gegenwärtig der **FC København,** der 2001, 2003, 2004 und 2006 die dänische Meisterschaft gewann und sich international 2006/07 sogar für die Gruppenphase der Champions League qualifizieren konnte.

› Øster Allé 50, 2100 København Ø, Tel. 35437400, www.fck.dk, Spielstadion: Parken (42.000 Zuschauer), www.parken.dk, Bus: 1A, 3A, 4, 15

Brøndby Idrætsforening („Sportverein von Brøndby") ist, trotzt der Erfolge des FC København in den letzten Jahren, immer noch der erfolgreichste Verein Dänemarks. Zehn Meisterschaften haben die Kopenhagener Vorstädter in den letzten 20 Jahren errungen – die Betonung liegt auf Vorstädter, denn niemand im Klub will mit dem FC København verwechselt werden. Daher sieht man es auch gar nicht gern, dass man in ausländischen Medien immer wieder fälschlicherweise mit „Brøndby Kopenhagen" tituliert wird.

› Brøndby-Stadion 30, 2605 Brøndby, Tel. 43630810, www.brondby.com, Spielstadion: Brøndby-Stadion (29.000 Zuschauer), S-Bahn: Glostrup

Die **Dänische Nationalmannschaft** trägt in der Regel ihre Heimspiele im Nationalstadion „Parken" [E1] aus (siehe oben). Infos über die Spieltermine und den Kartenvorverkauf findet man auf der Seite des Dänischen Fußballverbandes:

› www.dbu.dk

GOLF

Sehr populär und auch im Vergleich zu Deutschland **sehr preisgünstig** ist Golf. Allein in Kopenhagen und Nordseeland gibt es mehr als 30 Golfklubs. Das genaue Verzeichnis findet man auf der Homepage des Dänischen Golfverbandes: www.dgu.org.

Nur zehn Minuten Fahrzeit vom Stadtzentrum entfernt, auch erreichbar mit dem Bus Nr. 47, liegt das **Copenhagen Indoor Golf Center** (Refshalevej 177b, www.cigc.dk).

MARATHON

Seit 1980 findet jedes Jahr Ende Mai der **Kopenhagen-Marathon** statt. Ausdauernde, die mitmachen wollen, finden im Internet nähere Infos:

› www.copenhagenmarathon.dk

SEGELN

Nummer eins in Fragen Segelsport in Kopenhagen ist der **Kongelig Dansk Yacht Klub.** Der Klub ist auch für all diejenigen der erste Ansprechpartner, die mit dem eigenen Boot nach Kopenhagen kommen wollen.

- Langeliniepavillonen, 2100 København Ø, Tel. 33148787, Fax 33938788, www.kdy.dk

STRÄNDE, SURFEN

In der Umgebung von Kopenhagen findet man **ideale Bedingungen für Wassersport** aller Art.

- **Amager Strandpark,** Amager Strandvej 246, Bus Nr. 12, Metro: Legravsparken. Einrichtungen: Grill auf dem Strand, kaum Autoparkplätze. Hier finden im Sommer Open-Air-Konzerte, bekannt als „5-Øren", statt. Hinweise für Surfer: Gut für fortgeschrittene Anfänger, im Sommer sehr voll. Knietiefes Wasser bis zu 200 Meter, Sandboden.
- **Bellevue Strandpark,** Strandvejen 340 in Klampenborg, S-Bahn: Klampenborg. Im Sommer immer voll, kleiner FKK-Abschnitt. Einrichtungen: Kiosk im Sommer. Hundeverbot. Surfen ist hier nicht erlaubt.
- **Brøndby Strandpark,** Einrichtungen: Parkplatz in der Nähe, Rettungsschwimmer während der Hochsaison, Toiletten.
- **Ishøj Strand,** Køge Bugt Strandpark, S-Bahn: Ishøj, dann weiter mit Bus 128. Ganz in der Nähe des Kunstmuseums Arken 57 (s. S. 216). Einer der besten Strände in Dänemark mit besonders schönen Dünen. Einrichtungen: Kiosk, Parkplatz in der Nähe, Rettungsschwimmer während der Hochsaison, Toiletten. Hinweise für Surfer: Perfekt für Anfänger, aber mit vielen Badegästen im Sommer. Sandboden und niedriges Wasser.
- **Vallensbæk Strand,** Einrichtungen: Kiosk, Parkplatz in der Nähe, Rettungsschwimmer während der Hochsaison, Toiletten.

054kh Abb.: WoCo/Christian Alsing

SPRACHE

Dänisch gehört – wie das Deutsche – zu den **germanischen Sprachen** und wird weltweit von etwa 5,3 Millionen Menschen gesprochen. Es bestehen große Ähnlichkeiten zum Schwedischen und vor allem zum Norwegischen. Für Sprachwissenschaftler sind diese drei Sprachen Dialekte einer gemeinsamen skandinavischen Sprache. Deswegen kann auch jeder, der des Norwegischen mächtig ist, problemlos dänische Texte lesen. Der gemeinsame Wortschatz zwischen beiden Sprachen beträgt etwa 95 %! Aber auch wer Deutsch und Englisch spricht und über etwas sprachliche Fantasie verfügt, kann ebenfalls schnell das Nötigste entziffern.

Ob man aber auch die **gesprochene Sprache verstehen** kann, ist eine ganz andere Frage. Denn Dänisch klingt immer ein wenig so, als hätte der Sprecher einen Klops im Hals, und ist selbst für die übrigen Skandinavier nicht immer leicht zu verstehen. Kommunikationsprobleme hat man aber so oder so nicht, denn viele Dänen sprechen Deutsch und fast alle Englisch.

STADTTOUREN

Stadtrundfahrten mit dem Bus durch Kopenhagen veranstaltet Paaskebus (Tel. 32660000, www.paaskebus.dk). **Geführte Stadtspaziergänge** bucht man unter anderem bei Copenhagen History Tours (Tel. 28494435, www.historytours.dk, 70 DKK für einen 90-minütigen Rundgang) und Copenhagen Walking Tours (www.copenhagen-walkingtours.dk, Tel. 40811217, 100 DKK für zwei Stunden).

Kostenlos sind die einstündigen **Architekturspaziergänge** des Dänischen Architekturzentrums, die jeden Sonntag im Sommer um 14.30 Uhr stattfinden. Die Startpunkte der Spaziergänge hängen vom Thema ab und können auf der Internetseite abgefragt werden (www.dac.dk).

Touren durch das **nächtliche Kopenhagen** mit einem Nachtwächter veranstaltet www.nattevaegterne.dk (p. P. 75 DKK, im Sommer jeden Abend um 21 Uhr ab Gråbrødre Torv, keine Vorausbuchung nötig) und **Geistertouren** bucht man bei www.ghosttour.dk (85 DKK für einen 90-minütigen Rundgang).

Jazzfreunde lernen auf einer fünfstündigen Tour durch die Klubs der Stadt die Musikszene kennen (Tel. 35266515, www.jazzguides.dk). **Mit dem Fahrrad** geht es bei City Safari (www.citysafari.dk) durch die Stadt.

Kopenhagen vom Wasser aus lernt man bei Rundfahrten von DFDS Canal Tours (60 DKK, Abfahrt Nyhavn und Gammel Strand, www.canaltours.com) und Netto-Både (30 DKK, Abfahrt Nyhavn oder Kronometertrappen bei der Holmes kirke, www.havnerundfart.dk) kennen.

TELEFONIEREN

In **Telefonzellen** kann man sowohl Kronen- als auch Euro-Münzen verwenden: Entweder 1-, 2-, 5-, 10- oder 20-Kronen-Münzen oder 10-, 20-, 50-Cent-Stücke bzw. 1- und 2-Euro-Münzen. Das erforderliche Guthabenminimum für ein Auslandsgespräch sind 5 DKK bzw. 90 Cent. Achtung: Ist der Teilnehmer nicht erreichbar, erhält man in den meisten Telefonzellen das Geld nicht zurück, die bezahlte

Sprechzeit bleibt jedoch erhalten. Viele Telefonzellen haben eine eigene Rufnummer, die auch aus dem Ausland angewählt werden kann. **Telefonkarten** sind in Kiosken und Postämtern in der Stückelung 30, 50 und 100 Kronen erhältlich.

Deutsche **Mobiltelefone** funktionieren auch in Dänemark. Die Roaminggebühren sind allerdings sehr unterschiedlich. Vor der Abreise sollte man sich darüber bei seinem Anbieter informieren, sonst kann das Telefonat in die Heimat eine sehr teure Angelegenheit werden. Auf eine Initiative der EU-Kommission hin sollen jedoch in naher Zukunft die Roaminggebühren für Telefonate innerhalb der EU moderat ausfallen.

- Anrufe aus Deutschland, Österreich oder der Schweiz nach Dänemark: 0045 + achtstellige Teilnehmer-Nummer
- Anrufe von Dänemark nach Deutschland, Österreich oder in die Schweiz: 0049 (D) bzw. 0043 (A) bzw. 0041 (CH) + Vorwahl ohne Null + Teilnehmer-Nummer

10 THEATER

1 Dansescenen, Østre Fælled Torv 37, Tel. 35432021, www.dansescenen.dk. Tanztheater.

15 [F4] **Köngliches Theater – Det Kongelige Teater,** Kongens Nytorv, Tel. 33696969, www.kgl-teater.dk. Ältestes und wichtigstes Theater der Stadt für Schauspiel, Oper und Ballett.

2 [D5] **Det Ny Teater,** Gammel Kongevej 29, Tel. 33255075, www.detnyteater.dk. Musicalbühne, konventionelle und publikumsträchtige Aufführungen. 1908 erbaut, zählt es mit über 1000 Sitzplätzen zu den größten Theatern Dänemarks.

3 [I E4] **Folketeatret,** Nørregade 39, Tel. 33121845, www.folketeatret.dk. Populäres und Volkstümliches kommt hier auf die Bühne.

4 [I E5] **Glassalen,** Vesterbrogade 3, Tel. 33750247, www.tivoli.dk/composite-3089.htm. Diese Bühne im Tivoli **1** bietet populäres (Musik-) Theater, das die Lachmuskeln strapaziert.

44 [H4] **Opernhaus,** Ekvipagemestervej 10, Tel. 33696969, www.operahus.dk. Die neue Oper im Stadtteil Holmen sorgte wegen der spektakulären Architektur auch international für Schlagzeilen.

5 Østre Gasværk, Nyborggade 17, Tel. 39277177, www.oestre-gasvaerk.dk. Das Theater ist in einem alten Gaswerk untergebracht, das einst von *Martin Nyrup* (1849–1921) erbaut wurde. Dieser war auch Architekt des Kopenhagener Rathauses. Das ehemalige Musicaltheater bringt heute Musiktheater abseits des Mainstream auf die Bühne.

6 [I F4] **Plex-Musikteater,** Kronprinsensgade 7, Tel. 33323830, www.plex-musikteater.dk. Modernes Musiktheater mit diskussionsweckenden Aufführungen.

7 [I F4] **Turbinehallerne,** Adelgade 10, Tel. 33696969, www.kgl-teater.dk. Ein Spielort des Königlichen Theaters (s. o.), in dem moderne Stücke aufgeführt werden.

11 UNTERKUNFT

In Kopenhagen ist es **nicht immer leicht, ein Zimmer zu bekommen.** In der Hauptsaison und zu Messe- bzw. Kongresszeiten erntet man ohne Vorausbuchung oft ein bedauerndes Kopfschütteln an der Rezeption.

Fast alle Hotels kann man heute **online buchen,** entweder direkt auf der jeweiligen Hotel-Internetseite oder über die Website www.visitcopenhagen.dk (unter „Online booking").

Alle im weiteren Verlauf angegebenen Preise gelten pro Zimmer und nicht pro Person.

HOTELS

Preisgünstig (bis 1200 DKK/DZ)

1 [D5] **Absalon Hotel,** Helgolandsgade 15, Tel. 33242211, Fax 33243411, www.absalon-hotel.dk. Zentral gelegenes, familiengeführtes Drei-Sterne-Hotel in Vesterbro nahe Hauptbahnhof und Tivoli 1. Helle Zimmer ohne jeden Schnörkel. DZ ab 1200 DKK. Im Anbau wohnt man noch günstiger, dort kostet das DZ um 750 DKK, allerdings befinden sich hier Dusche und WC auf dem Gang.

2 [E6] **CAB INN City,** Mitchellsgade 14, Tel. 33461616, Fax 33461717, www.cabinn.com. Die Zimmer dieser Hotelkette ähneln Schiffskabinen, denn so kann man platzsparend möglichst viele Gäste unterbringen. Die Zimmer sind klein und zweckmäßig eingerichtet. Luxus ist Fehlanzeige, dafür sind die Preise niedrig. DZ je nach Größe zwischen 650 DKK und 850 DKK, Frühstück und WLAN inklusive.

3 [C5] **Hotel Sct. Thomas,** Frederiksberg Allé 7, Tel. 33216464, Fax 33256460, www.hotelsctthomas.dk. Kleines Hotel in einem alten Mietshaus in Frederiksberg, die Zimmer sind einfach und sauber. Das Frühstücksbuffet bietet zwar keine riesige Auswahl, ist aber durchaus schmackhaft. Das ideale Hotel für Reisende mit kleinem Budget: DZ 600–700 DKK mit Dusche und WC auf dem Gang, mit eigenem Bad 100 DKK teurer. Fahrradvermietung.

4 [I G4] **Sømandshjemmet Bethel,** Nyhavn 22, Tel. 33130370, Fax 33158570, www.hotel-bethel.dk. Um im Seemannsheim Bethel zu übernachten, muss man nicht notwendigerweise mit dem Schiff nach Kopenhagen kommen. In dem stattlichen Gebäude am Nyhavn 17 finden alle Reisenden eine günstige Unterkunft. Die Zimmer sind sauber, das Frühstück ordentlich – das Beste aber ist die Lage direkt am Nyhavn. Der Aufschlag für die Zimmer mit Wasserblick lohnt. DZ 800–900 DKK.

5 [D5] **Hotel Tiffany,** Halmtorvet 1, Tel. 33218050, www.hoteltiffany.dk. Das kleine Hotel mit nur 29 Zimmern liegt in einem ruhigen Viertel im Zentrum von Kopenhagen nur wenige Gehminuten vom Tivoli entfernt. WLAN kostenlos, kontinentales Frühstück. 1000–1200 DKK, Extragebühr bei Zahlung mit Kreditkarte.

► *Im altehrwürdigen Hotel D'Angleterre logierte schon so manche Berühmtheit*

055kh Abb.: rk

Mittlere Preisklasse (1200–2000 DKK/DZ)

6 [I E4] **Hotel Alexandra,** H.C. Andersen Boulevard 8, Tel. 33744444, Fax 33744488, www.hotel-alexandra.dk. In dem Gründerzeithaus von 1910 ist ein charmantes Designhotel untergebracht. Die Zimmer sind mit ausgesuchten Stücken berühmter dänischer Designer wie *Arne Jacobsen* oder *Finn Juhl* ausgestattet. Das DZ kostet je nach Saison und Ausstattung 1300–2000 DKK.

7 [I E4] **Ascot Hotel,** Studiestræde 61, Tel. 33126000, Fax 33146040, www.ascot-hotel.dk. „Badeanstalten København" steht an der Fassade und in der Eingangshalle sieht man Reliefbilder von nackten badenden Knaben und Mädchen. Erbaut wurde das Ascot zu Beginn des 20. Jahrhunderts als Schwimmbad. Die historische Hülle wurde erhalten, im Inneren ist heute jedoch ein modernes Stadthotel mit 120 Zimmern untergebracht. Das DZ kostet zwischen 1300 und 1600 DKK, für 1700–1900 DKK kann man auch Apartments mieten. Kostenlos WLAN in allen Räumen. Zentrale, aber doch ruhige Lage in einer Nebenstraße.

8 [D5] **Bertrams und Carltons Hotel Guldsmeden,** www.hotelguldsmeden.dk, Bertrams: Vesterbrogade 107, Tel. 33250405, Fax 33250402; Carlton: Vesterbrogade 66, Tel. 33221500, Fax 33221555. Das Bertrams Hotel Guldsmeden und das Carlton Hotel Guldsmeden gehören zur selben Kette, liegen in derselben Straße und wurden auch vom selben Architekten, *Marc Weinert,* erbaut. Eingerichtet sind sie mit Teakholzmöblen und vielen orientalischen bzw. indischen Accessoires. Beide Häuser legen Wert darauf, dass nur biologisch erzeugte Lebensmittel auf den Tisch kommen. Im Vier-Sterne-Hotel Bertrams bekommt man ein Doppelzimmer ab 1500 DKK, im Drei-Sterne-Hotel Carlton zahlt man etwa 150 DKK weniger.

🏨**9** [G4] **Copenhagen Admiral Hotel,** Toldbodgade 24–28, Tel. 33741414, Fax 33741416, www.admiralhotel.dk. In einem alten Lagerhaus von 1780 ist eines der stimmungsvollsten Hotels der Stadt untergebracht. Alle Zimmer sind unterschiedlich geschnitten und eingerichtet, in den meisten sorgen offene Balken für eine ganz besondere Atmosphäre. Große Schiffsmodelle in Schaukästen in der Lobby tragen zum maritimen Flair ebenso bei wie die Lage am Wasser. Vom Hotelfenster aus genießt man einen herrlichen Blick auf Schloss Amalienborg ❷❾. Hoch gelobt ist das Hotelrestaurant Salt, das, obwohl gerade erst eröffnet, schon im Guide Rouge erwähnt wurde. Die DZ kosten 1600–1700 DKK (ohne Frühstück), Internet/WLAN gibt es gegen Gebühr.

🏨**10** [I E4] **Hotel Fox,** Jarmers Plads 3, Tel. 33133000, 33957755, Fax 33133033, www.hotelfox.dk. 61 Zimmer, 21 Künstler, 1000 Ideen – so lautet der Slogan auf der Homepage des Hotels. Und das ist keine Übertreibung: Jedes Zimmer ist ein eigenes Kunstwerk und hinter jeder Tür erwartet den Gast eine Überraschung. Einmal ziert ein von *Munch* inspirierter Frauenkopf die Wände, dann verschönern chinesische Schriftzeichen den Raum oder es empfängt einen ein kitschiges Bergmotiv. Grün, blau, rot, weiß – jedes Zimmer hat seinen eigenen Farbton. Da man über Geschmack bekanntlich nicht streiten kann und vielleicht nicht jeder mit Mangafiguren die Nacht verbringen will, sollte man sich vor der Buchung die Räume ansehen. Auf der Webseite des Hotels ist dies möglich. Kostenlos WLAN in der Lobby und in allen Räumen. Großes Frühstücksbuffet. Die DZ kosten 950–1600 DKK.

🏨**11** [E3] **Ibsens Hotel,** Vendersgade 23, www.ibsenshotel.dk, Tel. 33131913, Fax 33131916. Drei-Sterne-Stadthotel in ruhiger Lage in der Nähe der Stadtkanäle „Vier Seen". Schnörkellos modern eingerichtete Zimmer, reichhaltiges Frühstücksbuffet. Ein DZ kostet 1200–1500 DKK, häufig bietet das Hotel Sonderaktionen an.

🏨**12** [E3] **Hotel Kong Arthur,** Nørre Søgade 11, Tel. 33111212, Fax 33326130, www.kongarthur.dk. Ein Haus mit Tradition. In dem Gebäude von 1882 werden schon seit mehreren Generationen Gäste begrüßt. Es spricht für sich, dass viele von ihnen immer wieder zurückkehren. Ende der 1980er Jahre renoviert, bietet das Kong Arthur allen modernen Komfort. Das Frühstück nimmt man am besten im begrünten Atrium ein. Für Kopenhagen ein Luxus ist der hauseigene kostenlose Parkplatz. DZ 1600–1800 DKK.

🏨**Skovshoved Hotel,** Strandvejen 267, Charlottenlund, Tel. 39640028, www.skovshovedhotel.com. Nur sieben Kilometer von Kopenhagen und einen Steinwurf vom Meer entfernt liegt Skovshoved Hotel mit seinen 22 Zimmern. Es ist umgeben von alten Fischerhäusern und wirkt selbst ein wenig wie ein romantisches Berghotel. Bekannt ist es aufgrund seines hervorragenden Restaurants. Das DZ kostet hier zwischen 1400 und 1600 DKK.

EXTRATIPP

Schlafplatzvermittlung

Use It, eine Art Jugendinformationszentrum, ist u. a. bei der Vermittlung von Übernachtungsplätzen behilflich. Zudem bietet es einen kostenlosen Internetzugang und kostenlose Schließfächer für einen Tag.

› Radhusstræde 13, Tel. 33730620, www.useit.kk.dk

First Class (über 2000 DKK/DZ)

13 [I F4] **Hotel D'Angleterre,** Kongens Nytorv 34, Tel. 33120095, Fax 33121118, www.remmen.dk/dangleterre. Das D'Angleterre ist die Grande Dame der Kopenhagener Hotels. In einem alten königlichen Palais aus dem 17. Jahrhundert untergebracht, wurde es bereits 1795 zu einem Hotel umfunktioniert. Es bietet Fünf-Sterne-Luxus pur. Kein Wunder, dass sich die Liste der Hotelgäste wie ein Eintrag ins Lexikon berühmter Persönlichkeiten liest: Angefangen von *H. C. Andersen* über *Roald Amundsen* und *Winston Churchill* bis zu *Michael Jackson* waren schon Hunderte von Stars hier. Das Hotel verfügt zudem über eines der besten Fitnessstudios der Stadt und einen stimmungsvollen Indoor-Swimmingpool. Mehrfach preisgekrönt, zuletzt 2006 mit dem internationalen „World Travel Award". Das DZ kostet 2600 DKK, das Frühstücksbuffet 155 DKK extra.

14 [I E4] **Hotel Skt. Petri,** Krystalgade 22, Tel. 33459100, www.hotelsktpetri.com. Erst 2003 in der Altstadt eröffnet, wurde das Skt. Petri 2006 mit dem „Danish Travel Award" ausgezeichnet und erhielt zudem den Titel „Bestes dänisches Hotel". Das 288-Zimmer-Haus macht durch seinen Top-Service auf sich aufmerksam. Gleichzeitig gilt es mit seiner modern-klassischen Einrichtung, für die der dänische Künstler *Per Arnoldi* steht, als eines der führenden Designhotels im Königreich. Ein DZ gibt es ab 2000 DKK.

HOSTELS

15 [F5] **Danhostel Copenhagen City,** H.C. Andersens Boulevard 50, Tel. 33118585, www.danhostel.dk. Seit 2005 steht in Kopenhagen die größte City-Jugendherberge Europas. Das Hochhaus des ehemaligen Hotels Langebro wurde umgebaut und zur Fünf-Sterne-Jugendherberge umfunktioniert. Dort gibt es knapp 200 Zimmer mit eigenem Bad und Toilette. Insgesamt können sich in dem Hostel über 1000 müde Häupter zur Ruhe betten. Die zentrale Lage im Gehabstand zum Hauptbahnhof und zum Vergnügungspark Tivoli ❶ ist ein weiteres Plus dieser Herberge. Ein Doppelzimmer kostet ab 500 DKK, Reisende mit knappem Budget können für 120 DKK ein Bett im Acht-Bett-Zimmer beziehen.

16 [C3] **Sleep in Heaven,** Struenseegade 7, Tel. 33354648, www.sleepinheaven.dk. Hostel mit Schlafsaalbetten für knapp 18 €

HUNDEHOTEL

Ob man die folgende Meldung des Dänischen Fremdenverkehrsamtes Visit-Denmark als Extratipp oder unter die Rubrik „Dinge, die die Welt nicht braucht" einstufen möchte, muss jeder selbst entscheiden:

„Auch Hunde brauchen manchmal Urlaub. Als erstes Fünf-Sterne-Hotel Dänemarks umsorgt das First Hotel Skt. Petri in Kopenhagen die vierbeinigen Freunde seiner Hotelgäste mit einem Verwöhnprogramm der Luxusklasse. Übernachtung im Designer-Hundekorb, Spezialmenü vom Haustier-Roomservice und 24-Stunden-Ausführdienst – nur das Beste ist im Skt. Petri gut genug für Bello & Co. Und: Die hausgemachten Hundekekse sind mit dem Namen des vierpfotigen Gastes versehen. Der Hotelkoch kreiert auswählte Hundegerichte, auf Wunsch auch für zarte Mägen oder zu Übergewicht neigende tierische Begleiter."

218
220
222
224
A
B
C
D
E
1
2
3
4
5
6
11
NØRREBRO
FREDERIKSBERG
CITY
Borups Allé
Hulgardsvej
Ågade
Frederiksundvej
Tagensvej
Jagtvej
Nørre Allé
Øster Allé
Østerbrogade
Nørrebrogade
Godthabsvej
Norde Fasansvej
Blegdamsvej
Søgade
Sølvgade
Nørre
Nyelandsvej
Falkoner Allé
Rosenørns Allé
Nørre Voldgade
Smallegade
H.C. Andersen
Boulevard
Gammel Kongevej
Hauptbahnhof
Vesterbrogade
Roskildevej
Pille Allé
Ingerslevgade
Valby Langgade
Enghavevej
Kalvebod Brygge
Vigerslev Allé
Lossepladsvej
16
1
11
12
14
10
7
6
2
8
1
3
5
3
15
2
O2

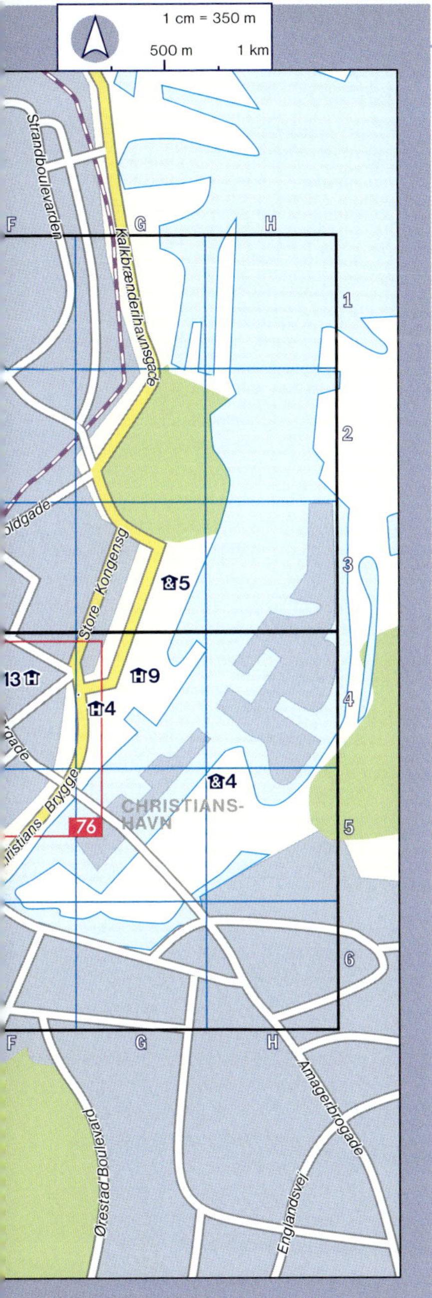

- 🏨1 Absalon Hotel [D5] €
- 🏨2 CAB INN City [E6] €
- 🏨3 Hotel Sct. Thomas [C5] €
- 🏨4 Sømandshjemmet Bethel [I G4] €
- 🏨5 Hotel Tiffany [D5] €
- 🏨6 Hotel Alexandra [I E4] €€
- 🏨7 Ascot Hotel [I E4] €€
- 🏨8 Bertrams und Carltons Hotel Guldsmeden [D5] €€
- 🏨9 Copenhagen Admiral Hotel [G4] €€
- 🏨10 Hotel Fox [I E4] €€
- 🏨11 Ibsens Hotel [E3] €€
- 🏨12 Hotel Kong Arthur [E3] €€
- 🏨13 Hotel D'Angleterre [I F4] €€€
- 🏨14 Hotel Skt. Petri [I E4] €€€
- 🏨15 Danhostel Copenhagen City [F5] €
- 🏨16 Sleep in Heaven [C3] €
- 🏠1 Windsor [E3] €
- 🏠2 Copenhagen Rainbow [I E4] €
- 🏠3 At Carstens Guest House [F5] €
- 🏠4 Tine Junker [H5] €
- 🏠5 Puk & Holger de la Cour [G3] €

€	preisgünstige Unterkunft (bis 1200 DKK/DZ)
€€	mittlere Preisklasse (1200–2000 DKK/DZ)
€€€	First Class (über 2000 DKK/DZ)

und einer Hochzeitssuite für knapp 70 €. Nahezu ausschließlich internationales Publikum, mit kostenlosem Internetzugang.

BED AND BREAKFAST/ APARTMENTS

Die **Buchung von Bed-and-Breakfast-Unterkünften** ist auf folgenden Websites möglich:

- www.citilet.dk (für Kopenhagen): vermietet Cityapartments für 2–4 Personen für 800–2000 € pro Woche.
- www.bbdk.dk (für ganz Dänemark): günstige B&B-Angebote im Zentrum, DZ zwischen 60 und 85 €.
- www.net-bb.dk (für ganz Dänemark): Gästehäuser, kleine Hotels und Privatunterkünfte. Die übersichtliche Auswahlmaske macht auch Ortsfremden die Buchung leicht, ein DZ kostet 400–600 DKK.

4 [H5] **Tine Junker,** Burmeistersgade 11, 1429 København, Tel. 31231920, 460 DKK (Frühstück 40 DKK extra). Im Stadtteil Christianshavn gelegen.

5 [G3] **Puk & Holger de la Cour,** Amaliegade 34, 1256 København, Tel. 33120468, www.delacour-bed-and-breakfast.eu, 475 DKK inkl. Frühstück. Das B&B liegt in hervorragender Lage in unmittelbarer Nähe von Schloss Amalienborg (29).

CAMPING

Eine Möglichkeit, preisgünstig in der Nähe von Kopenhagen zu übernachten, sind Campingplätze. Die meisten bieten auch **einfache Hütten** zur Übernachtung an, Bettzeug muss man hierfür jedoch selber mitbringen.

Bei der ersten Übernachtung in Dänemark wird eine Gebühr von 90 DKK für den obligatorischen (und ein Jahr gültigen) dänischen **Campingpass** fällig.

⚠ **Absalon Camping,** Korsdalsvej 132, Rødovre, Tel. 36410600, www.camping-absalon.dk. Großstadtcampingplatz, mit der Bahn nur 15 Minuten vom Zentrum entfernt. Der Platz ist nichts für einen geruhsamen Urlaub und nichts für Gäste, die sich tagsüber viel auf dem Platz aufhalten wollen, aber ein ideales Standquartier für Kopenhagenbesucher. Guter Anschluss an öffentliche Verkehrsmittel, auf dem Platz befinden sich ein WLAN-Hotspot und ein Internetcafé. Der Stellplatz kostet etwa 60 DKK/Tag. Ganzjährig geöffnet.

⚠ **Hundige Camping,** Hundigestrandvej 72, Greve, Tel. 43903185, www.hsfc.dk. Strandnahe Lage, knapp 30 Minuten bis zum Zentrum, Hütten für 4–6 Pers. kosten 300 DKK/Tag. Ganzjährig geöffnet, fünf Minuten von der S-Bahn-Station Hundige entfernt.

⚠ **Nivå Camping,** Sølyst Allé 14, Nivå, Tel. 49145226, www.nivaacamping.dk. Schön gelegener Platz nördlich von Kopenhagen nahe Naturpark mit Seen, Hafen und Strand, ca. 30 km ins Zentrum, 6 km bis zum Louisiana Museum (63). Der Stellplatz pro Person kostet 60 DKK, Hütten für 4–6 Personen 400–600 DKK/Tag. Von April bis Ende September geöffnet, Verkehrsanschluss mit der Regionalbahn nach Kopenhagen.

⚠ **Tangloppen Camping,** Tangloppen 2, Ishøj, Tel. 43540767, www.tangloppen.fdmcamping.dk. Auf einer Halbinsel im Køge-Bucht-Strandpark gelegener Campingplatz mit Sandstrand in unmittelbarer Nähe. Etwa 18 km vom Zentrum Kopenhagen entfernt und in unmittelbarer Nähe des Kunstmuseums Arken (57) gelegen. Die Hütten für 4–8 Personen kosten etwa 300–800 DKK/Tag. Geöffnet von April bis Mitte Oktober, S-Bahn-Verbindung nach Kopenhagen-Zentrum ab Ishøj.

VERKEHRSMITTEL

ÖFFENTLICHE VERKEHRSMITTEL

Kopenhagen verfügt über **ausgezeichnete öffentliche Verkehrsmittel.** Mit U-Bahn, S-Bahn oder Bus kommt man zu jedem Punkt der Stadt. Die meisten Linien fahren bis spätabends, danach – zwischen 1 und 5 Uhr – bewegt man sich mit Nachtbussen und an Wochenenden auch mit der U-Bahn durch die Stadt. Das **S-Bahn-Netz** reicht von Helsingør und Hillerød im Norden, Frederikslund und Roskilde im Westen bis Køge im Süden (siehe vordere Umschlagklappe).

Das Netz der öffentlichen Verkehrsmittel ist in **Zonen** eingeteilt. Je mehr man davon durchfährt, desto teurer wird es. Ein Zwei-Zonen-Ticket kostet 18 DKK und berechtigt zu Fahrten im Innenstadtbereic h. Mit einer Zehner-Streifenkarte kostet die entsprechende Strecke nur 11,50 DKK. Tipp: Wenn mehrere Personen zusammen auf einer Streifenkarte fahren, können sie im Vergleich zum Einzelkartenkauf Geld sparen.

Für Fahrten zwischen 1 und 5 Uhr morgens wird der doppelte Preis fällig. Ein **24-Stunden-Ticket** für den Großraum Kopenhagen kostet für Erwachsene z. Zt. 105 DKK und für Kinder 53 DKK. Bis zu zwei Kinder, die jünger als 12 Jahre alt sind, fahren in Begleitung eines voll zahlenden Erwachsenen kostenlos.

› Infos zum öffentlichen Nahverkehr: www.movia.dk

Die **Copenhagen Card** berechtigt zum kostenlosen Eintritt in fast alle Museen und Sehenswürdigkeiten der Stadt und beinhaltet auch das Ticket für den öffentlichen Nahverkehr im Großraum Kopenhagen. Der Preis für ein 24-Stunden-Ticket beträgt 199 DKK (29 €), für ein 72-Stunden-Ticket 429 DKK (58 €). Kinder bis einschließlich 15. Lebensjahr zahlen 129 DKK (19 €) bzw. 249 DKK (33 €). Bis zu zwei Kinder unter 10 Jahren können auf einer Erwachsenenkarte kostenlos mitgenommen werden.

Die Copenhagen Card erhält man u. a. am Hauptbahnhof, andere Tickets auch an Automaten an den Haltestellen oder direkt beim Busfahrer.

TAXIS

Taxis gibt es in Kopenhagen mehr als genug und sind außer freitagnachts und nach großen Veranstaltungen überall leicht zu bekommen. Sie sind frei, wenn das gelbe „Taxa"-Schild leuchtet. Soweit die gute Nachricht. Die schlechte folgt sogleich: Taxifahren in Kopenhagen ist **extrem teuer.** Der Taxameter beginnt bei 19 DKK (bzw. 32 DKK, wenn man das Taxi telefonisch bestellt) zu laufen und für jeden Kilometer kommen weitere 10,20 DKK dazu (nachts 11,20 DKK, Freitag nachts 13 DKK, an Wochenenden 11 DKK). Immerhin: Trinkgeld erwarten dänische Taxifahrer keines.

› **Københavns Taxa-Zentrale:** Tel. 35353535

WETTER UND REISEZEIT

Kopenhagen ist mit seinen vielen Sehenswürdigkeiten zweifelsohne ein **Ganzjahresreiseziel.** Trotzdem sind auch hier wie in allen Regionen Mittel- und Nordeuropas die Sommermonate die klimatisch angenehmeren.

Dann spielt sich das Leben größtenteils im Freien ab, die Menschen sitzen in

Open-Air-Cafés und man erlebt das „lachende Gesicht“ der dänischen Hauptstadt. Allerdings ist Kopenhagen im Hochsommer auch ziemlich überlaufen, ideal für Besucher sind deswegen die Monate Mai, Juni und September.

Kopenhagen weist, wie ganz Dänemark, ein ausgeprägtes **Meeresklima** mit warmen, aber selten heißen Sommern und milden Wintern auf. Der Mittelwert der Maximumtemperaturen im Juni, Juli und August beträgt 19,3, 22,2 °C bzw. 25,4 °C, die Temperaturspitzen liegen jeweils jenseits der 30-Grad-Marke. Der kälteste Monat ist der Februar mit einem Mittelwert von +0,7 °C.

Typisch für Kopenhagen ist der **häufige und schnelle Wetterwechsel.** Außerdem weht meist eine frische Meeresbrise. Die Mitternachtssonne scheint zwar nicht – dafür liegt Kopenhagen zu weit südlich – trotzdem sind auch hier die Nächte im Sommer lang: Am 1. Juli geht die Sonne beispielsweise um 4.40 Uhr auf und erst um 22.06 Uhr wieder unter.

Die aktuelle **Wettervorhersage** des Deutschen Wetterdienstes für Dänemark kann man unter der Tel. 0190 116000 (0,62 € pro Minute) abhören, Wetterinformationen im Internet findet man u. a. unter www.wetter.de oder www.dmi.dk (Dänisches Meteorologisches Institut).

ZEITUNGEN UND ZEITSCHRIFTEN

Deutsche Zeitungen und Zeitschriften bekommt man am Erscheinungstag an den meisten Kiosken und auch in vielen Hotels. Die größte Auswahl an ausländischen Zeitungen gibt es im Hauptbahnhof, am Zeitungskiosk im Magasin du Nord [2] am Kongens Nytorv, im Hotelkiosk des Hotel Scandic (Vestersøgade 6) und im Kandy Kiosk (Falkoner Allé 61).

Die wichtigsten **dänischen Zeitungen,** die allesamt in Kopenhagen erscheinen, sind die konservative *Berlingske Tidende* (www.berlingske.dk), die liberale *Politiken* (http://politiken.dk) und die Boulevardblätter *B.T.* (www.bt.dk) und *Ekstrabladet* (http://ekstrabladet.dk).

Für ausländische Besucher besonders interessant ist das **kostenlose englischsprachige Magazin „Copenhagen this Week“**, in dem man das Wichtigste zu allen Sehenswürdigkeiten erfährt, Unterkunft- und Restauranttipps erhält und einen – allerdings nur sehr rudimentären – Veranstaltungskalender findet. Trotz des Namens kommt das Magazin nur einmal monatlich auf den Markt und liegt in fast allen Hotels, den Tourismusämtern und auch in vielen Museen aus. **The Copenhagen Post** ist eine englischsprachige Wochenzeitung mit nationalen, regionalen und lokalen Nachrichten. Für Besucher ist außerdem die Veranstaltungsbeilage der Zeitung **„In&Out“** von Interesse.

Sehr lesenswert (leider jedoch ausschließlich auf Dänisch) ist das Monatsmagazin **KBH** (www.kbhmagasin.dk). Das Blatt befasst sich auf sehr anspruchsvolle Weise mit der Kultur, dem Design und der Architektur der Stadt. Aktuelle politische und soziale Probleme kommen hier ebenso zur Sprache wie die neuesten städtebaulichen Entwicklungen.

MALMÖ UND UMGEBUNG

Seit dem Bau der Öresundbrücke ist Malmö auch für Kopenhagen-Reisende leicht im Rahmen eines Tagesausflugs zu erreichen. Die Stadt und ihre Umgebung lohnen sich aber ebenfalls als eigenständiges Reiseziel. Entsprechend umfangreich ist das folgende Kapitel angelegt und beinhaltet neben Malmö unter anderem auch Lund, Helsingborg und die Wallanderstadt Ystad. Ein weiterer Bestandteil des Kapitels ist ein reisepraktischer Teil zur schwedischen Öresundregion.

057kh Abb.: rk

MALMÖ

Mit 270.000 Einwohnern ist Malmö die größte Stadt Südschwedens, nach Stockholm und Göteborg die drittgrößte Stadt im Land und Hauptstadt der Provinz Skåne. Seit der Eröffnung der Öresundbrücke ist sie mit Kopenhagen zu einem großstädtischen Ballungsraum zusammengewachsen, in dem ungefähr 3,5 Millionen Menschen leben. Allerdings ist Malmö die kleinere und ruhigere der beiden Schwestern ... und zudem jene, in der es sich billiger leben lässt. Deswegen gibt es viele Menschen, die auf der schwedischen Seite des Sundes wohnen und in Kopenhagen arbeiten.

GESCHICHTE

Erstmals erwähnt wird Malmö in einer Handschrift aus dem Jahre 1170. Allerdings ist damals noch nicht von einer Stadt die Rede, sondern von einem Anwesen, das der Erzbischof verschenkte. Erst im 13. Jahrhundert wuchs in der Nähe des Gutes ein Fischerdorf, das seine Gründung der Tatsache verdankt, dass es damals im Öresund Unmengen von Heringen gab. **Fischerei und Handel** sorgten für einen schnellen Aufschwung. Die Anfangsjahre waren deswegen auch äußerst erfolgreich und bereits 1353 wurden Malmö die Stadtrechte verliehen.

Mehr und mehr übernahm der Ort an der Küste Lunds Rolle als wichtigste Stadt in Schonen. Lange Zeit warfen sowohl Dänemark als auch Schweden begehrliche Blicke auf Malmö. Immer wieder kam es zu **kriegerischen Auseinandersetzungen**, aber bis auf eine kurze Zwischenphase im 14. Jahrhundert blieb die Stadt dänisch. Schließlich musste Dänemark 1658 im Ersten Nordischen Krieg die Provinzen Schonen, Halland und Blekinge an Schweden abtreten und verlor damit auch Malmö.

Mit der Angliederung an Schweden setzte ein 200 Jahre lang andauernder **Niedergang** ein, denn Malmö war jetzt nicht länger die Schwesterstadt der dänischen Hauptstadt Kopenhagen, sondern eine weit entlegene Provinzstadt am äußersten Zipfel des riesigen Schwedenreiches. Erst als im 19. Jahrhundert die Bedeutung des Hafens wuchs und eine Eisenbahnverbindung nach Stockholm geschaffen wurde, ging es mit Malmö wieder bergauf.

Im 20. Jahrhundert siedelten sich große **Werften** in der Stadt an. Mit ihnen kam der große Aufschwung – und mit ihnen kam in den 1980er Jahren auch der Niedergang. Die Werftenkrise traf die Stadt in ihren Grundpfeilern und die Region um Malmö wurde zum Armenhaus Schwedens.

Inzwischen sieht man aber mit Gelassenheit auf diese noch gar nicht allzu lang zurückliegende Zeit zurück. Malmö vollzog einen schnellen Wandel von einer Industriestadt zu einer **Stadt für Bildung und Hochtechnologie.** Die Hochschule in Malmö, die erst 1998 ihre Türen öffnete, ist inzwischen mit weit über 20.000 Studenten die achtgrößte höhere Lehranstalt des Landes. Einen weiteren Schritt nach vorne bedeutete der Bau der **Öresundbrücke**, der dazu führte, dass Malmö inzwischen die am schnellsten wachsende Stadt Schwedens ist.

◀ Das Rathaus von Malmö spiegelt den ehemaligen Reichtum der Stadt wider

RUNDGANG DURCH MALMÖ

Einen Rundgang durch Malmö beginnt man am besten am **Bahnhof** am nördlichen Rande des Zentrums. Auch für Besucher mit Auto ist dies ein guter Ausgangspunkt, denn in Bahnhofsnähe findet man relativ leicht einen Parkplatz. Zudem ist im Bahnhofsgebäude die **Touristeninformation** untergebracht, bei der man aktuelle Informationen einholen kann.

Die meisten Sehenswürdigkeiten Malmös liegen in der Innenstadt und man erreicht sie bequem im Laufe des folgenden Stadtrundgangs.

Ein einziges Museum liegt stadtauswärts und abseits des folgenden Stadtrundgangs. Zum ⑩ **Koggemuseum** ★ [II C1] kommt man, indem man vom Bahnhof aus nicht über die Mälarbron stadteinwärts geht, sondern in entgegengesetzte Richtung etwa 200 m stadtauswärts. In diesem Museum kann man Nachbauten von zwei mittelalterlichen Koggen besichtigen. Wer die Schiffe nur von außen sehen will, der hat von der Universitetsbro einen prima Blick. Zahlt man Eintritt, kann man die Schiffe auch von innen begutachten und eine Ausstellung über die Koggen und die Zeit des Mittelalters besuchen.

› Skeppsbron 10, 1.6.–31.8. tgl. 11–16 Uhr, sonst Mo. geschl., Eintritt: 30 SEK, www.medeltidsskeppen.se

Spaziergang durch die Innenstadt

Vom Bahnhof aus erreicht man über die Mälarbro und die Hamngata in wenigen Metern den 71 **Stortorg** ★★ [II C2], das Zentrum der Stadt. In seiner Mitte erhebt sich das Denkmal von König *Karl X. Gustav,* der Malmö und Schonen 1658 von Dänemark eroberte. Auf der Ostseite des Platzes befindet sich das 72 **Rathaus** ★ [II C2] von 1546. Allerdings stammt die Außenfassade „nur" aus dem 19. Jahrhundert. Sie wurde damals von *Helgo Zettervall* (1831–1907) im Stil der holländischen Renaissance umgestaltet. Im „Rathauskeller", auch heute noch eines der bekanntesten Restaurants der Stadt, werden schon seit dem 16. Jahrhundert Gäste bewirtet.

Im ersten Stock liegt der **Knutsaal**, einst Versammlungsraum der einflussreichen Knutsgilde, und der **Landstingsaal** mit Portraits der dänischen und schwedischen Könige. Als Vorbild für ersteren, der nach dem dänischen König *Knut dem Heiligen* (1080–1086) benannt ist, diente der Spiegelsaal von Versailles.

Auf der Nordseite des Platzes ist das 73 **Residenzgebäude** ★ [II C2] einen Blick wert. Ursprünglich im 15. Jahrhundert erbaut, hat es sein heutiges Äußeres ebenso wie das Rathaus erst in der Mitte des 19. Jahrhunderts erhalten. Heute ist es ist es **Sitz des Regierungspräsidenten** der Region Schonen, der schwedischen Entsprechung des deutschen Ministerpräsidenten.

Am südöstlichen Ende des Platzes liegt die sehenswerte **Löwenapotheke** *(Apoteket Lejonet),* die bis zum heutigen Tag im gotischen Stil eingerichtet ist und 2005 neu renoviert wurde.

Etwas zurückversetzt, nur einige Schritte vom Stortorg entfernt und direkt hinter dem Rathaus, liegt die 74 **St. Petri Kirche** ★ [II C2]. Diese wurde Anfang des 14. Jahrhunderts im Stil der Backsteingotik erbaut und ist das älteste Gebäude der Stadt. Das schlichte Innere, Resultat einer „Tünchaktion" während der Reformationszeit im 16. Jahrhundert, verführt viele Besucher dazu, mit den Worten „Hab alles schon gesehen" schnell wieder kehrtzumachen und auf eine genaue Besichtigung zu verzichten. Das ist jedoch ein schwerer Fehler, denn so versäumen sie die kleine **Krämarkapelle** im Nordteil des Gotteshauses (links neben dem Eingang), die durch ihre lebhaften

058kh Abb.: rk

◀ *Löwenapotheke am Stortorg*

RUNDFAHRBOOT „RUNDAN"

Nicht nur in Amsterdam oder Berlin kann man vom Boot aus die Stadt erkunden, sondern auch in Malmö. Ein kleiner Nachteil ist allerdings, dass die Fahrt nicht mitten durch die Stadt führt, sondern nur am Rande des Zentrums entlang. Trotzdem: Für einen ersten Überblick ist die Fahrt mit „Rundan" - der „Runde" - gut geeignet. Die Rundfahrtboote legen gegenüber dem Hauptbahnhof ab und fahren zunächst zum Hafengebiet ***Nyhamn,*** *wo bis zu ihrem Konkurs im Jahre 1987 die* ***Kockums-Werft*** *beheimatet war. Einst war Kockums mit 6000 Beschäftigten der größte Arbeitgeber und der 135 m hohe Kran das Wahrzeichen der Stadt. Der Kran wurde 1992 erstmals verkauft, doch da die Käuferfirma ebenfalls in Konkurs ging, blieb er bis zum September 2002 hier stehen. Dann wurde er ein weiteres Mal und diesmal endgültig verkauft. Was man heute noch sieht, sind alte heruntergekommene Fabrikanlagen und viel zerfallenes Gemäuer. Wahrlich kein schöner Anblick. In einigen Jahren soll hier allerdings ein neues Wohn- und Ausgehviertel direkt am Wasser entstehen.*

Vom Nyhamn führt der Weg zurück in die ***Stadtkanäle,*** *auf denen man zunächst das* ***Malmöhus Schloss*** *mit den ältesten Teilen aus dem 16. Jh. passiert. Heute sind in dem Gebäude die wichtigsten Museen der Stadt untergebracht. Links und rechts tun sich die Parkanlagen des Schloss- und Königsparks auf. Am Ufer sieht man Paare flanieren, Jogger ihre Runden drehen und Familien picknicken. Der Park um das Schloss herum ist die Lebensader der Stadt und wird vor allem im Sommer viel genutzt. Das Boot gleitet weiter unter der Parkbrücke hindurch, linker Hand sieht man das Kasino, in dem man täglich zwischen 13 und 4 Uhr sein Glück versuchen oder aber auch edel speisen kann.*

Geistige Nahrung gibt es in dem modernen Gebäude, 1997 erbaut nach den Plänen des bekannten dänischen Architekten Henning Larsen, das man etwas später auf der rechten Seite passiert, der ***Stadtbibliothek.*** *Die Stadtbibliothek von Malmö machte 2005 auch über die Landesgrenzen hinaus Schlagzeilen als man hier nicht nur Bücher ausleihen konnte, sondern auch Schwule, Ausländer oder ehemalige Gefangene (siehe Exkurs „In der Bibliothek von Malmö ...").*

Die Fahrt geht weiter und wer den Kopf reckt, erblickt rechter Hand die ***St. Pauls Kirche*** *von 1881. Dann biegt das Boot schon in die Zielgerade ein und unter der Caroli-, der Schougens- und Schleusenbrücke hindurch erreicht man den Ausgangspunkt der Rundfahrt. Kurz vor der Anlegestelle kann man links die* ***St. Petri Kirche*** *sehen, die aus dem 14. Jahrhundert stammt und damit das älteste Gebäude der Stadt ist. Rechts liegt der Bahnhof und davor das große* ***Fahrradponton,*** *der größte schwimmende Fahrradparkplatz der Welt.*

Wand- und Deckenmalereien besticht. Diese stammen aus der Zeit um 1520 und wurden bei Restaurierungsarbeiten zu Beginn des 20. Jahrhunderts wiederentdeckt und freigelegt. Genauer ansehen sollte man sich zudem die Kanzel aus dem Jahr 1599, das Taufbecken von 1601 und den wuchtigen Barockaltar.

Malmös kleinstes Museum liegt nur knapp 50 m entfernt. Einige Schritte die Djäknegatan hinab, erreicht man linker Hand die Snapperupsgatan und in Hausnummer 10 wiederum findet man 75 **Ebbas Hus** ★ [II C2]. Dort wurde eine Wohnung aus den 1920er Jahren originalgetreu erhalten und wer mag, kann Familie *Olsen,* so hießen die einstigen Bewohner, einen Besuch abstatten (Mi. u. So. 12–16 Uhr, an den übrigen Tagen ist das Museum geschlossen).

Südwestlich des Stortorg, des „Großen Platzes“, schließt sich übergangslos der 76 **Lilla torg** ★★ [II C2], an, der „Kleine Platz“. Hier geht es besonders im Sommer sehr lebhaft zu, denn ein Restaurant grenzt ans andere. Zudem liegt hier auch noch der Eingang zur Markthalle.

Im nur ein paar Schritte entfernten 77 **Form/Design Center** ★ [II C2] (11–17 Uhr, Do. 11–18, Sa., So. 11–16 Uhr, Eintritt frei, www.formdesigncenter.com) werden Werke von südschwedischen Künstlern ausgestellt. Äußerst sehenswerte Stücke gibt es hier zu sehen und wer das nötige Kleingeld hat, kann im Ausstellungsshop geschmackvolle Souvenirs erstehen.

Durch die **Einkaufsstraße Södergatan** erreicht man den **Gustavs Adolfs torg.** Dort gibt es zwar nicht viel zu sehen, wer mit Öffis unterwegs ist, wird hier aber öfter vorbeikommen, ist er doch der zentrale Knotenpunkt für die städtischen Busse.

Abstecher zum Möllevångstorg

Durch die Södra Förstadsgatan, dem unteren Teil der Einkaufsstraße, erreicht man das riesige 78 **Einkaufszentrum Triangeln** ★ [II C3] am gleichnamigen Platz. Dort kann man in mehr als 70 Geschäften seine Shoppinggelüste befriedigen. Danach geht es weiter stadtauswärts durch die Rådmansgatan.

Nach wenigen Metern kreuzt man die St. Johannesgatan, wo sich rechter Hand die 79 **Kunsthalle** ★ [II C3] befindet, die 1975 eröffnet wurde. „Halle“ ist das richtige Wort für das Ausstellungsgebäude, das aus einem einzigen Raum besteht. Hier finden regelmäßig wechselnde Ausstellungen moderner Kunst statt.

› www.konsthall.malmo.se, tgl. 11–17 Uhr, Mi. 11–21 Uhr, freier Eintritt

Wenige Schritte weiter erblickt man die 80 **St. Johannes Kirche** ★ [II C3], erbaut aus rotem Backstein. Sie ist eine der größten Kirchen der Stadt und wurde 1901–1907 von *Axel Anderberg* (1860–1937) im Jugendstil errichtet. *Anderberg* ist in Schweden vor allem für seine Oper in Stockholm bekannt.

Gut 200 m südlich der Kirche biegt man links in die Smedjegatan ab und erreicht schließlich den 81 **Möllevångstorg** ★ [II C3, außerhalb]. Das Viertel um den Platz, Möllevången, gilt als eines der buntesten der Stadt, in dem auch viele Ausländer leben. Obwohl es in manchen Publikationen als das Kreuzberg Malmös beschrieben wird, sollte man sich aber nicht zu viel erwarten. Wer günstige Restaurants mit exotischer Küche sucht, wird hier aber durchaus fündig.

► *Festung Malmöhus*

Fortsetzung Innenstadtrundgang

Vom Gustav Adolfs torg sind es durch die Stora Nygatan nur wenige Schritte zum 82 **Kungsparken** ★ [II B2], dem Königspark. Er wurde 1872 als erster öffentlicher Park der Stadt von König *Oscar II.* (1872–1907) eingeweiht. Durch ihn erreicht man schließlich die Festung 83 **Malmöhus** ★★ [II B2], in der die wichtigsten Museen der Stadt untergebracht sind. Die ältesten Teile der Festung gehen auf König *Erich von Pommern* (1412–1439) zurück. Von 1444 an stand hier die Münzpresse des dänischen Reiches. 1524 war die Festung zudem Schauplatz eines politischen „Gipfeltreffens“: Hier trafen sich der dänische König *Frederik I.* und sein schwedischer Widerpart *Gustav Wasa,* um den Streit um Gotland beizulegen. Malmöhus in der heutigen Gestalt wurde aber erst zwischen 1536 und 1542 vom dänischen König *Christian III.* (1534–1559) erbaut.

Nur ein Gerücht, aber ein werbewirksames: Im 16. Jahrhundert saß hier angeblich der *Earl of Bothwell*, der dritte Ehemann *Maria Stuarts,* in Haft. Obwohl man diese Geschichte in Malmö – vermutlich aus Gründen des Tourismusmarketings – immer noch hört, gilt es inzwischen als gesichert, dass *Bothwell* im dänischen Schloss Dragsholm gefangen gehalten wurde und dort auch starb. Doch auch ohne *Bothwell* bleibt Malmöhus etwas Besonderes, nämlich das **größte Renaissanceschloss des Nordens.** Eines mit wechselvoller Geschichte allerdings: Das Schloss verfiel im 18. Jh. zusehends und wurde von 1828 bis 1909 als Gefängnis genutzt, bevor es schließlich einem Großbrand zum Opfer fiel. Erst seit den großen Um- und Wiederaufbauarbeiten in den 1930er Jahren werden

060kh Abb.: rk

IN DER BIBLIOTHEK VON MALMÖ KANN MAN

„Ich hätte gerne einen Imam." – „Tut mir leid, der ist ausgeliehen. Aber wie wäre es stattdessen mit einem Transvestiten oder einer Lesbe?"

Menschenhandel in Schweden? Nein! Aber Sätze wie diesen kann man an bestimmten Tagen in der Stadtbibliothek von Malmö hören. Denn die verleiht einige Male im Jahr „lebende Bücher". „Lebende Bücher sind Menschen, die einer Minderheit angehören", erklärt Catharina Norén. Man kann sie ausleihen, sich mit ihnen unterhalten und so seine ***Vorurteile bekämpfen.*** *„Rede nicht über dein Vorurteil, sondern triff es – und werde es dadurch los" lautet der Slogan der Aktion.*

Catharina Norén, eine freundliche ältere Dame, hat sich mit einigen ihrer Kollegen aus der Bibliothek zusammengetan, um gegen die Diskriminierung von Minderheiten zu kämpfen. Dafür ist Malmö der geeignete Ort, denn hier ist ***jeder vierte Einwohner Ausländer.*** *„Meist fürchtet man sich doch vor Menschen, die man nicht kennt", sagt sie. Die Konsequenz für Norén: Sie musste Personen zusammenbringen, die sich im täglichen Leben nicht begegnen. Doch der Anstoß zur Ausleihaktion kam von außen. Schon im Jahr 2000 beim Rockfestival in Roskilde gab es ein ähnliches Projekt und dann später noch einige Male in Ungarn und Norwegen.*

Die ***Idee, Menschen so zu verleihen wie Bücher,*** *gefiel Norén. Ausleihaktionen zu organisieren – damit kannte sie sich aus. „Viele Regeln kann ich tatsächlich aus dem normalen Bibliotheksbetrieb übernehmen", so Norén, die über die Analogie selbst lachen muss. Wie in einer normalen Bücherei hat der Leser sein Buch in dem-*

059kh Abb.: rk

MENSCHEN AUSLEIHEN

selben Zustand zurückzugeben, in dem er es erhalten hat: keine Eselsohren und ausgerissenen Seiten in dem einen Fall, keine Beleidigungen oder aggressiven Fragen im anderen. Beschränkt ist die ***Ausleihfrist*** *bei beiden, beim „lebenden Buch" ist sie allerdings deutlich kürzer als beim normalen Printprodukt: Nach 45 Minuten muss das „Buch" wieder „im Regal stehen".*

Nachdem also die Regeln feststanden, suchte Norén Leute, die bei der Aktion mitmachen wollten. „Das war viel leichter als gedacht", blickt sie zurück. „Egal wo ich anfragte, alle waren von der Idee begeistert. Fast jeder, den ich bat, sich als lebendes Buch zur Verfügung zu stellen, sagte zu." Die imaginären Regale der „Menschenbibliothek" waren schnell gefüllt.

Die erste Ausleihaktion fand im Rahmen des Stadtfestes statt und war ein voller Erfolg. Für manche begehrte „Ausleihobjekte" gab es sogar ***Wartelisten.*** *Besonders gefragt waren der Imam und die muslimische Frau. Des Weiteren findet sich im Angebot: eine Lesbe, ein Transvestit, ein Behinderter, ein Obdachloser, ein Tierrechtsaktivist, eine Feministin, ein Farbiger, ein Sinto - und ein Däne.*

Am Dänen war Familie Christensen nicht interessiert, die kommt nämlich selbst aus Dänemark und war am Tag der Ausleihaktion nur zufällig in hier. Vater Paul, Mutter Lise, die 13-jährige Lena und der 8-jährige Henrik liehen sich den Obdachlosen aus. „Ganz ehrlich", wundert sich Paul über sein eigenes Vorurteil, „ich hatte nicht gedacht, dass man sich mit einem Obdachlosen so normal über alles unterhalten kann."

Oft bleiben die Gespräche auf dem Niveau einfacher ***Frage- und Antwortspiele.*** *Darf eine muslimische Frau auch ohne Mann auf die Straße gehen? Sind Transvestiten schwul? Wie fühlt man sich als Farbiger unter lauter Weißen? Sind alle Moslems für Bin Laden? Die Feministin wird fast jedes Mal gefragt, ob sie Männer hasse und lesbisch sei. Der Sinto muss ständig erklären, dass er nicht mit dem Wohnwagen übers Land zieht. Gerade vermeintlich „dumme" Fragen zeigen, wie wichtig Aktionen wie diese sind.*

Manchmal wird aber auch ***intensiv diskutiert.*** *Wenn dann die 45-minütige „Leihfrist" nicht ausreicht, werden auch schon mal Telefonnummern getauscht und man unterhält sich anderswo weiter.*

Aus einigen dieser Treffen sind sogar tiefe ***Freundschaften entstanden.*** *Norén erzählt von einem Jäger, der sich einen Tierschützer auslieh, um ihm mal so richtig die Meinung zu sagen. Nach einer Dreiviertelstunde Streit waren die beiden zwar immer noch nicht derselben Ansicht, sie hatten jedoch überraschend viele Gemeinsamkeiten entdeckt. Beide verbrachten ihre Freizeit vor allem im Wald, waren in Umweltschutzgruppen aktiv und wählten sogar dieselbe Partei. Bald verabredeten sie sich zu Spaziergängen und Ausflügen. Ihre Geburtstage feiern sie inzwischen zusammen, wollen demnächst auch gemeinsam in den Urlaub fahren. Nur während der Elchjagdsaison gehen die beiden nach wie vor getrennte Wege.*

◄ *Bibliothek von Malmö*

die Räume von Malmöhus als Museum genutzt.

Die **Museen im Malmöhus** werden zwar als die größten Sehenswürdigkeiten der Stadt vermarktet, sind aber für Touristen nicht unbedingt ein Muss. Vieles wird dem Besucher auf sehr altbackene Weise präsentiert. Im naturkundlichen Teil erfährt man zwar einiges über Flora, Fauna und Geologie der Region – endlose Reihen ausgestopfter Vögel und Vitrinenkästen laden aber nicht gerade zum interaktiven Museumserlebnis ein. Die ethnologische Abteilung bietet einiges Interessantes, da ein logischer Aufbau jedoch fehlt, muss der Besucher Spürsinn auf der Suche nach den musealen Rosinen beweisen. Es gibt aber auch positive Ausreißer: Wer sich für die Kunst der Region begeistert, für den ist das **Kunstmuseum** eine kleine Fundgrube. Das – obwohl etwas bieder daherkommende – **Aquarium** und das **Nachttierhaus** sind insbesondere für Familien mit Kinder zu empfehlen.

Direkt gegenüber dem Schloss liegt das **84 Museum für Technik und Seefahrt** ★ [II B2]. In ihm wird ein bunter Querschnitt durch die Geschichte der Technik geboten. Egal ob alte Autos oder Motorräder, ob das Modell eines Atomkraftwerks oder eines Frachtschiffs: Hier gibt es alles zu sehen.

Am interessantesten ist vielleicht das 1942 erbaute U-Boot U3. Der beklemmende und beengende Spaziergang durch dessen Inneres vermittelt einen ersten Eindruck von jener klaustrophobischen Situation, der U-Boot-Fahrer ausgesetzt waren. Alte U-Boot-Veteranen, die mit diesem Boot einst unterwegs waren, sind häufig vor Ort und teilen mit den Besuchern ihre Erfahrungen. Ein Gespräch mit ihnen gehört mit Sicherheit zum Spannendsten, was ein Museumsbesuch in Malmö bieten kann.

› Öffnungszeiten für Museen im Malmöhus und Technikmuseum: Juni–Aug. 10–16 Uhr, sonst 12–16 Uhr, www.malmo.se/museer, Eintritt: 40 SEK, Studenten 20 SEK, Kinder bis 15 Jahre 10 SEK

Am Westhafen

Die neueste und größte Sehenswürdigkeit der Stadt liegt etwas außerhalb am Westhafen im Stadtteil Västra Hamnen. Der **85 Turning Torso** ★★★ [II A1], das nach einem Entwurf des spanischen Architekten *Santiago Calatrava* (*1951) erbaute Hochhaus, ist mit seinen 190 m Höhe nicht nur das höchste Gebäude Schwedens, sondern auch eines der spektakulärsten. Der Turning Torso reckt sich einem verdrehten Körper gleich in die Höhe und ist **ebenso sehr Kunstwerk wie Zweckgebäude.** Die Inspiration, ein in sich „verdrehtes" Hochhaus zu bauen, kam *Calatravas* beim Betrachten einer Skulptur, die die Drehbewegung des menschlichen Körpers darstellte. Nur in den untersten beiden der insgesamt neun Kuben sind Büros untergebracht, ab dem dritten Kubus schließt sich der Wohnbereich mit insgesamt 150 Apartments an. Damit ist der 54-geschossige Turning Torso nach dem 264 m hohen Triumph-Palace in Moskau das **zweithöchste Wohnhaus Europas.**

Eine Besichtigung ist leider nicht möglich, trotzdem sollte man sich nicht mit einem Blick aus der Ferne begnügen. Besonders faszinierend sind die Lichtreflexionen in den Fensterfronten, die sich je nach Tageszeit und Standpunkt des Betrachters immer wieder ändern.

› Västra Varvsgatan, www.turningtorso.com

Der **Stadtteil Västra Hamnen,** der Westhafen, wäre auch ohne den Turning Torso einen Besuch wert. Aus dem ehemaligen Industriegebiet ist ein lebhaftes Wohngebiet entstanden, das nach allen Regeln ökologischer Baukunst errichtet wurde. Für den Besucher aber ist vermutlich wichtiger, dass auch eine neue und lebhafte Restaurantszene herangewachsen ist. Hier speist man gut und edel bei faszinierenden Ausblicken auf den Öresund.

PRAKTISCHE INFORMATIONEN

Autoverleih

- Avis, Skeppsbron 13, Tel. 040 77830; Sturups Flygplats Tel. 040 500515, www.avis.se
- Europcar, Mäster Nilsgatan 22, Tel. 040 71640; Kabingatan 1, Tel. 040 380000; Sturups Flygplats Tel. 040 500260, www.europcar.se
- Eurorent, Drottninggatan 1, Tel. 040 185040
- Hertz, Jörgen Kocksgatan 18, Tel. 040 330770; Sturups Flyplats, Tel. 040 500257, www.hertz.se
- Statoil, Skeppsbron 2, 21120 Malmö, Tel. 040 129950, www.statoildetaljhandel.se

Informationsquellen

Touristeninformation im Hauptbahnhof, Tel. 040 341200, Fax 040 341209, E-Mail: malmo.turism@malmo.se, www.malmo.se/turist, Juni–Aug. Mo.–Fr. 9–19 Uhr, Sa., So. 10–17 Uhr, Mai u. Sept. Mo.–Fr. 9–18 Uhr, Sa., So. 10–15 Uhr, Okt.–April 9–17 Uhr, Sa., So. 10–14 Uhr

061kh Abb.: rk

▶ *Verdrehtes Hochhaus: Turning Torso*

Veranstaltungshinweise und Ausgehtipps findet man im **kostenlosen Monatsmagazin Nöjesguiden**, das allerdings nur in schwedischer Sprache erhältlich ist.

› www.nojesguiden.se

Malmöcard

Für 130 SEK (14 €), 160 SEK (17,40 €) oder 190 SEK (20,60 €) kann man die Malmöcard kaufen, die den Besitzer zu freiem Eintritt in den meisten Museen berechtigt. Einige Sehenswürdigkeiten gewähren zudem Ermäßigungen. Außerdem kann man kostenlos den öffentlichen Nahverkehr nutzen, auf städtischen Parkplätzen sein Auto abstellen und zu ermäßigtem Preis die Öresundbrücke passieren.

Die Karte gilt jeweils für einen Erwachsenen und zwei Kinder im Alter unter 16 Jahren. Da die Einsatzmöglichkeiten der Karte aber relativ beschränkt sind, lohnt sich der Kauf nicht in jedem Fall.

EXTRATIPP

Stadtführung mit dem Mobiltelefon

Dazu ruft man die Nummer Tel. 0771 272700 (vom deutschen Handy mit schwedischer Vorwahl und ohne die Null) an, tippt dann die **Codenummer der betreffenden Sehenswürdigkeit** ein (den Code findet man auf einem Hinweisschild an der Sehenswürdigkeit) und hört sich eine etwa dreiminütige Audioführung an. Eigentlich eine gute Idee, für deutsche Touristen ist das jedoch leider ein eingeschränkter Genuss. Erstens gibt es die Telefonansage **nur auf Schwedisch** und zweitens wird das Ganze schnell ein teurer Spaß, wenn man sich mit einem deutschen Mobiltelefon einwählt.

Öffentlicher Nahverkehr

Der **Fahrpreis** für ein Normalticket in Malmö (Stadtgebiet) beträgt für Erwachsene 15 SEK (1,60 €) und für Kinder und Jugendliche bis einschließlich 16 Jahre 8 SEK (0,90 €).

Der Bus zum etwa 30 km östlich von Malmö gelegenen **Flughafen Sturup** (www.lfv.se) fährt vom Hauptbahnhof ab, die Fahrzeit beträgt etwa 40 Minuten (Preis: 90 SEK, www.flygbussarna.se). Zum Flughafen Kopenhagen-Kastrup und nach Kopenhagen Zentrum kommt man am schnellsten mit dem **Öresundzug** (Fahrpreis zum Flughafen und nach Kopenhagen gleichermaßen 87 SEK, www.skanetrafiken.com).

Taxi

Einige Taxiunternehmen bieten innerhalb Malmös Fahrten zu festen Preisen an – also vor Fahrtbeginn erkundigen.

› Taxi Skåne, Tel. 040 330330
› Taxi 97, Tel. 040 979797
› Taxi Kurir, Tel. 040 70000
› Limhamns Taxi, Tel. 040 150000

Essen und Trinken

20 **Anno 1900**, Norra Bulltoftavägen 7, Tel. 040 184747, www.anno1900.se, Mo.–Fr. zum Mittagessen, abends nur Mi.–Sa. Altes Gasthaus in einem alten Bauernhof mit rustikaler Einrichtung, in dem Hausmannskost serviert wird. Im Sommer wird auch draußen gespeist. Mittlere Preiskategorie.

► *In Malmö ist immer was los: Livemusik im Kungsparken*

062kh Abb.: rk

🍴21 [II C2] **Årstiderna,** Frans Suellsgatan 3 (am Stortorg), Tel. 040 230910, www.arstiderna.se, Mo.-Fr. 11.30-24 Uhr, Sa. 17-24 Uhr. Restaurant im historischen Kockskahuset von 1520. Hervorragende schwedische Küche, Hauptgerichte ab 250 SEK.

🍴22 [II C3] **Atmosfär,** Fersens väg 4, Tel. 040 125077, www.atmosfar.com. Mehrfach ausgezeichnetes Gourmetrestaurant, das Drei-Gänge-Menü kostet ab 500 SEK. Hier kocht man nur mit Frischwaren.

18 [II C2] **Centiliter & Gram,** Stortorg 17, Tel. 040 121812, So.-Di. geschl., Fr. ab 16.30 Uhr After-Work-Party. Beliebte Bar in der Stadtmitte. Es geht laut und lustig zu und trotz der schwedischen Alkoholpreise bleibt es hier bei den wenigsten Gästen bei nur einem Bier.

4 [II C3] **Di Penco,** Roskildevägen 3, Tel. 040 396655, www.penco.se. Nur bis 17 Uhr geöffnet, montags sogar nur bis 15 Uhr und am Wochenende geschlossen. Geschmackvoll eingerichtetes und bei Einheimischen beliebtes Kaffee.

🍴23 [II C2] **Johan P,** Lilla torg (in der Markthalle), Tel. 040 971818, www.johanp.nu. Hervorragendes Fischrestaurant in der Markthalle am Lille torg. Im Laden im Anschluss ans Geschäft kann man sich mit Frischfisch eindecken. Hauptgerichte kosten hier zwischen 200 und 290 SEK.

🍴24 **Krua Thai,** Möllevångstorget 14, Tel. 040 122287. Thailändisches Restaurant in Familienbesitz, freundliche Atmosphäre und gutes Essen zu äußerst günstigen Preisen. Ein Hauptgericht bekommt man hier schon ab 80 SEK.

🍴25 [II C3] **La Couronne,** Södra Förstadsgatan 36, Tel.040 307728. Echtes Frankreich in Schweden. Einfaches, aber ausgezeichnetes Essen und etwas Stimmung vom Montmartre in der Nähe des Möllevångstorg. Hauptgerichte um 150 SEK.

5 [II C2] **Nesta,** Södergatan 22, Tel. 040 123030, Mo.-Fr. 8-19 Uhr, Sa. 10-18 Uhr, So. 12-18 Uhr. Wurde mir von einem schwedischen Journalistenkollegen empfohlen. Hier gibt es den besten Kaffee der Stadt. Das Café ist angeblich der Lieblingstreff der Profifußballer von Malmö FF.

26 [II C2] **Rådhuskällaren,** Stortorg, Tel. 040 79020, www.profilrestauranger.se, Mo.-Fr. 11.30-14 u. 17-22.30 Uhr, Sa. nur abends geöffnet. Restaurant in den historischen Kellergewölben des Rathauses von 1546. Traditionelles schwedisches Essen. Im Februar und März kann man sich das Nobelpreismenü des Vorjahres munden lassen. Das Lokal ist im November wegen seiner Gans und im Dezember wegen seines Weihnachtsbuffets bekannt. Die Hauptgerichte kosten zwischen 110 und 220 SEK.

27 [II C2] **Sankt Markus Vinkällare,** Stadt Hamburgsgatan 2, Tel. 040 306820, www.malmborgen.nu, Mo.-Do. 17-24 Uhr, Fr. 17-1 Uhr, Sa. 16-1 Uhr. Restaurant in historischem Keller. Üppiges Buffet ab 290 SEK, Hauptgerichte zwischen 200 und 250 SEK. Der **Nachtklub Swing Inn** im selben Haus öffnet ab 22 Uhr und ist nur für Gäste ab 28 Jahren geöffnet.

28 [II A1] **Salt & Brygga,** Sundspromenaden 7 (Västra Hamnen), Tel. 040 6115940, www.saltobrygga.se, Mo.-Fr. 11.30-14 u. 18-22 Uhr. Ökologisches Restaurant mit innovativer, internationaler Küche und fantastischer Aussicht auf den Öresund. Hauptgerichte zwischen 125 und 260 SEK.

6 [II B2] **Café Slottsträdgården,** Slottsträdgården (hinter Schloss Malmöhus), Tel. 040 304034, tgl. 11-16 Uhr. Ein Parkcafé und der ideale Ort, um sich nach der Besichtigung von Malmöhus in schöner Umgebung zu erholen. Bekannt für den ausgezeichneten Möhrenkuchen. Oft wird sogar Parkmusik geboten. Im Winterhalbjahr wird man im beheizten Gewächshaus bedient.

7 [II C3] **Systrar & Bröder,** Östra Rönneholmsvägen 26, Tel. 040 973470, Mo.-Fr. 7.30-18 Uhr, Sa. 8-15 Uhr, So. 9-15 Uhr. Altes Malmöer Café mit dem Charme der 1950er Jahre. Gutes Frühstücksbuffet, am Samstagmorgen wird es daher schnell voll - dann muss man reservieren oder früh aufstehen.

29 [II C3] **Tempo,** Södra Skolgatan 30, Tel. 040 126021, Mo.-Di. 18-1, Mi.-Sa. 16-1 Uhr, So. 16-24 Uhr. Die Küche bietet keine große Auswahl, dafür sind die Portionen groß und die Qualität überzeugt. Angenehme Mischung aus Restaurant, Bar und Kneipe, beliebt bei Musikern und Studenten.

30 [II C2] **Två Krögare,** Storgatan 35, Tel. 040 121241, Mo.-Do. 11.30-1 Uhr, Fr., Sa. 12-2 Uhr, So. 13-22 Uhr. Das Restaurant bietet deftige Hausmannskost. Hier trifft man keine Touristen, sondern Leute aus der Nachbarschaft, die sich zum Reden, Trinken und Dartspielen verabreden.

Nachtleben

14 [II C3] **Chokladfabriken,** Bergsgatan, Tel. 040 209685. Nachtklub in einer alten Schokoladenfabrik. Nur an zwei Tagen geöffnet: Fr. für die Generation ab 30 und Sa. mit unterschiedlichen Thementagen.

15 [II D3] **Club Wonk,** Admiralsgatan 20, Tel. 040 239303, www.wonk.se,

EXTRATIPP

Wann ist was geöffnet?

Wer während der Wochen in Malmö tanzen gehen will, sollte generell vorab zum Telefonhörer greifen und sich über die Öffnungszeiten erkundigen. Viele Klubs haben nämlich nur am Wochenende geöffnet.

Sa. 23–5 Uhr. Schwulendisco mit zwei Tanzflächen. Und keine Angst, hier ist man entspannt, auch weibliche Begleitung wird gern gesehen.

16 [II C2] **Étage,** Stortorg 6, Tel. 040 232060, www.etage.se, Mo., Do. 23–4 Uhr, Fr., Sa. 23–5 Uhr. Zwei Tanzflächen, drei Bars. Am Montag ist hier eher sehr junges Publikum unterwegs, an den übrigen Tagen Gäste ab Mitte 20.

17 [II C2] **Hipp,** Kalendegatan 12, Tel. 040 974030. Während der Woche ein gutes Restaurant, freitags und samstags zusätzlich dazu ein Nachtklub. Der Großteil des Publikums ist zwischen 25 und 35 Jahre alt.

18 [II D3] **Kulturbolaget,** Bergsgatan 18, Tel. 040 302011. Rock- und Bluesklub, in dem regelmäßig Konzerte stattfinden.

19 [II C1] **Slagthuset,** Jörgen Kocksgatan 7a, Tel. 040 109931, www.slagthuset.se. Skandinaviens größter Nachtklub mit drei riesigen Tanzflächen ist außerdem ein Veranstaltungsort für Comedy-Veranstaltungen und Konzerte sowie ein Restaurant. Zur Mittagszeit gibt es hier ein sehr günstiges Salatbuffet für 50 SEK oder Tagesgerichte für 72 SEK. Der Nachtklub ist nur Fr. 24–5 Uhr und Sa. 23–5 Uhr geöffnet. Eintritt: 90 SEK, Mindestalter Fr. 20 und Sa. 23 Jahre.

Übernachten in Malmö

€€€€	ab 1500 SEK/DZ
€€€	1000–1500 SEK/DZ
€€	500–1000 SEK/DZ
€	unter 500 SEK/DZ

17 [II C2] **First Hotel Garden €€,** Baltzarsgatan 20, Tel. 040 6656200, Fax 040 6656260, www.firsthotels.com. Zentral gelegenes Businesshotel, das seinen Namen wegen seines Dachgartens trägt. Bonus: Hotelgäste haben freien Eintritt in Malmös größtes Fitnessstudio, das dem Hotel gegenüber liegt. Ab 800 SEK für ein DZ.

18 **Hotel Formule 1 €,** Lundavägen 28, Tel. 040 930580, Fax 040 183640, www.hotelformule1.com. Bei dieser Hotelkette kann man keinen Luxus erwarten. Doch der Preis von 350 SEK für eine, zwei oder drei Personen in einem Zimmer ist für schwedische Verhältnisse sensationell und unterbietet selbst Jugendherbergspreise. Die Lage weit außerhalb des Zentrums direkt an der Ausfahrt der Autobahn E6 ist für Autofahrer ideal, für alle anderen aber ist das Hotel nur schwer erreichbar.

19 [II C3] **Hilton Hotel Malmö City €€€€,** Triangeln 2, Tel. 040 6934700, Fax 040 6934711, www.hilton.com. Große Zimmer und eine geniale Aussicht aus den oberen Stockwerken zeichnen dieses Hochhaus-Hotel aus. Sehr gut ist das Hotelrestaurant Lean Grill.

21 [II C2] **Hotel Mayfair €€€,** Adelgatan 4, Tel. 040 40101620, Fax 040 40101625, www.mayfairtunneln.com. Traditionsreiches Haus mit 70 Zimmern, dessen Geschichte bis ins 14. Jahrhundert zurückreicht. Einst Sitz des Generalgouverneurs, deswegen waren hier auch schon mehrere schwedische und dänische Könige zu Gast. Zentrale Lage, guter Service – das Mayfair wurde 2003 und 2004 zum besten Hotel der Stadt gewählt.

22 [II C2] **Rica City Hotel €€€,** Stortorg, Tel. 040 6609550, Fax 040 660959, www.rica.se. Das Hotel liegt sehr zentral zwischen Lilla torg und Stortorg. Ausgezeichneter Service.

23 **Strand Hotell €€,** Strandgatan 50, Tel. 040 162030, Fax 040 161317, www.strandhotell.se. Kleines, preisgünstiges Hotel im Vorort Limhamn, nur wenige Meter vom Öresund entfernt. Ideal für Gäste mit

Karte II: MALMÖ

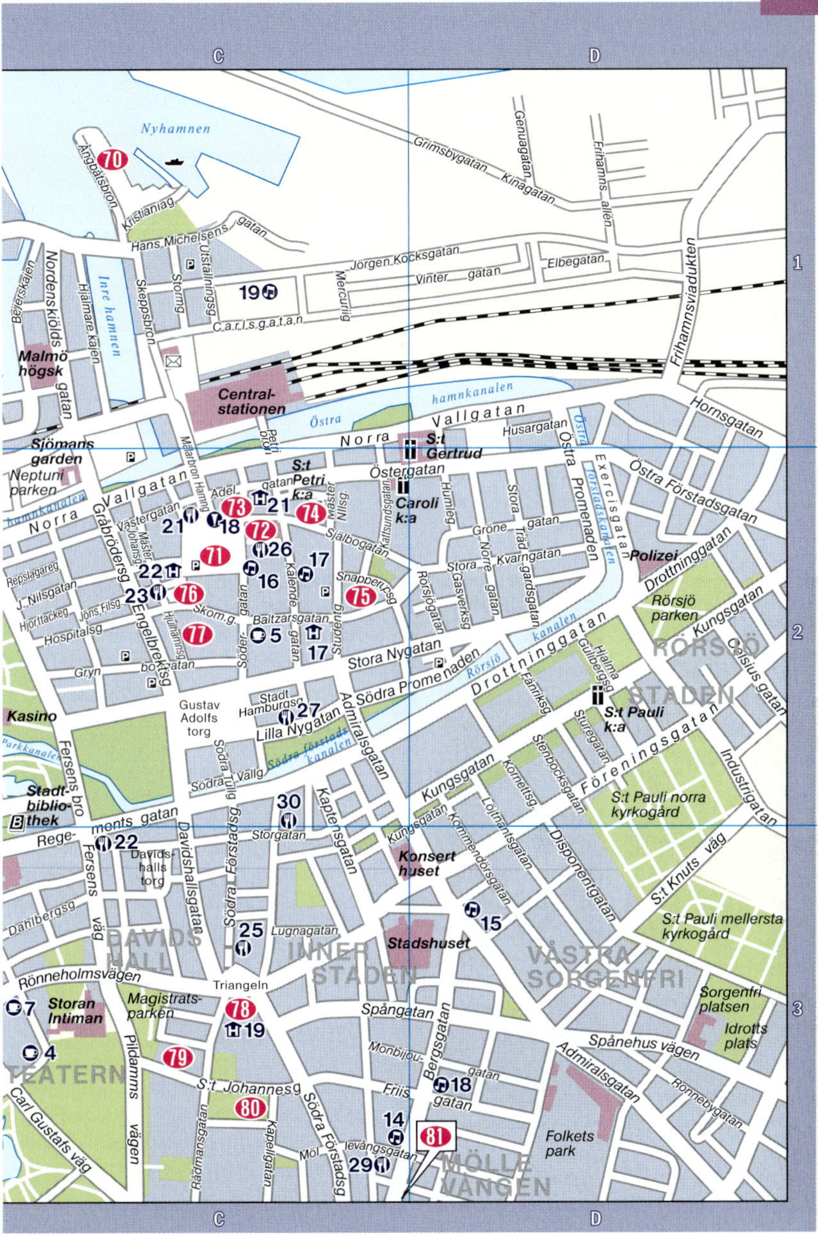
C
D
1
2
3
Nyhamnen
Ångbåtsbron
Kristianiag
Hans Michelsens gatan
Grimsbygatan
Kinagatan
Genuagatan
Frihamns allén
Jörgen Kocksgatan
Vinter gatan
Elbegatan
Frihamnsviadukten
Inre hamnen
Nordenskiölds gatan
Hjälmare kajen
Skeppsbron
Storng
Utställningsg
Mercurig
Carlsgatan
Malmö högsk
Central-stationen
Östra hamnkanalen
Norra Vallgatan
Husargatan
Hornsgatan
Sjömans garden
Neptuni parken
S:t Gertrud
Östergatan
Östra Promenaden
Exercisgatan
Östra Förstadskanalen
Östra Förstadsgatan
S:t Petri k:a
Caroli k:a
Västergatan
Adelgatan
Norra Vallgatan
Gråbrödersg
Själbogatan
Kattsundsgatan
Humleg
Stora Trädgårdsgatan
Gröne gatan
Norre gatan
Stora Kvarngatan
Polizei
Drottninggatan
Rörsjöparken
Kungsgatan
Repslagareg
J. Nilsgatan
Hjorttackeg
Jöns Filsg
Hospitalsg
Engelbrektsg
Skom.g.
Baltzarsgatan
Kalendegatan
Snapperupsg
Rörsjögatan
Gasverksg
kanalen
RÖRSJÖ STADEN
Gryn bodgatan
Stora Nygatan
Södra Promenaden
Rörsjö
Drottninggatan
Hjalmar Gullbergsg
Celsiusgatan
Kasino
Gustav Adolfs torg
Stadt Hamburgsg
Lilla Nygatan
Admiralsgatan
Fänriksg
S:t Pauli k:a
Parkkanalen
Fersens bro
Södra Tullg
Södra Vallg
Södra förstadskanalen
Kaptensgatan
Kungsgatan
Kornettsg
Stenbocksgatan
Sturegatan
Föreningsgatan
Industrigatan
S:t Pauli norra kyrkogård
Stadt-biblio-thek
Regementsgatan
Davidshallsgatan
Södra Förstadsg
Storgatan
Löjtnantsgatan
Kommendörsgatan
Disponentgatan
S:t Knuts väg
Davidshalls torg
Fersens väg
Konserthuset
Dahlbergsg
Lugnagatan
Stadshuset
S:t Pauli mellersta kyrkogård
DAVIDS HALL
INNER STADEN
VÄSTRA SORGENFRI
Rönneholmsvägen
Triangeln
Storan Intiman
Magistratsparken
Spångatan
Sorgenfri platsen
Idrottsplats
Spånehus vägen
TEATERN
Pildamms vägen
Monbijougatan
Bergsgatan
Admiralsgatan
Ronnebygatan
S:t Johannesg
Friisgatan
Carl Gustafs väg
Rådmansgatan
Kapellgatan
Södra Förstadsg
Möllevångsgatan
Folkets park
MÖLLE VÅNGEN
70
71
72
73
74
75
76
77
78
79
80
81
19
21
21
18
26
22
17
16
23
5
17
27
30
22
15
25
7
19
4
18
14
29

Auto, die den Standort Malmö auch für Ausflüge nach Kopenhagen nutzen wollen. Wer mindestens zwei Nächte bucht, kann im Hotel einen ermäßigten Brückenpass für die Öresundbrücke erstehen. Das DZ kostet etwa 750 SEK.

1 Vandrarhem Malmö €, Backavägen 18, Tel. 040 82220, Fax 040 80759, www.malmohostel.com. In den 50er Jahren des 20. Jahrhunderts Junggesellenwohnheim für die Arbeiter einer Strumpffabrik, heute eine Jugendherberge mit 177 Betten. Man kann sowohl in Einzel- und Doppelzimmern übernachten als auch in 3-, 4-,5- und sogar 6-Bett-Zimmern. Vier Kilometer südlich vom Zentrum im Stadtteil Eriksfält gelegen, damit 20 Minuten Busfahrt mit der Linie 2 vom Hauptbahnhof entfernt.

067kh Abb.: rk

2 Vandrarhem Villa Hilleröd €, Ängdalavägen 38, Tel. 040 265626, Fax 040 987505, www.villahillerod.se. Sehr gemütliche Jugendherberge in einer renovierten Villa von 1908 mit schönem Garten. Drei Kilometer vom Stadtzentrum entfernt (Bus Nr. 3 ab Hauptbahnhof). Achtung: Wer nach 20 Uhr ankommt, bezahlt 100 SEK extra.

EINKAUFEN IN MALMÖ

Malmö ist die ideale Stadt zum Einkaufen. Hier kann man in aller Ruhe durch die Geschäfte bummeln. Die Auswahl ist groß und der Service ausgezeichnet. Und außerdem ist alles viel preisgünstiger als im benachbarten Kopenhagen.

Einkaufsstraßen und -zentren

Die **Fußgängerzone** reicht vom Stortorg über den Gustav Adolfs torg bis zum Platz Triangeln. Am Triangeln befindet sich auch das gleichnamige große **Einkaufszentrum.** Weitere Einkaufszentren: Hansa in der Stora Nygatan, Baltzar City an der Ecke Baltzarsgatan/Södergatan und Caroli City in der Östergatan 12.

In der **Östergatan** kann man überhaupt gut einkaufen, denn dort liegt noch eine ganze Reihe interessanter kleiner Geschäfte. Einen **Obst- und Gemüsemarkt** gibt es am Möllevångstorg und am Drottningtorg (So. 10–16 Uhr) sowie am Folkets Park (Sa., So. 8–15 Uhr).

Design in Malmö

Manchen mag es überraschen, aber Malmö ist nicht nur im schwedischen Maßstab, sondern auch europaweit ein wichtiges **Zentrum des Design.** Entsprechend viele Designläden und -ausstellungen gibt es hier.

Legende für Karte II Malmö auf Seite 160/161

70 Koggemuseum [II C1]
71 Stortorg [II C2]
72 Rathaus [II C2]
73 Residenzgebäude [II C2]
74 St. Petri Kirche [II C2]
75 Ebbas Hus [II C2]
76 Lilla torg [II C2]
77 Form/Design Center [II C2]
78 Einkaufszentrum Triangeln [II C3]
79 Kunsthalle [II C3]
80 St. Johannes Kirche [II C3]
81 Möllevångstorg [II C3]
82 Kungsparken [II B2]
83 Malmöhus [II B2]
84 Museum für Technik und Seefahrt [II B2]
85 Turning Torso [II A1]

21 Årstiderna [II C2]
22 Atmosfär [II C3]
23 Johan P [II C2]
25 La Couronne [II C3]
26 Rådhuskällaren [II C2]
27 Sankt Markus Vinkällare [II C2]
28 Salt & Brygga [II A1]
29 Tempo [II C3]
30 Två Krögare [II C2]
4 Di Penco [II C3]
5 Nesta [II C2]
6 Café Slottsträdgården [II B2]
7 Systrar & Bröder [II C3]
18 Centiliter & Gram [II C2]
14 Chokladfabriken [II C3]
15 Club Wonk [II D3]
16 Étage [II C2]
17 Hipp [II C2]
18 Kulturbolaget [II D3]
19 Slagthuset [II C1]
17 First Hotel Garden [II C2]
19 Hilton Hotel Malmö City [II C3]
21 Hotel Mayfair [II C2]
22 Rica City Hotel [II C2]

Boblbee, Vintergatan 12. Inzwischen kann man die trendigen Rucksäcke und Taschen in Tokio, Las Vegas oder Paris kaufen. Angefangen hat aber alles hier in Malmö.

David Design, Skeppsbron 3, erst ab 11 Uhr geöffnet. Selbstentworfene Möbel und Accessoires.

Finsk Form, Stortorg 21. Wer es nicht bis Helsinki schafft, findet hier ein reiches Sortiment an finnischem Design, u. a. auch eine große Auswahl an Klassikern des Altmeisters *Alvar Aalto*.

Form und Design Center, Hedmanska gården am Lilla torg. Verkaufsausstellung von (süd-)schwedischem Design (Glas, Textilien). Kleines Café.

Moderna Möbelklassiker, Norra Vallgatan 74. Wie der Name schon nahelegt, werden hier hochpreisige Designmöbel aus zweiter Hand und meist aus skandinavischer Fertigung verkauft.

Norrgavel, Engelbrektsgatan 20. Hier gibt es Designermöbel, Glas, Keramik und Textilien. Im Sommer ist das Geschäft auch sonntags geöffnet.

◀ *Auch schöne Lingerie findet man in Malmö, der idealen Einkaufsstadt*

063kh Abb.: rk

UMGEBUNG VON MALMÖ

Innerhalb nur einer Fahrstunde erreicht man von Malmö aus Schlösser, Herrenhäuser und spannende Museen, Natur- und Nationalparks und die traumhafte Insel Ven. Außerdem bieten sich drei reizvolle Städte nördlich von Malmö als Ziele für einen Tagesausflug an: die Universitätsstadt Lund, Landskrona und Helsingborg. Und im Südosten lockt die Fachwerk- und „Wallander-Stadt“ Ystad.

86 FOTEVIKEN WIKINGERZENTRUM ★★

Unweit von Malmö kann man eine tolle Rekonstruktion einer alten Wikingersiedlung besuchen.

Trotzdem ist Foteviken kein Museum, denn hier leben und arbeiten Menschen unter den gleichen Bedingungen, unter denen dies einst die Wikinger taten. Wer mehr will, als das Dorf einfach einen Tag lang zu besuchen, kann als Freiwilliger in der Siedlung mitarbeiten und so auch länger bleiben. Zwar sind alle Häuser Nachbauten, das Wikingerdorf Foteviken gab es an dieser Stelle jedoch wirklich. Es wurde aber unglücklicherweise 1134 in der „Schlacht von Foteviken“, als hier dänische und schonische Krieger aufeinanderprallten, zerstört.

› Museivägen 24, Höllviken, Tel. 040 330800, www.foteviken.se, Ende Mai–Ende Aug. tgl. 10–16 Uhr, Ende April–Ende Mai u. Sept. Mo.–Fr. 10–16 Uhr, Führungen: 11, 13, 14.30 Uhr, Eintritt: 60 SEK, Kinder bis 15 Jahre 25 SEK. Außerhalb der Saison steht das Gelände offen und die Bauten können zumindest von außen besichtigt werden.

87 SMYGEHUK ★

Der südlichste Punkt Schwedens – und damit der gesamten skandinavischen Halbinsel – liegt 15 km von Trelleborg entfernt. Von 1883 bis 1975 wurde hier ein **Leuchtturm** betrieben, heute befindet sich in der ehemaligen Wohnung des Leuchtturmwärters eine Jugendherberge. neben dem Leuchtturm findet man ein Café und eine Touristeninformation.

STF Smygehuk Vandrarhem, Smygehuk fyr Pl 314, Smygehamn, Tel. 0410 24583, DZ: 300 SEK. Für Deutsche hört es sich zunächst ungewöhnlich an, wenn eine Jugendherberge mit einen Golfplatz zusammenarbeitet, in Schweden ist Golf aber Volkssport und deswegen ist es ganz normal, wenn man in Smygehuk auch Aufenthalt und Green Fee im Kombipaket buchen kann – für 550 SEK.

88 SKANÖR/FALSTERBO ★★

Skanör ist eine **landschaftlich besonders reizvolle Halbinsel** zwischen Trelleborg und Malmö mit beliebten Badestränden. Besonders fotogen sind die alten bunten Badehäuschen entlang der Strände. Zudem findet der Besucher hier ein Vogelschutzgebiet und einen Golfplatz.

89 SVANEHOLM ★

Das Schloss liegt 35 km südöstlich von Malmö an der Straße nach Ystad in der Gemeinde Skurup. Es wurde 1530 **im Stil der Renaissance erbaut** und um 1700 um einen Barockflügel erweitert. Der berühmteste Schlossherr war *Rutger Macklean*, der von 1782 bis 1816 hier lebte und sich in Schweden als Bodenreformer einen Namen machte. Heute beherbergt das Schloss ein Museum, das sich mit der Kulturgeschichte der Region beschäftigt.

› Mai, Juni, Aug. Di.–So. 11–17 Uhr, Juli tgl. 10–17 Uhr, April u. Sept. Mi.–So. 11–16 Uhr, Okt. Sa., So. 11–16 Uhr, www.svaneholms-slott.se

90 TORUP ★

15 km von Malmö entfernt liegt Schloss Torup, eines der besterhaltenen Schlösser des Nordens, dessen älteste Teile aus dem 14. Jahrhundert stammen.

Das Gebäude, wie man es heute sieht, wurde aber erst 1537 erbaut und erhielt sein endgültiges Aussehen im Zuge von umfassenden Renovierungsarbeiten zwischen 1602 und 1630. Kunstfreunde seien auf die beiden im Schloss ausgestellten Gemälde des berühmten deutsch-schwedischen Künstlers *David Klöcker Ehrenstrahl* (1628–1698) hingewiesen, welche die Könige *Karl X.* und *Karl XI.* darstellen.

Das Schloss kann nur im Mai und Juni und auch dann nur im Rahmen der sonntäglichen Führungen (jeweils 13, 14 und 15 Uhr) besichtigt werden. Der **ganzjährig geöffnete Park** lohnt aber auch in der übrigen Zeit einen Ausflug.

› Torup Gård, Bara, Tel. 040 449096

91 TRELLEBORG ★

Ein städtebauliches Kleinod ist der 40.000 Einwohner zählende Fährhafen sicherlich nicht. Trotzdem gibt es in der 1257 gegründeten Stadt ein paar Dinge zu sehen. Vor allem ist da die **Trelleborg:**

◄ *Nachgebaute Wikingerhäuser im Wikingerzentrum Foteviken*

eine mehr als 1000 Jahre alte Wikingerburg mit Palisaden aus Eichenstämmen. In den 1990er Jahren wurden die Überreste der riesigen Befestigungsanlage wiederentdeckt und zum Teil rekonstruiert. Die Trelleborg liegt in Bryggaregatan knapp zehn Minuten Fußmarsch vom Stadtzentrum entfernt und ist das ganze Jahr über zugänglich. Ein Eintritt wird nicht verlangt.

Skulpturen des Bildhauers *Axel Ebbe* (1868–1941) kann man in der nach ihm benannten **Kunsthalle** besichtigen (Hesekillegatan 1, Sa., So. 13–16 Uhr, nur im Sommer, Eintritt: 20 SEK).

Im **Trelleborg Museum** bietet sich dem Besucher ein buntes Allerlei an. Besonders interessant sind die Teile der Ausstellung, die sich mit dem Wikingerleben befassen und Ausgrabungen aus einem 7000 Jahre alten Fischerort zeigen.

› **Weitere Informationen:** Trelleborgs Turistbyrå (Touristeninformation), Hamngatan 9, Tel. 0410 7733320, www.trelleborg.se

92 YSTAD ★★

Ystad ist wegen seiner vielen gut erhaltenen **Fachwerkhäuser** bekannt, etwa 300 gibt es davon in der Stadt. Besonders schön sind das Änglahus aus dem frühen 16. Jahrhundert und das Brahehus aus dem späten 15. Jahrhundert, beide in der Stora Norregatan gelegen, und das Pilgrändshus in der Stora Östergatan, erbaut 1480. Letztgenanntes ist angeblich das älteste noch erhaltene Fachwerkhaus Nordeuropas.

► In der pittoresken Altstadt von Ystad findet man viele gut erhaltene Fachwerkhäuser

Am **Stortorg** verdient das **Alte Rathaus** Beachtung. Sein heutiges Aussehen erhielt es nach Umbauarbeiten im Jahre 1840. Der Ratskeller ist aber viel älter und wurde im 15. Jahrhundert errichtet. Heute ist hier ein stimmungsvolles Restaurant untergebracht.

Am Stortorg steht auch die **Marienkirche**, deren älteste Gebäudeteile aus dem 13. Jahrhundert stammen. Damals war sie aber nur zwölf Meter lang. Ihr heutiges Aussehen bekam sie erst durch An- und Umbauarbeiten im 15. und 16. Jahrhundert. Die Barockkanzel aus dem 17. Jahrhundert und der Altaraufsatz aus dem 18. Jahrhundert lohnen einen genaueren Blick. Bei letzterem sollte man sogar zweimal hinsehen, denn er besteht nicht, wie man zunächst vermuten könnte, aus Marmor, sondern aus Holz. Das Kruzifix, das gegenüber der Kanzel hängt, ist kein künstlerisches Juwel. Dafür rankt sich um seine Entstehung eine schöne Geschichte. Das Haupthaar der Christusfigur stammt nämlich vom Spender des Kruzifixes. Der hatte sich kahl scheren lassen und seine Haare geopfert, damit die Figur ein lebensechteres Aussehen bekommt. Vom Turm der Kirche ertönt noch heute Nacht für Nacht ab 21.15 bis 1 Uhr alle fünfzehn Minuten das Hornsignal des Stadtwächters.

Das **Franziskanerkloster** von 1267 ist neben dem Kloster Vadstena im gleichnamigen Ort die besterhaltene Klosteranlage Schwedens. In ihm ist heute das **Stadtmuseum** untergebracht (Sankt Petri Kyrkoplan, Jan.–April u. Sept.–Dez. Di.–Fr. 12–17 Uhr, Sa., So. 12–16 Uhr, Mai–Aug. Mo.–Fr. 10–17 Uhr, Sa., So. 12–16 Uhr). Gleich neben dem Kloster befindet sich die **St. Petri Kirche** aus dem 13. Jahrhundert.

Das nette **Charlotte-Berlins-Museum** (Dammgatan 23, Juni–Aug. Mo.–Fr. 12–17 Uhr, Sa., So. 12–16 Uhr) zeigt ein voll erhaltenes Bürgerhaus aus dem 19. Jahrhundert. Und im **Kunstmuseum,** nur wenige Schritte davon entfernt, sind Werke von südschwedischen und dänischen Künstlern vom 19. Jahrhundert bis zur Gegenwart zu entdecken (St. Knuts torg, www.konstmuseet.ystad.se, Di.–Fr. 12–17 Uhr, Sa., So. 12–16 Uhr, Mitte Juni–Aug. Mo.–Fr. 10–16 Uhr, Sa., So. 12–16 Uhr, Eintritt: 30 SEK, Kombiticket mit Stadtmuseum).

ⓘ **Tourismusbüro Ystad,** St.Knuts torg, Tel. 0411 577681, www.ystad.se, Mo.–Fr. 9–17 Uhr, Mitte Juni–Aug. Mo.–Fr. 9–19, Sa., So. 10–18 Uhr

064kh Abb.: rk

93 ALES STENAR ★★★

Über tausend Jahre ist es her, dass die Wikinger hier ein Monument aus 59 Steinen errichteten, platziert in der Form eines Schiffes.

Die Schiffssetzung hat **gigantische Ausmaße:** Stolze 67 Meter misst das Monument vom ersten bis zum letzen Stein, 19 Meter ist es breit. Und jeder Stein wiegt zwischen 500 und 1800 Kilo! Selbst die Wikinger, die in Geschichtsbüchern oft als kraftstrotzende Muskelmänner beschrieben werden, dürften bei solchen Massen arg ins Schwitzen gekommen sein. Die meisten Steine kamen zwar aus der unmittelbaren Umgebung, einige aber wurden aus 20 bis 30 Kilometer Entfernung herangeschleppt. Man nimmt an, dass die Wikinger dazu den Winter nutzten und die Steinkolosse über das Eis hierher zogen.

Den **Beweggrund** der Wikinger für die Errichtung eines solch riesigen Steinmonuments kennt bis heute niemand. Auch die Wissenschaftler tappen im Dunkeln und können bislang nur Theorien anbieten. Die einen halten Schiffssetzungen für Kultplätze, die anderen für Gräber – Knochen fand man hier aber keine. Dritte wiederum interpretieren den Ort als einen riesigen Sonnenkalender. Wer immer auch Recht hat: Heute ist Ales stenar die meistbesuchte Sehenswürdigkeit im Süden Schwedens. 300.000 Menschen zieht es jährlich hierher und trotzdem ist es ein Ort geblieben, der Geheimnisse birgt und Rätsel aufgibt.

Lage ist alles – diese Maxime eines jeden Immobilienmaklers beherzigten schon die alten Wikinger. Ales stenar, das riesige Boot aus Stein, **liegt direkt am Meer,** gerade so als wollten die Seeleute

HENNING MANKELLS YSTAD

In dem eher verschlafenen 27.000-Einwohner-Städtchen Ystad an der schwedischen Südküste spielen die meisten Kriminalromane Henning Mankells.

Da viele Fans des mürrischen Kommissars Kurt Wallander sich nicht länger mit der Lektüre der Bücher begnügen, pilgern immer mehr von ihnen an den Ort des mörderischen Geschehens und bescheren Ystad damit einen ungeahnten ***Besucherzuwachs.*** *Die Tourismusbranche hat sich darauf eingestellt und bietet* ***Stadtspaziergänge*** *auf den Spuren von Mankells Mördern an. Da kommt man dann auch in der Liregata vorbei, einer kleinen Straße, in der jeder schwedische Kleinbürger gerne wohnen würde. Und doch lauert hier das Verbrechen: Yvonne Ander, die sadistische Serienmörderin aus „Die fünfte Frau" wohnt hier. Auch in der Sjömansgata, der Seemannsstraße, ist keiner sicher. Hier wurden Gustaf und Sten Torstensson vom „Mann, der lächelte" ermordet. Auch die Polizei hatte schon Opfer zu beklagen. In der Lilla Norregata fiel Wallanders sympathischer Kollege Svedberg zwei Schüssen zum Opfer.*

Aber nicht nur Mordschauplätze sind das Ziel der Wallander-Touristen, auch die ***Wohnung des Kommissars*** *ist ein beliebtes Fotomotiv. Eigentlich hat Wallander sogar zwei Adressen, für die Filmaufnahmen musste er nämlich umziehen. In den Büchern wohnt er im Erdgeschoss in der Mariagata 10, für den Film wechselte er auf die andere Straßenseite ins Haus 11c. Seine „Buchwohnung" liegt in einem Neubau und der gefiel dem Regisseur nicht.*

065kh Abb.: rk

Zu Wallanders Wohnung fährt auch die Freiwillige Feuerwehr, denn selbst die ist in Ystad in Sachen Mankell und Wallander unterwegs. Sie bessert ihr Budget auf, indem sie Krimifans aus aller Welt in einem blutroten alten Feuerwehrauto zu den Schauplätzen fährt.

Um Mankells Helden geht es natürlich auch in den ***Filmstudios*** *der Stadt, die in einem alten Kasernengelände am Stadtrand liegen. Als im Jahre 2004 die letzten Soldaten abmarschierten, zogen die Filmcrews ein. Seitdem wird dort gemordet und ein Krimi nach dem anderen gedreht - 13 Stück bisher.*

*Auf einer **Führung durch das Studio** ist ein einfacher Schreibtisch dass größte Highlight. Hinter dem nimmt nämlich sonst Kommissar Wallander Platz. Aber in der riesigen Halle der Filmstudios ist nicht nur für Wallanders Büro Platz. Auch die Gerichtsmedizin, der große Konferenzsaal der Polizei und die **Innenräume von Wallanders Wohnung** sind hier untergebracht. Die liegen nur zehn Meter neben dem Büro und sind der zweite Höhepunkt der Führung. Leicht zerschlissene, aber gediegene Möbel, ein Fernsehapparat, ausgebleichte Gardinen vor den Fenstern und an der Wand ein großes Bücherregal - Wallanders Wohnzimmer strahlt den Charme des Biedermanns aus.*

◄ *Kommissar Wallander ist in Ystad omnipräsent*

INFOS ZU WALLANDER

› ***Cineteket,** Elis Nilssons väg 8, Tel. 0411 577057, www.cineteket.se, tgl. 10-17 Uhr, Studioführung um 15 Uhr, Eintritt: 20 SEK (Cineteket) bzw. 80 SEK (Studioführung). Filmmuseum im Anschluss an die Filmstudios. Dort bekommt man u. a. Hintergrundinfos zu den Wallanderfilmen. Von hier beginnen auch die Führungen durch die Filmstudios.*

› *Im **Touristenbüro** am St. Knuts torg (s. o.) bekommt man die kostenlose Broschüre „Auf den Spuren von Kurt Wallander" und kann Wallander-Bücher kaufen. In der Zeit vom 12.7. bis zum 30.8. beginnen hier um 11 Uhr Stadtwanderungen auf Deutsch. Zwar werden dabei auch einige andere Sehenswürdigkeiten der Stadt vorgestellt, der Schwerpunkt liegt aber auf den Wallander-Stätten.*

› ***Touren mit dem Feuerwehrauto,** veranstaltet von der Freiwilligen Feuerwehr Ystad, finden auf Schwedisch vom 26.6. bis 9.8. Di. und Do. um 18, 19 und 20 Uhr sowie auf Deutsch von Anfang Juli bis Mitte August Mo. und Mi. um 18, 19 und 20 Uhr statt. Buchung und Infos beim Touristenbüro Ystad, Tel. 0411 577681.*

› *Wer am 6 Kilometer langen **„Wallander-Stadtlauf"** teilnehmen will, der jedes Jahr im Juli stattfindet und dessen Strecke an den Wirkungsstätten des Kommissars vorbeiführt, erhält nähere Informationen unter der E-Mail-Adresse: wallanderloppet_yif@spray.se.*

› ***Offizielle Homepage von Henning Mankell:** www.henningmankell.se*

mit ihm jeden Augenblick in See stechen und in die Welt hinaussegeln. Heute ist das zwar nicht mehr möglich, denn das Land hat sich gehoben und die Steinsetzung thront inzwischen 35 m über dem Meeresspiegel. Doch dadurch liegt sie nur noch exponierter, die Aussicht ist noch grandioser geworden.

Kåseberga, der nächstgelegene Ort, ist ein nettes kleines Dorf am Meer. Wirklich lecker ist der frisch geräucherte Fisch, den man am dortigen Hafen kaufen kann.

› **Anfahrt:** Straße Nr. 9 von Ystad aus Richtung Osten. Nach zirka 10 km abbiegen in Richtung Kåseberga. Am Ortsrand parken. Zu Fuß auf dem beschilderten Weg sind es dann noch etwa zehn Minuten zur Schiffssetzung.

94 DAG HAMMARSKJÖLDS BACKÅKRA ★

Nur wenige Kilometer von Ales stenar entfernt liegt das ehemalige **Haus des UNO-Generalsekretärs und Friedensnobelpreisträgers** *Dag Hammarskjöld* (1905–1961), der 1961 bei einem Flugzeugabsturz unter mysteriösen Begleitumständen ums Leben kam. Heute ist hier ein Museum zu seinen Ehren eingerichtet, das über sein Leben informiert und in dem auch noch Teile der Originaleinrichtung zu sehen sind.

› Löderup, Juni–Aug. tägl. 12–17 Uhr

95 GLIMMINGEHUS ★★

Glimmingehus, südwestlich von Simrishamn etwas landeinwärts gelegen, wurde 1499, also in der Übergangszeit zwischen Mittelalter und Renaissance, errichtet und ist der **älteste unverändert erhaltene Profanbau** des Landes. Die spartanische Burg wurde durch ein ausgeklügeltes Verteidigungssystem geschützt und nie erobert. Trotzdem schienen die Bewohner dem Luxus nicht abgeneigt gewesen zu sein. Bei Ausgrabungen fand man teures Geschirr und zur damaligen Zeit fast unbezahlbares venezianisches Glas.

› Glimminge 1, Hammenhög, Tel. 0414 18620, www.raa.se/glimmingehus, April–Ende Mai tgl. 11–16 Uhr, Juni–Mitte Aug. 10–18 Uhr, Mitte Aug.-Sept. 11–16 Uhr, Okt. nur am Sa., So. 11–16 Uhr, Eintritt: 60 SEK, bis 18 Jahre (in Begleitung Erwachsener) freier Eintritt

96 MARSVINSHOLM SLOTT ★

Das 1644–1648 erbaute Privatschloss liegt etwa 10 km nordwestlich von Ystad und kann nur nach Voranmeldung (Tel. 0411 60015) besichtigt werden. Der **große Park,** in dem im Sommer Freilichttheaterveranstaltungen stattfinden, ist ideal geeignet für Spaziergänge. Es gibt auch ein Café und Bouleplätze.

97 VALLEBERGA ★

Knapp 17 km östlich von Ystad steht in Valleberga die einzige erhaltene **Rundkirche** der Region Skånes, erbaut zwischen 1130 und 1140. Da aber im 18. Jahrhundert ein hässliches Langhaus angefügt wurde, hat das Gotteshaus viel von seinem originalen Charakter verloren – obwohl der damalige An- und Umbau unter der Regie eines der großen Architekten der damaligen Zeit entstand: *Carl Fredrik Adelcrantz* (1716–1796). Dieser entwarf u. a. das Theater im Schloss Drottningsholm und die königliche Oper in Stockholm. Im Inneren der Kirche ist vor allen

Dingen der Taufstein sehenswert, eine gotländische Arbeit aus dem 12. Jahrhundert.

› Valleberga, Löderup, Tel. 0411 524546, Mai–Aug. Mo.–Fr. 8–16, Sa., So. 10–18 Uhr

98 LUND ★★★

Nur wenige Kilometer von Malmö entfernt liegt die alte Universitätsstadt Lund. Zwischen dem 12. und 14. Jahr hundert gehörte Lund zu den wichtigsten Städten im dänischen Königsreich.

Sie wurde um das Jahr 960 unter der Regentschaft des dänischen Königs *Harald Blauzahn* gegründet und bereits 100 Jahre später zum Bischofssitz ernannt. Ab 1103 residierte hier sogar der Erzbischof. Die **Bedeutung Lunds** kam unter anderem durch die enorme Zahl von 27 Kirchen und Klöstern zum Ausdruck, die es damals in der Stadt gab. 1438 wurde ein Priesterkolleg, die erste „höhere Bildungseinrichtung" des Nordens, gegründet. Nach der Reformation im Jahre 1536 wurden alle kirchlichen Einrichtungen zerstört und die Stadt verlor an Bedeutung.

Erst ab 1658 nahm Lund einen neuen Aufschwung. Damals eroberte Schweden die Provinz Schonen und damit kam auch Lund unter schwedische Herrschaft. Um den dänischen Einfluss zurückzudrängen und zu verhindern, dass die jungen Gelehrten nach Kopenhagen abwanderten, wurde 1666 die **Universität** gegründet. Einzig Uppsala hatte zu diesem Zeitpunkt in Schweden bereits eine Universität.

Auch heute, fast 350 Jahre später, wird das Leben der Stadt noch weitgehend von seinen Studenten geprägt: ein Drittel der ca. 100.000 Einwohner sind an der Universität eingeschrieben. Während des Studienjahres bietet Lund deswegen wesentlich mehr an **Kultur, Unterhaltung und Nachtleben,** als man das von einer Stadt dieser Größe erwarten würde. In den Semesterferien hingegen wirkt sie manchmal etwas ausgestorben.

Der ideale Ausgangspunkt für einen Stadtrundgang ist der **Domplatz** im Stadtzentrum. Zum einen ist der romanische Dom die größte Sehenswürdigkeit der Stadt, zum anderen liegt dort auch die Touristeninformation, in der man sich mit aktuellen Informationen über Sehenswürdigkeiten und Veranstaltungen versorgen kann.

ℹ **Fremdenverkehrsamt,** Kyrkogatan 11, Tel. 046 355040, Fax 046 125963, E-Mail: turistbyran@lund.se, www.lund.se, Mo.–Fr. 10–17 Uhr, Mai u. Sept. auch Sa. 10–14 Uhr, Juli u. Aug. Mo.–Fr. 10–18 Uhr, Sa. 10–14 Uhr

99 Dom ★★★ [III A2]

› Baustil: romanisch
› Baubeginn: um 1080
› Baujahr der Türme: 1860–1880
› Höhe der Türme: 55 m
› Höhe des Innenraumes: 22 m
› Länge: 86 m
› Breite: 37 m

Nachdem Lund um 1060 Bischofssitz wurde, stellte sich natürlich bald die Frage nach einem repräsentativen Kirchenbau. Angeregt und gefördert durch den dänischen König *Knut den Heiligen* begann man schließlich um 1080 mit dem Bau, der 1145 beendet wurde. Vom damaligen Dom ist heute allerdings nur

EINIGE DETAILS AUS DER ASTRONOMISCHEN UHR

Auf der ersten Etage der astronomischen Uhr befindet sich das sogenannte ***Kalendarium,*** *ein mittelalterlicher Kalender. Die Figur in der Mitte des Kalendariums stellt den heiligen Laurentius, den Schutzpatron des Doms, dar. Der Engel, der Adler, der Ochse und der Löwe an den Ecken des Kalenders sind die Symbole für die vier Evangelisten Matthäus, Johannes, Lukas und Markus. Der „Herr" am linken Rand, der den Zeiger hält, ist der griechische Gott Kronos, der in der Mythologie als Herrscher über die Zeit auftritt.*

Die Figuren über dem Kalendarium, also auf der zweiten Etage, stellen die sogenannte ***„Anbetung der Könige"*** *dar. Täglich um 12 und 15 Uhr (So. um 13 und 15 Uhr) öffnet sich eine Türe und drei Holzfiguren erscheinen, die die Könige aus dem Morgenland Melchior, Kaspar und Balthasar darstellen. Sie setzen sich in Bewegung und „umrunden" die Figur der Maria mit dem Jesuskind. Gleichzeitig spielen zwei Holztrompeter die bekannte Hymne „In dulci jubilo".*

Auf der dritten Etage befindet sich die eigentliche astronomische Uhr. Die Personen, die hier in den Ecken dargestellt sind, sind (im Uhrzeigersinn und links oben beginnend): Ptolemäus (griechischer Mathematiker und Astronom aus dem 2. Jh. n. Chr.) , Alfons X. von Kastilien (König und Astronom aus dem 13. Jh.), Al-Bumasar (persischer Astronom aus dem 9. Jh.) und Ali-Ben Isa (arabischer Astronom aus dem 9. Jh.). Die Ritter, welche die Uhr krönen, symbolisieren die Wächter über die Zeit und kreuzen jeweils zum Stundenschlag ihre Schwerter.

noch die Krypta zu sehen, denn bei einem **Großbrand** im Jahre 1234 wurde er so schwer beschädigt, dass er zu großen Teilen neu errichtet werden musste. Die Wiederauf- und Umbauten zogen sich über mehrere Jahrhunderte hin und wurden erst im 19. Jahrhundert beendet. Aus dieser Zeit stammen auch die beiden 55 m hohen Türme, die zwischen 1860 und 1880 nach den Plänen des berühmten schwedischen Architekten *Helgo Zettervall* (1831–1907) errichtet wurden.

Bevor man den Dom betritt, sollte man sich unbedingt die Zeit nehmen, um das **Eingangsportal** näher anzusehen. Obwohl man zunächst vermuten möchte, dass es älteren Datums ist, wurde es ebenfalls erst im 19. Jahrhundert eingebaut. In dem aus Zement gegossenen Tympanon sieht man *Jesus* mit den Heiligen *Laurentius* und *Knut*. Ersterer ist der Schutzpatron des Doms, Letzterer förderte dessen Bau. Die schwere Bronzetür von 1888/89 ist das Werk von *Karl Johan Dyfverman* (1844–1892). Die Reliefe an der Tür zeigen im Ganzen 24 biblische Motive und Symbole.

Links neben dem Hauptportal befindet sich die berühmte **astrologische Uhr** aus dem Jahre 1380, **Horologium mirabile Lundense** genannt. Ganz dem mittelalterlichen Weltbild entsprechend ist in ihrer Mitte die Erde abgebildet, um die sich die anderen Himmelskörper bewegen. Allerdings: Die Uhr, wie man sie heute sieht, ist in großen Teilen eine Rekonstruktion aus dem Jahre 1923. Das Original war im Laufe der Jahrhunderte fast völlig zerstört worden.

Einige Schritte weiter in das Kircheninnere hinein kommt man zu einer reich verzierten **Kanzel** im Stil der Renaissance, die 1592 von *Johannes Ganssog* (1555–ca. 1592) aus Frankfurt/Oder geschaffen wurde. Weiter im nördlichen Seitenschiff lohnt sich ein Blick auf den Sarkophag von Erzbischof *Andreas Sunesen* (†1228). Die dort aufgestellte dänische Flagge ist ein Hinweis auf jene Legende, nach der *Sunesen* die Fahne von Gott selbst erhalten hat. Solange er sie auf dem Schlachtfeld aufrecht halten würde, würde Dänemark nie mehr einen Krieg verlieren. Wenige Schritte entfernt steht ein Taufbecken aus dem 13. Jahrhundert, das aus gotländischem Sandstein gefertigt ist. Beachtenswert ist auch das imposante **Chorgestühl** im hochgotischen Stil von 1370 mit 78 kunstvoll verzierten Stühlen.

Neueren Datums sind die **Glasmalereien.** Sie stammen vom Norweger *Emanuel Vigeland* (1875–1948), das große Mosaik am Apsisgewölbe vom Dänen *Joakim Skovgaard* (1856–1933). Beide Kunstwerke entstanden am Ende der 1920er Jahre.

Die **Krypta** ist der älteste Teil der Kirche und mit ihren reich verzierten Säulen und Grabplatten auf jeden Fall einen Besuch wert. Besonders interessant, weil mit einer Legende verbunden, ist die Skulptur des Riesen *Finn,* der in der Krypta wütend eine Säule umklammert. *Finn,* so weiß es der Volksmund zu berichten, war nämlich einst vom heiligen *Laurentius* mit dem Bau des Domes beauftragt worden. Das üppige Salär sollte der Riese aber nur dann bekommen, wenn der Heilige bis zum Ende des Baus dessen Namen nicht herausbekommen würde. Der aber belauschte ein Gespräch zwischen der Frau des Riesen und dessen Sohn und hörte dabei den Namen „Finn". Darauf weigerte sich der Heilige, den Lohn zu bezahlen. *Finn* wurde so wütend, dass er an den Grundfundamenten der Kirche rüttelte und sie zum Einsturz bringen wollte. Bevor er aber seine Tat vollenden konnte, erstarrte er zu Stein.

› Mo.–Fr. 8–18 Uhr, Sa. 9.30–17 Uhr, So. 9.30–18 Uhr, www.lundsdomkyrka.org, Orgelkonzerte jeden Sa. um 10 Uhr (freier Eintritt)

066kh Abb.: rk

▶ *Horologium mirabile Lundense – ein Wunder der Uhrmacherkunst*

100 Kulturhistorisches Museum „Kulturen" ★★ [III B2]

Fast alle Sehenswürdigkeiten Lunds liegen nur einen Steinwurf vom Dom entfernt, so auch „Kulturen". Es ist eine Mischung aus einem kulturhistorischen Museum und einem Freilichtmuseum mit fast 40 Gebäuden. Hier kann man 15 verschiedene Ausstellungen besuchen, ob über das Leben des Bauernstandes in Skåne oder über Kunsthandwerk und Design aus der ganzen Welt. Außerdem zeigt man häufig Sonderausstellungen. Sogar Essen kann man hier (siehe dazu „Essen und Übernachten in Lund").

› Tegnersplatsen, Tel. 046 350400, www.kulturen.com, Mitte April–Anfang Okt. tgl. 11–17 Uhr, Anfang Okt.–Mitte April Di.–So. 12–16 Uhr (zu dieser Zeit Zugang nur zum Hauptgebäude und einigen wenigen Gebäuden im Freigelände), Eintritt: 50 SEK, für Kinder freier Eintritt

068kh Abb.: rk

101 Universität ★ [III A2]

Am Universitätsplatsen, gegenüber von „Kulturen", erhebt sich das strahlend weiße **Hauptgebäude der Universität**. Es wurde nach Plänen von *Helgo Zettervall* (1831–1907), einem der bekanntesten nordeuropäischen Architekten seiner Zeit, erbaut und 1882 eingeweiht. Von Zettervall stammen u. a. auch die Pläne für die beiden Türme des Doms. Obwohl die Universität nicht offiziell besichtigt werden kann, sollte man einen Blick ins beeindruckende Auditorium Maximum werfen, das man über einige Stufen direkt hinter dem Eingang erreicht – so darin keine Vorlesung stattfindet. Neben dem Universitätsgebäude liegt das zwischen 1578 und 1584 errichtete **Kungshuset**, auch **Lundagårdshus** genannt und eine ehemalige Residenz des dänischen Königs *Frederik II.* (1559–1588), das heute Teil der Universität ist.

› www.lu.se

Einige Schritte weiter, in der Finngatan 2, liegt das **Skissernas Museum**, also das **Skizzenmuseum**. Es wurde 1934 gegründet und beherbergt die weltgrößte Ausstellung von Skizzen und Modellen großer Kunstwerke.

› www.adk.lu.se, Di.–So. 12–17 Uhr, Mi. 12–21 Uhr, Eintritt: 50 SEK, für Studenten und Jugendliche bis 18 Jahre freier Eintritt

◄ *Die prächtige Eingangshalle des alten Universitätsgebäudes*

Karte III: LUND

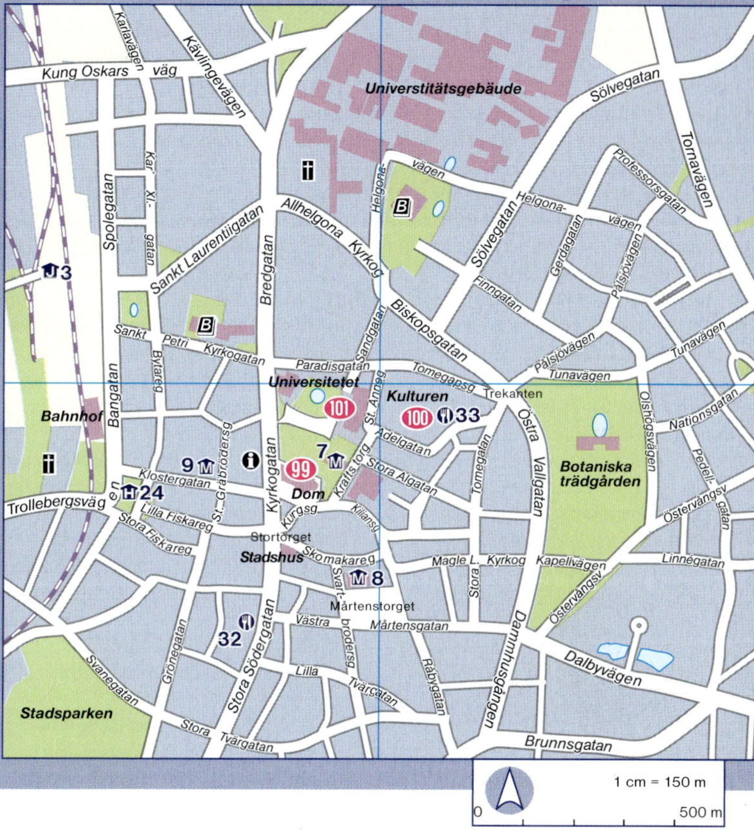

99	Dom [III A2]
100	Kulturhistorisches Museum „Kulturen“ [III B2]
101	Universität [III A2]
M 7	Historisches Museum und Dommuseum [III A2]
M 8	Kunsthalle [III A2]
M 9	Tegnérmuseum [III A2]
H 24	Grand Hotel [III A2]
32	Stäket [III A2]
33	Kulturkrogen [III B2]
J 3	STF Vandrarhem Lund „Tåget“ [III A1]

Weitere Sehenswürdigkeiten in Lund

› **Botanischer Garten,** Östra Vallgatan 20, tgl. 6–20 Uhr (Gewächshäuser 12–15 Uhr). Beherbergt mehr als 7000 Pflanzenarten.

7 [III A2] **Historisches Museum und Dommuseum,** Kraftstorg 1, Di.–Fr. 11–16 Uhr, Eintritt: 30 SEK. Sammlung prähistorischer Funde und kirchlicher Altertümer, darüber hinaus eine Ausstellung zur Baugeschichte des Doms.

8 [III A2] **Kunsthalle,** Mårtenstorget 3, Di., Mi., Fr., So. 12–17 Uhr, Sa. 10–17 Uhr, Do. 12–20 Uhr. Zeitgenössische Kunst.

9 [III A2] **Tegnérmuseum,** St. Gråbrödersgatan 11, Juni–Aug. Sa. 12–16 Uhr, Sept.–Mai nur jeden ersten Sa. im Monat. Von 1813–1826 Wohnhaus des Schriftstellers und Bischofs von Lund: *Esias Tegnér* (1782–1846) gehörte zu den führenden Vertretern der schwedischen Romantik und zeichnete in seinen Werken das Bild des nordischen Idealmenschen. Mit seiner nationalistischen Einstellung hatte er großen Anteil an der Entstehung des sogenannten Skandinavismus – eine politische Bewegung des 19. Jahrhunderts, die für eine Vereinigung aller skandinavischen Länder eintrat.

Essen und Übernachten in Lund

31 **Dalby Gästgivaregård,** Tingsgatan 6, Dalby, Tel. 046 200006, Mo.–Di. 11.30–14.30 Uhr, Mi.–Fr. 11.30–20.30 Uhr, Sa. 13–20.30 Uhr, So. 13–17.30 Uhr. Dieses Restaurant mit langer Tradition liegt nur wenige Kilometer vom Stadtzentrum entfernt und wurde schon mehrmals unter die besten Restaurants des Landes gewählt. Hauptspeisen kosten um 220 SEK, das günstigste Tagesgericht zur Mittagszeit gibt es schon für 95 SEK.

24 [III A2] **Grand Hotel,** Bantorget 1, Tel. 046 2806100, www.grandilund.se. Als 1856 die Eisenbahn nach Lund kam, brauchte man ein Hotel für die „reisende Allgemeinheit" und so wurde das Grand gebaut. In dem First-Class-Hotel (DZ: 800–1500 SEK, der günstige Preis gilt am Wochenende) kann man nicht nur übernachten, sondern auch sehr gut essen. Das **Hotelrestaurant** (Mo.–Do. 11.30–24 Uhr, Sa. 12–2 Uhr, So. 13–23 Uhr, Hauptgericht ab 250 SEK) ist für jedermann zugänglich und bietet internationale Küche sowie eine reiche Auswahl an Spezialitäten aus Schonen.

32 [III A2] **Stäket,** Stora Södergatan 6, Tel. 046 2119367. Das Restaurant befindet sich in einem alten gotischen Backsteinhaus. Preisgünstiges Tagesgericht ab 70 SEK, Hauptgerichte ab 180 SEK.

33 [III B2] **Kulturkrogen,** Tegnerplats, Tel. 046 146510, So. u. Mo. geschlossen. Beim Museum Kulturen liegt dieses Restaurant, das vor allem wegen seiner günstigen Mittagsgerichte empfehlenswert ist. Ab 70 SEK bekommt man nicht nur eine Hauptspeise, sondern kann sich auch noch am Salatbuffet bedienen. Ein Abendessen kostet zwischen 100 und 200 SEK.

3 [III A1] **STF Vandrarhem Lund „Tåget",** Vävaregatan 22, Tel 046 142820, Fax 046 320568, E-Mail: trainhostel@ebrevet.nu, www.trainhostel.com. Die etwas andere (Jugend-)Herberge: 200 m vom Bahnhof entfernt stehen einige umgebaute Schlafwagen auf einem stillgelegten Gleis und warten auf Gäste. Im Caféwaggon gibt es kostenlosen WLAN-Zugang. Gäste über 70 Jahre bekommen ein Einzelabteil ohne Aufpreis – ansonsten: 140 SEK/Bett.

► *Ven: Blick von der St. Ibb Kirche*

102 LANDSKRONA ★

Besuchenswert in Landskrona (39.000 Einwohner) ist die 1549 von König *Christian III.* (1534–1559) erbaute **Zitadelle.** Außerdem beachtenswert sind die **Sofia-Albertina-Kirche** aus dem 18. Jahrhundert und das **Haijiska Huset**, in dem die Schriftstellerin und Nobelpreisträgerin *Selma Lagerlöf* (1858–1940) von 1885 bis 1891 wohnte.

In der **Kunsthalle** in der Slottsgatan finden wechselnde Kunstausstellungen statt. Fans der Sportart Golf können am nördlichen Ortsausgang beim Golfplatz das **Schwedische Golfmuseum** besuchen (Nebensaison Mo.–Do. 9–15 Uhr, Hauptsaison Mo.–Fr. 8–17 Uhr, Sa., So. 8–14 Uhr).

Die größte Sehenswürdigkeit von Landskrona – die Insel Ven 103 – liegt aber vor der Küste im Meer.

103 INSEL VEN ★★★

Ein Ausflug zur autofreien Insel Ven ist mit das Schönste, was Südschweden zu bieten hat. Ein Schiff bringt den Besucher nach einer halbstündigen Überfahrt zur Insel.

Schon am Hafen kann man sich Fahrräder ausleihen und los geht es. Gut ausgebaute Wege und eine abwechslungsreiche, aber flache Landschaft machen Ven zum **Fahrradparadies.** Wer trotzdem nicht den Drahtesel besteigen und sich auch nicht zu Fuß auf den Weg machen will, kann sich alternativ mit dem Pferdewagen über die Insel kutschieren lassen. Oder aber man nimmt den Bus, denn den gibt es auf Ven auch.

Die größte Sehenswürdigkeit Vens ist das **Tycho Brahe Museum** in der Mitte der Insel. Von 1578 bis 1598 lebte hier der dänische Astronom *Tycho Brahe*

069kh Abb.: rk

(1546–1601), um in der klaren Inselluft Sternbeobachtungen durchzuführen. Er erhielt die Insel von seinem Gönner König *Fredrik II.* (1559–1588) als Lehen und ließ dort ein Herrschaftshaus erbauen, eine Kombination aus Wohnhaus und Labor. König *Fredrik* scheute bei seinem „Sponsoring" keine Kosten und investierte mehr als 5 % des Staatshaushaltes in *Brahe*s Arbeit! Man darf dabei allerdings nicht vergessen, dass Astronomie und Astrologie damals Hand in Hand gingen und sich der König von *Brahe* auch Fingerzeige bezüglich günstiger Zeiten zum Kriegführen und für andere wichtige politische Entscheidungen erhoffte.

Brahe ließ auf Kosten des Königs **Schloss Uranienborg** im Renaissancestil nach italienischem Vorbild erbauen. Es zählte damals zu den bekanntesten Gebäuden Europas – nicht zuletzt auf Grund seines sagenumwobenen Besitzers, der hier die bekanntesten Wissenschaftler und auch zahlreiche gekrönte Häupter zu Gast hatte. Betrachtet man alte Bilder des Schlosses (es wurde im 17. Jahrhundert abgerissen), fallen die vielen Türme auf, die ihm den Anschein eines verspielten Traumschlosses gaben. Doch jeder Turm hatte seinen Zweck, dienten sie doch als Plattformen für wissenschaftliche Instrumente. Unter *Fredriks* Nachfolger *Christian IV.* fiel *Brahe* in Ungnade. Der berühmte Wissenschaftler musste nach Prag emigrieren (dort arbeitete *Johannes Kepler* als sein Assistent), wo er schließlich verstarb.

Im Tycho Brahe Museum, das in der ehemaligen Allerheiligenkirche untergebracht ist, wird in einer **exzellent gemachten Ausstellung** das Leben und Wirken des bedeutenden Astronomen gewürdigt. Man kann Nachbauten einiger seiner Instrumente begutachten und die Überreste des ehemaligen Observatoriums besuchen.

DER TYCHO-BRAHE-TAG

In Schweden gibt es den Ausdruck, man habe einen Tycho-Brahe-Tag. Das bedeutet, dass der Tag wirklich schlecht läuft. Von Brahe nimmt man nämlich an, er sei ein ***besonders unglücklicher Mann*** *gewesen. Schon im Alter von 20 Jahren verlor er bei einem Duell einen Teil seiner Nase. Seitdem musste er eine Nasenprothese tragen, die er mit einer Salbe anklebte. Ziemliches Pech.*

Der Ausdruck „Tycho-Brahe-Tag" rührt aber von den ***Umständen seines Todes*** *her. Der Astronom war dereinst beim König in Prag eingeladen und der Regent hielt eine lange Rede. Brahe litt an einer Blasenkrankheit und als er sich allzu lange zurückhalten musste – die damalige Etikette verbot, dass man den Raum während der Rede des Königs verließ – platzte seine Blase, der Urin gelangte in seinen Körper und Brahe starb unter schrecklichen Qualen.*

Das ist schon ausnehmend großes Pech, aber die Geschichte stimmt ohnehin nicht. Blasenprobleme hatte Brahe wirklich, aber vermutlich starb er nicht an der zu langen Rede des Königs, sondern an einer stark ***quecksilberhaltigen Medizin,*** *die er gegen das Blasenleiden einnahm. Tragisches Detail am Rande: Brahe bereitete die Medikamente selbst zu, wusste aber ebenso wie seine Zeitgenossen nichts über die Giftigkeit von Quecksilber.*

› www.tychobrahe.com, Mitte April–Ende Juni 10–16 Uhr, Ende Juni–Mitte Aug. 10–18 Uhr, Mitte Aug.–Ende Sept. 10–16 Uhr, Eintritt: 50 SEK, freier Eintritt für Kinder unter 15 Jahren (nur in Begleitung Erwachsener)

Auf der Fahrradtour über die Insel sollte man unbedingt die direkt an der Steilküste gelegene **St. Ibb Kirche** besuchen (Mai–Aug. tgl. 13–16 Uhr), denn von hier aus hat man einen weiten Blick hinaus aufs Meer. Wenn man an einem Sommernachmittag auf einer der Bänke vor dem angeschlossenen Friedhof eine Pause einlegt und sich von der Sonne streicheln lässt, spürt man, dass Ven zwar inmitten einer der belebtesten Wasserstraßen Europas und nur wenige Kilometer vor der schwedischen Küste liegt – trotzdem aber in einer ganz anderen Welt.

› **Fährüberfahrt** je nach Jahreszeit bis zu zehnmal täglich von Landskrona nach Bäckviken auf Ven, Erwachsene 80 SEK, Kinder 40 SEK, Familienticket 200 SEK, www.ventrafiken.se
› **Fahrradverleih:** www.venscykeluthyrning.se, Erwachsenenfahrrad: 80 SEK/Tag, 225 SEK/Woche

104 HELSINGBORG ★★

In den letzten Jahren hat Helsingborg sein Gesicht verändert. Die 122.000 Einwohner zählende Stadt hat ein umfassendes Facelifting durchgemacht und aus einer etwas drögen und langweiligen Industriestadt ist ein pulsierendes Kulturzentrum am Öresund geworden.

Schon seit dem 10. Jahrhundert ist die Gegend hier besiedelt. Es waren die Wikinger, die zum Schutz der Meeresenge eine Befestigungsanlage gründeten. Als „offizieller Geburtstag" der Stadt gilt aber der 21.05.1085, als König *Knut der Heilige* Helsingborg die Stadtgründungsurkunde verlieh.

Die **Lage am schmalen Öresund** bestimmte von Beginn an das Schicksal der Stadt. Zu Friedenszeiten interessierten sich Kaufleute für die Stadt, zu Kriegszeiten das Militär. Entweder wurde der Sund vor Helsingborg zum begehrten Handelsweg oder zur zäh umkämpften Grenze. Entsprechend wechselvoll war die Geschichte der Stadt.

Während der Schonischen Kriege (1675–1679) wurde die Stadt fast vollständig zerstört. Der daraufhin einsetzende **Niedergang** hielt bis in die Mitte des 19. Jahrhunderts an. Dänemark und Schweden standen sich verfeindet gegenüber und die Nähe zum Nachbarn wurde plötzlich zum Nachteil.

1857 jedoch wurde der Öresundzoll, der bis dahin den Handel praktisch lahmlegte, abgeschafft. Fast gleichzeitig wurde der Hafen ausgebaut. Innerhalb kürzester Zeit vervielfachte sich die Bevölkerungszahl, Helsingborg wuchs zu einem **bedeutenden Handels- und Industriezentrum** heran.

Nach dem Zweiten Weltkrieg spielte der **Fährverkehr** über den Öresund eine zunehmend wichtigere Rolle. Und obwohl inzwischen einige Kilometer weiter südlich die Öresundbrücke Malmö und Kopenhagen miteinander verbindet, legen auch heute noch mehrmals stündlich die Fähren Richtung Helsingør ab.

ℹ **Fremdenverkehrsbüro Helsingborg,** Rådhuset, Tel. 042 104350, Fax 042 104355, www.helsingborg.se, Mitte Juni–Ende Aug. Mo.–Fr. 9–20 Uhr, Sa. 9–17 Uhr, So. 10–15 Uhr, sonst Mo.–Fr. 10–18 Uhr, Sa. 10–14 Uhr

070kh Abb.: rk

105 Stortorget und Rathaus ★ [IV A2]

Das Zentrum Helsingborgs bildet der Stortorget mit dem neugotischen Rathaus, einem Klinkerbau aus dem Jahr 1897. Es entstand zu einer Zeit, als die Stadt nach langen Zeiten des Niedergangs wieder voller Optimismus war – entsprechend prunkvoll ist der repräsentative Bau ausgefallen.

Der **Rathausturm** ragt stolze 65 m in die Höhe und auch bei der Innenausstattung wurde nicht gespart. Besonders die **Fenstermalereien,** die – einer Chronik gleich – bedeutsame Ereignisse aus der Stadtgeschichte darstellen, sind mehr als nur einen Blick wert.

„Offiziell" kann das Rathaus nur im Rahmen von Führungen besichtigt werden. Anmeldungen dafür nimmt das Fremdenverkehrsbüro der Stadt unter Tel. 042 104350 entgegen.

106 Sancta Maria kyrka ★ [IV B2]

Nur wenige Schritte vom Stortorget entfernt erhebt sich die **gotische Marienkirche** aus dem frühen 14. Jahrhundert. Im dreischiffigen Inneren zieht eine wuchtige Renaissancekanzel die Aufmerksamkeit der Besucher auf sich. Ferner sehenswert sind ein geschnitzter Flügelaltar aus dem 15. Jahrhundert und die modernen Glasfenster mit Darstellungen biblischer Themen.

107 Dunkers Kulturhus ★★ [IV A1]

Die jüngste Sehenswürdigkeit der Stadt ist Dunkers Kulturhus, ein Konzert- und Kulturzentrum, das **nach dem größten Mäzen der Stadt benannt** ist. *Henry Dunker* (1870–1962) war Besitzer einer Gummifabrik, die er mit strenger Hand zu einem wirtschaftlichen Erfolgsunternehmen machte. Als er 1962 ohne Erben starb, vermachte er der Stadt 56 Millionen SEK zur Verwendung für kulturelle Zwecke.

Dunkers Kulturhus wurde 2002 nach Plänen des dänischen Architekten *Kim Utzon* errichtet, dem Sohn von *Jørn Utzon,* der wiederum die Oper in Sydney erbaut hat. In ausnehmend schöner Lage direkt am Yachthafen wurde eine neue Heimat für Konzerte, Theater und Ausstellungen geschaffen. Auch wer keine Veranstaltung besuchen will, sollte am Kulturhus vorbeischauen. Das Gebäude ist eine Sehenswürdigkeit für sich – und wer überhaupt nichts mit Kultur am Hut hat, kann hier einfach auch gut essen gehen.

› Kungsgatan 11, www.dunkerskulturhus.se, Di.–So. 10–17 Uhr, Do. 10–20 Uhr, Eintritt: zur Besichtigung des Hauses frei, Ausstellungen 70 SEK

108 Kärnan ★ [IV B1]

Oberhalb der Stadt, zu erreichen über lange Treppen, die sich an den Stortorget anschließen, liegt Kärnan, ein **34 m hoher viereckiger Backsteinturm**, der seit über 600 Jahren die Stadt überblickt. Einst bildete er den Mittelpunkt einer von König *Waldemar Atterdag* (1340–1375) errichteten Festung, die allerdings 1680, nachdem Helsingborg schwedisch geworden war, abgerissen wurde. Einzig der Turm wurde verschont, doch er zerfiel im Laufe der folgenden Jahrhunderte auch ohne menschliches Zutun zusehends. Ende des 19. Jahrhunderts wurde Kärnan schließlich renoviert.

Im Inneren des Turms ist ein kleines **Museum** (u. a. ein Modell der einstigen Festung) untergebracht, von der Dachplattform bietet sich ein weiter Blick auf die Stadt und den Sund.

› Juni–Aug. tgl. 11–19 Uhr, April, Mai, Sept. Di.–Fr. 9–16 Uhr, Okt.–März Di.–So. 11–15 Uhr, Eintritt: 20 SEK, Kinder bis 16 Jahre 10 SEK

109 Freilichtmuseum Fredriksdal ★ [IV B1, außerhalb]

Knapp drei Kilometer außerhalb des Stadtzentrums in der Nähe des Fußballstadions „Olympia“ liegt das Freilichtmuseum Fredriksdal, dessen Mittelpunkt das klassizistische **Herrschaftshaus Fredriksdals Herregård** (erbaut 1787) bildet. Ein ganzer Straßenzug mit alten Gebäuden, ein alter Bauernhof und eine Druckerei sind weitere Höhepunkte des Museums. Zudem lädt die ausgedehnte Parkanlage zu langen Spaziergängen ein.

› Hävertgatan, www.fredriksdal.se, Juni–Aug. tgl. 10–19.30 Uhr, Sept.–Mai tgl. 11–16 Uhr, Eintritt: Mai–Sept. 60 SEK, Okt.–April 30 SEK, Kinder u. Jugendliche frei

Weitere Museen in Helsingborg

M 10 **Sportmuseum**, Carl Krooksgatan 10, www.idrottsmuseum.org, Mo.–Fr. 10–15 Uhr, Sa. bis 14 Uhr. Helsingborg ist in Schweden als Stadt mit vielen und erfolgreichen Sportlern bekannt: Wer auf deren Spuren wandeln will, ist hier genau richtig.

M 11 [IV B1] **Medizinhistorisches Museum,** Bergaliden 20, www.medhist-hbg.se, Di.–Do. 11–15 Uhr, Sa. 13–15 Uhr, Eintritt: 20 SEK, Kinder unter 15 frei. Was für ein Glück, dass sich die Medizin weiterentwickelt hat! Wenn man die im Museum ausgestellten Gerätschaften betrachtet, kann einem angst und bange werden. Untergebracht ist das Museum ganz stilecht im alten Kinderkrankenhaus von 1888.

◀ *Dunkers Kulturhus liegt direkt am Yachthafen von Helsingborg*

12 [IV B1] **Schulmuseum,** Bergaliden 24, www.skolmuseum.just.nu, Mo.–Fr. 10–15 Uhr, Eintritt: 10 SEK, Kinder und Rentner 5 SEK. In unmittelbarer Nähe des Medizinhistorischen Museums gelegen. Ein kleines, liebenswert gemachtes Museum, in dem es allerdings außer einem alten Schulzimmer nicht viel zu sehen gibt.

Einkaufen

Die Kullagatan ist die älteste Fußgängerzone Schwedens. Gut einkaufen kann man auch in den Straßen rund um die Sancta Maria kyrka (106). Weitere Einkaufsstraßen: Norra und Södra Storgata, Drottninggata, Järnvägsgata, Södergata und Bruksgata.

Essen und Nachtleben in Helsingborg

Flickorna Lundgren, Skäretvägen 19, 26041 Nyhamnsläge, Tel. 042 346044, www.fl-lundgren.se. Etwas außerhalb auf der schönen Kullahalbinsel (112) gelegen sind die „Lundgren Mädchen" eines der schönsten Kaffees in Schonen und würden schon für sich genommen einen Ausflug lohnen. In dem einsam stehenden Holzhaus von 1732 betreiben die Geschwister *Lundgren* seit 1938 inmitten eines herrlichen Gartens ein Kaffeehaus.
Anfahrtsbeschreibung: Von Helsingborg auf der Straße 111 Richtung Mölle. In Nyhamnsläge rechts abbiegen nach Brunnby. An der Kirche vorbeifahren, bis nach gut einem Kilometer das Hinweisschild „Flickorna Lundgren" auftaucht.

19 Melrose, Bollbrogatan 6, Tel. 042 217574. Die Adresse für das komplette Ausgeherlebnis: Bar, Disco, Pub und Restaurant – aber alles erst ab Mitternacht!

34 [IV B1] **Restaurang Niklas,** Norra Storgatan 16, Tel. 042 280050, www.niklas.se, Mo.–Sa. 18–1 Uhr (Küche bis 22 Uhr). Eines der besten Restaurants Schonens, geschmackvoll modern eingerichtet. Hauptgerichte ab 250 SEK.

Sofiero Slottsrestaurang, Sofierovägen, www.sofieroslottsrestaurang.se, Tel. 042 186130. Herrliche Lage am Öresund! Erst im Schlosspark von Sofiero Slott (110) spazieren gehen und dann im Schlossrestaurant edel essen – das bietet das hervorragende Schlossrestaurant. Stecken Sie genügend Kleingeld ein, ganz billig ist es hier nicht. Für ein Drei-Gänge-Menü sollte man mit 600 SEK und mehr rechnen.

> EXTRATIPP
>
> *Essen auf dem Schiff*
>
> Sehr beliebt ist es, auf den Fähren, die zwischen Helsingborg und Helsingør verkehren, essen zu gehen. Hier wird wirklich gute Küche geboten und das zu einem **äußerst fairen Preis.** Keine Angst: Auch wenn die Überfahrt nur 15–20 Minuten dauert, das Essen muss man nicht hinunterschlingen. Man bleibt einfach so lange an Bord, bis man satt ist, und steigt dann am Hafen seiner Wahl aus. Denn es ist egal, wie oft sie den Sund überqueren, ein Fährticket genügt. Am Wochenende sollte man unbedingt einen Tisch reservieren.
>
> › Scandlines, Tel. 042 186130

Übernachten in Helsingborg

25 [IV A2] **Marina Plaza,** Kungstorget 6, Tel. 042 192100, Fax 042 149616, www.elite.se. Dieses Spitzenhotel bietet große, geräumige Zimmer, eine hervorragende Küche und freundlichen Service. Über das Marina Plaza lässt sich nur Gutes sagen – das Beste aber ist der Blick aufs Meer. Deswegen sollte man unbedingt einen „Room with a view" buchen.

Karte IV: HELSINGBORG

105 Stortorget und Rathaus [IV A2]
106 Sancta Maria kyrka [IV B2]
107 Dunkers Kulturhus [IV A1]
108 Kärnan [IV B1]
109 Freilichtmuseum Fredriksdal [IV B1]

M 11 Medizinhistorisches Museum [IV B1]
M 12 Schulmuseum [IV B1]
34 Restaurang Niklas [IV B1]
H 25 Marina Plaza [IV A2]
H 26 Marina Hotell Mollberg [IV B2]
H 27 Marina Hotell Viking [IV A1]

26 [IV B2] **Marina Hotell Mollberg,** Stortorget 18, Tel 042 373700, Fax 042 373737, www.elite.se. Erstklassiges Hotel mit langer Tradition, schon der schwedische König *Gustav IV. Adolf* stieg hier ab. Die DZ kosten um 1000 SEK.

27 [IV A1] **Marina Hotell Viking,** Fågelsångsgatan 1, Tel. 042 144420, Fax 042 184320, www.hotellviking.se. Kleines Hotel im Zentrum mit persönlichem Service und familiärer Atmosphäre. Die DZ kosten zwischen 865 und 1345 SEK.

28 Scandic Helsingborg Nord, Florettgatan 41, Tel. 042 4952000, Fax 042 4952011, www.scandic-hotels.se/helsingborgnord. Spektakuläres darf man nicht erwarten, aber dieses Kettenhotel ist eine gute Wahl für preisbewusste Urlauber. Außerhalb gelegen, dafür mit kostenlosem Shuttle ins Zentrum. Gutes Frühstücksbuffet. DZ ab 75 €.

4 Marina Villa Thalassa Vandrarhem, Dag Hammarskjölds väg, Tel. 042 380660, Fax 042 128792, www.villathalassa.com. Von dieser Lage können viele First-Class-Hotels träumen: Die Jugendherberge liegt nur 3 km vom Zentrum entfernt direkt am Meer und mit Blick auf das Hamlet-Schloss Kronborg. Ein Badestrand liegt gleich in der Nähe. Das Haus umfasst Zwei- bis Sechs-Bett-Zimmer und -Hütten, viele davon sind mit Dusche/WC ausgestattet. Bett: 190–260 SEK/Pers., DZ: 550 SEK.

EXTRATIPP

Weiter Jugendherbergen rund um Helsingborg

Helsingborg Vandrarhem, Järnvägsgatan 39, Tel. 042 145850. Zentrale Lage in Bahnhofsnähe.

STF Vandrarhem, Planetringsvägen 71, Tel. 042 131130. Etwas außerhalb im Vorort Miatorp gelegen.

Kfum-Nyckelbo, Scoutstigen 4, Tel. 042 92005, Fax 042 91050. 7 km nördlich des Zentrums in der Nähe von Sofiero Slott.

UMGEBUNG VON HELSINGBORG

110 Sofiero Slott ★

Das Sommerschloss von König *Oscar II.* erbaute dieser 1865. 1905 schenkte der König seinem ältesten Enkel Prinz *Gustav Adolf* das Schloss zur Hochzeit. Bekannt ist Sofiero vor allem wegen seines großen **Parks, in dem 10.000 Rhododendronsträucher** wachsen. Während deren Blüte im Mai und Juni sollte man das Schloss daher unbedingt besuchen. Im Schlossgebäude befindet sich ein hochklassiges Restaurant mit exquisiter Küche (vgl. dazu „Essen und Nachtleben in Helsingborg").

› Am Ortsausgang Helsingborg in Richtung Norden/Kullenhalbinsel, www.sofiero.helsingborg.se, Tel. 042 137400, Park: Mai–Aug. tgl. 10–18, April, Sept. tgl. 11–17, Schloss: April–Sept. tgl. 11–17 Uhr, Eintritt: 90 SEK (Park und Schloss) bzw. 70 SEK (nur Park), Kinder bis 16 Jahre 20 SEK

111 Schloss Gunnarstorp ★

Östlich von Helsingborg, in der Nähe der Gemeinde Åstorp, liegt Schloss Gunnarstorp, das 1865–1878 im Stil der holländischen Renaissance erbaut wurde. Heute befindet es sich im Privatbesitz und kann nicht besichtigt werden, der sehr schöne Park ist aber für die Öffentlichkeit zugänglich. Hier war übrigens auch *Carl von Linné* während seiner berühmten Reise durch Schonen im Jahr 1748 zu Gast.

› www.wramsgunnarstorp.com

112 Kullaberg ★★★

Nördlich von Helsingborg gelegen, ragt die Landspitze Kullaberg wie ein ausgestreckter Zeigefinger ins Meer.

Die höchste Erhebung der Halbinsel ist der Högkull (188 m). Auf der äußersten Landspitze steht – 78,50 m über dem Meeresspiegel – **Nordeuropas höchstgelegener Leuchtturm.**

Die unter Naturschutz stehende Halbinsel ist ein **beliebtes Ausflugsziel** für alle, die Spaziergänge in der Natur unternehmen, im Wald nach Pilzen suchen oder einfach die herrliche Aussicht genießen wollen. Am Rand des Naturschutzgebietes liegt das kleine Dorf **Mölle**, in dem man den Ausflug in die Natur gemütlich mit einem Imbiss am Meer ausklingen lassen kann.

113 Söderåsen Nationalpark ★★

Der Nationalpark ist zumindest für südschwedische Verhältnisse richtig hügelig und wird von einem tiefen Tal durchzogen. Beschilderte Wege durchziehen den Park, den man wegen seiner geringen Größe an einem einzigen Tag leicht durchwandern kann. An mehreren Stellen sind Rastplätze und Feuerstellen eingerichtet. Zelten darf man nur an ausgewiesenen Plätzen.

- **Lage:** 30 km östlich von Helsingborg, Hauptzugang zum Park bei Skäralid (dort auch Informationszentrum und Café), weiterer Parkzugang bei Röstånga
- **Informationen:** www.nationalpark-soderasen.lst.se (auch auf Deutsch)

▲ *Mölle auf der Halbinsel Kullaberg*

ESSEN UND WOHNEN IN MALMÖS UMGEBUNG

Anno 1793 Sekelgården, Ystad, Långgatan 18, www.sekelgarden.se, Tel. 0411 73900. Das Hotel ist in einem alten Handelshof aus Fachwerk untergebracht, der 1793 erbaut wurde – der Name legt es nahe. Von der schwedischen Zeitschrift *Gourmet* wurde das Haus als eines der romantischsten Hotels des Landes ausgewählt. Jedes der 18 Zimmer (DZ 900–1000 SEK) ist individuell eingerichtet.
Direkt nebenan im selben Gebäude befindet sich das **Restaurant Bryggeriet.** Zu essen bekommt man hier Steaks und zu trinken selbstgebrautes Bier aus der eigenen Mikrobrauerei. Übrigens: Das Anno 1793 Sekelgården spielt auch in einigen Büchern *Henning Mankells* eine Rolle.

Anderslövs Gästgivaregård, Anderslöv, Landsvägen 49, Tel. 0410 21200, www.gastgivaregarden.nu. Anderslövs Gästgivaregård liegt an der alten Landstraße zwischen Ystad und Malmö etwa 10 km nordöstlich von Trelleborg. In dem Haus mit langer Tradition – hier werden Gäste schon seit dem 16. Jahrhundert bewirtet – wird traditionell südschwedische Küche präsentiert. Hauptgerichte kosten um 200 SEK. Außerdem kann man in einem der sieben DZ für 800–900 SEK übernachten.

Hotell Dannegarden, Trelleborg, Strandgatan 32, www.dannegarden.se, Tel. 0410 48180. Sehr stimmungsvolles Stadthotel in einer Patriziervilla, in der einst eine reiche Reederfamilie wohnte. DZ um 1500 SEK, im Sommer, wenn wegen der ausbleibenden Geschäftsreisenden Nebensaison ist, deutlich billiger. Dann bekommt man ein DZ auch für unter 1000 SEK.
Auch das hoteleigene **Restaurant** bietet Hochklassiges und kann auf mehrere Auszeichnungen verweisen. Mit frischen Rohwaren pflegt man vor allem die schonische und schwedische Küche. Etwas ganz Besonderes bietet das Restaurant außerdem: Hier kann man vom ältesten Whiskey der Welt aus dem Jahre 1919 kosten. Wer das tun will, sollte aber das nötige Kleingeld mitbringen: 500 € – für den Deziliter.

Skanörs Gästgivaregård, Skanör, Mellangatan 13, www.skanorsgastis.se, Tel. 040 475690, Mo.–Sa. 17–22, So. 13–20 Uhr. Der Gasthof mit dem eigenen Gänse-Zebrastreifen. In ganz Schonen ist das Wirtshaus für seine zeternden Glücksbringer bekannt, die im Sommer auch mehrmals täglich ihre „Vorstellung“ geben. Die Küche bietet Einheimisches zu Preisen ab 200 SEK fürs Hauptgericht. Wem es so gut schmeckt, dass er länger bleiben möchte, der kann in einem der fünf DZ (um 1250 SEK) nächtigen.

Smygehus, Smygehamn, Kustvägen, Tel. 0410 50300, Fax 0410 29343, www.smygehus.se. Das gepflegte kleine Hotel liegt nur 50 m vom Meer entfernt und beherbergt ein sehr gutes Restaurant. Ein DZ gibt es ab 1200 SEK, ab 1800 SEK kann man auch ein ganzes Ferienhaus mieten.

Österlens Gästhärbärge, Trumlevägen 7, Glemmingebro, Tel. 0411 522880, www.ost-gast.com, geöffnet von April bis Oktober. Eine Art Jugendherberge für Erwachsene: 30 saubere Zimmer, Kochgelegenheit und vor allem eine entspannte Atmosphäre werden hier geboten. Der französische Eigentümer lebt zusammen mit seiner deutschen Frau einen Teil des Jahres in Berlin und deswegen kann man sich mit ihm auch auf Deutsch unterhalten. Das gute Frühstück nimmt es mit dem jedes Hotels locker auf. Österlens Gästhärbärge liegt für Besucher der Region ideal: genau zwischen Ystad 92 und der Steinsetzung von Ales stenar 93. Das DZ kostet etwa 500 SEK.

PRAKTISCHE REISETIPPS SCHWEDEN

ALLEMANSRÄTTEN – JEDERMANNSRECHT

Das schwedische Jedermannsrecht *(allemansrätten)* gestattet jedem, sich **frei in der Natur zu bewegen.** Eingefriedetes Gelände darf durchquert werden, wenn sichergestellt ist, dass die Umzäunung nicht beschädigt wird. Tore und Gatter müssen stets sorgfältig geschlossen werden, sodass kein Vieh entlaufen kann. Zäune von Hausgrundstücken dürfen aber keinesfalls überklettert werden!

Campen ist außerhalb der Sichtweite von bewohnten Häusern für eine Nacht erlaubt, Gruppen benötigen dafür jedoch in jedem Fall die Erlaubnis des Grundeigentümers! Will man in der Nähe eines Hauses zelten oder länger als eine Nacht an einem Standort bleiben, muss ebenfalls die Erlaubnis des Eigentümers eingeholt werden. Und: Für das Zelten in größeren Gruppen mit mehreren Zelten ist immer die Erlaubnis des Grundbesitzers erforderlich.

Besondere Rücksichtnahme ist beim **Campen mit Wohnwagen oder Wohnmobil** geboten, denn das ist nur am Rande von Straßen erlaubt – und dort auch nur, wenn man damit gegen keine Verkehrsvorschrift verstößt und den Verkehr nicht behindert. Das Abstellen auf Privatgelände ist strengstens verboten.

Wenn man will, darf man auch **wilde Blumen und Beeren pflücken,** Pilze sammeln und herabgefallene Zweige und Reisig auflesen. Nicht gepflückt werden dürfen natürlich alle unter Naturschutz stehenden Pflanzen.

Wichtig für **Hundebesitzer:** Ihr Liebling darf Sie überall in der Natur begleiten, allerdings herrscht vom 1. März bis zum 20. August Leinenzwang.

Leider wird das Jedermannsrecht, gerade von deutschen Touristen, **oft missbraucht.** Abfälle werden zurückgelassen, die chemische Toilette vom Wohnmobil wird im Wald entsorgt, seltene Pflanzen als „Souvenir" gepflückt usw. In den 1990er Jahren wurde deshalb im Schwedischen Reichstag bereits über die Abschaffung des Jedermannsrechts debattiert und immer wieder wendet sich der Schwedische Touristenverband mit der Bitte an die deutsche Presse, Schwedenbesucher zu mehr Disziplin bei der Ausübung des Jedermannsrechts zu ermahnen. Einige schwedische Kommunen sind inzwischen dazu übergegangen, das wilde Campen und das Abstellen von Wohnmobilen auf Rastplätzen über Nacht zu verbieten.

Über die Regelungen des Allemansrätten kann man sich ausführlich auf der Internetseite des Naturvårdsverket im Internet informieren:

› www.naturvardsverket.se/allemansratten

ANREISE

Die Antwort auf die Frage, wie man am besten nach Schweden kommt, hängt natürlich vom eigenen Wohnort ab. Einerseits ist die Anfahrt **über Dänemark via Öresundbrücke** möglich, andererseits kann man **mit der Fähre** von verschiedenen deutschen Ostseehäfen an die schwedische Südküste übersetzen. Die Anreise erfolgt im zweiten Fall mit TT-Line (www.ttline.com) und Scandlines (www.scandlines.de) von Rostock nach Trelleborg (Preis für Überfahrt mit Pkw

DER SCHWEDISCHE FESTTAGSKALENDER

Viele Feste, die in Schweden gefeiert werden, werden auch in Mitteleuropa begangen. Einige jedoch sind typisch schwedisch oder zumindest auf den skandinavischen Raum beschränkt.

Das ***neue Jahr*** *wird in Schweden auf ruhigere Art und Weise begrüßt als in Deutschland. Ausgelassene Partys und Trinkgelage sind die Ausnahme, meist begeht man den Tag im Kreise der Familie. Die* ***Fastenzeit*** *ist im protestantischen Schweden ein unbekanntes Phänomen. Seit der Reformation wird zwar nicht mehr gefastet, die traditionellen katholischen Fresstage vor der Fastenzeit hat man aber beibehalten. Besonders beliebt ist in dieser Zeit die „semla", ein Milchbrötchen, das mit Marzipan und Schlagsahne gefüllt wird. Früher gab es diese Spezialität nur in der Woche vor Beginn der Fastenzeit. Heute sind die „semlor" bei jedem Konditor von Neujahr bis Ostern zu haben.*

Karneval oder Fasching gibt es in Schweden nicht. Zumindest die Kinder dürfen sich aber am ***Gründonnerstag*** *verkleiden. Sie laufen dann in Altweiber- und Hexenkostümen herum und erinnern damit an den Flug der Hexen nach Blåskulla, wo diese am Gründonnerstag mit dem Teufel zu einem Tänzchen zusammentreffen. Abgesehen von der Maskerade der Kinder wird das* ***Osterfest*** *in einer besinnlichen und ruhigen Atmosphäre gefeiert. Bis vor wenigen Jahren noch waren am Karfreitag die Kinos in der Hauptstadt geschlossen. Eier und Palmzweige spielen zu Ostern eine genauso wichtige Rolle wie in Deutschland.*

Der ***30. April, der Valborgsmässoafton,*** *ist der Tag der Studenten. In allen Universitätsstädten, vor allem aber in Uppsala, wird an diesem Tag ausgiebig gefeiert. Gegenwärtige und ehemalige Studenten setzen ihre weißen Studentenmützen auf und ziehen durch die Straßen der Stadt. Das Wichtigste an diesem Tag sind aber wahrscheinlich die feuchtfröhlichen Feste, die sich an die offiziellen Feierlichkeiten anschließen. Der* ***1. Mai*** *ist auch in Schweden der Feiertag der Arbeiterbewegung. Er wird von den meisten Familien zu einem Ausflug in die inzwischen erwachte Frühlingsnatur genutzt – vorausgesetzt der Kater vom Vortag macht einem keinen Strich durch die Rechnung.*

Christi Himmelfahrt *ist für die meisten Schweden ein wichtiger Tag – allerdings aus ganz unterschiedlichen Gründen. Für einige (wenige) steht das kirchliche Fest im Vordergrund. Für sie bestimmt der Gottesdienstbesuch den Tag. Für die meisten Familien ist Christi Himmelfahrt aber ein Ausflugstag, an dem man sich mit dem Picknickkorb bewaffnet auf den Weg ins Grüne macht. Allerdings soll es an diesem Tag in vielen Familien schon zu heftigen Streitereien gekommen sein, denn an Christi Himmelfahrt beginnt in Schweden die Angelsaison. Passionierte Petrijünger (und das sind die meisten schwedischen Männer) können sich dann nur schwer zwischen ihrer Familie und dem ersten großen Fang des Jahres entscheiden.* ***Pfingsten*** *ist ebenfalls ein Fest, das man vor allem in der Natur verbringt. Den* ***Nationalfeiertag am 6. Juni*** *übersieht man dagegen leicht. Seit Kurzem ist er zwar* *arbeitsfrei, aber außer der Tatsache, dass man vor dem Haus die Fahne hochzieht, wird er nicht weiter gefeiert.*

Bis in die frühen Morgenstunden gefeiert wird dagegen an ***Mittsommer.*** *Früher fand dieses Fest immer am 24. Juni statt. Seit 1950 wurde es auf das erste Wochenende nach dem 24. Juni verlegt, einen zusätzlichen arbeitsfreien Tag haben die Schweden seitdem nicht mehr. Der Feiertagsstimmung hat die Verlegung aber keinen Abbruch getan. Am Morgen des Mittsommertages werden Haus und Hof mit Blumen und Zweigen geschmückt. Auf dem Land wird die majstång, ein reich geschmückter Baumstamm, aufgestellt. Die majstång hat übrigens, obwohl immer wieder fälschlich so übersetzt, nichts mit unserem Maibaum gemein. Ihren Namen hat sie nicht nach dem Monat Mai bekommen, sondern von dem schwedischen Wort majen, was soviel bedeutet wie „winden" oder „herumbinden". Nichts anderes tut man nämlich mit den Zweigen und Blumen, mit denen die majstång geschmückt wird.*

Am Abend wird dann endlich ***zum Tanz aufgespielt.*** *Alle fassen sich an den Händen und hopsen mehr oder weniger geschickt um den geschmückten Baum. Bald aber löst sich der Reigen auf und es wird paarweise auf dem Tanzboden weitergemacht. Wer zwischendurch Stärkung braucht, für den steht das traditionelle Mittsommergericht matjesill, eine Art marinierter Hering in süßer Soße, bereit. Dazu werden Kartoffeln mit Dill gereicht und als Nachspeise kommen Erdbeeren mit Schlagsahne auf den Tisch.*

Besonders wichtig ist die Mittsommernacht für noch ***ledige Mädchen,*** *die herausfinden wollen, wen sie später einmal heiraten werden. Sie müssen auf neun verschiedenen Wiesen neun verschiedene Blumen pflücken und das Sträußchen dann unter ihr Kopfkissen legen. Am nächsten Morgen, wenn sie sich nach dem Fest erschöpft ins Bett legen, erscheint ihnen dann ihr Traumprinz im Schlaf. Auch dafür, warum das Ganze eigentlich nie funktioniert, gibt es eine Erklärung. Die Blumen können ihre wundersame Kraft nämlich nur entfalten, wenn das wissensdurstige Mädchen nicht spricht. Wer kann in einer solchen Feststimmung schon die ganze Nacht hindurch sein Schweigen wahren?*

Der Umstand, dass sich trotzdem viele Liebespaare gerade an Mittsommer finden, dürfte einen anderen Grund haben. An diesem Tag wird nicht nur gut gegessen, sondern ebenso gut getrunken und dann kann schon einiges passieren ...

Aber gehen wir weiter zum nächsten Fest. Während man Mittsommer in den Nachbarländern Finnland und Norwegen ebenso heftig feiert, ist die ***kräftpremiären*** *etwas, das es nur in Schweden gibt. Die „Krebspremiere", die in der zweiten Augustwoche stattfindet, ist ein sehr junges Fest. Früher durften das ganze Jahr über Krebse gefangen werden und deshalb war die kleine Delikatesse das ganze Jahr über auf dem Speisezettel zu finden. Als zu Beginn des 20. Jahrhunderts der Krebsfang bis Mitte August verboten wurde, begann man, die ersten Fangtage ausgiebig zu feiern. Diese Tradition setzte sich bis in*

SCHWEDISCHER FESTTAGSKALENDER (FORTS.)

unsere Tage hinein fort. Man setzt sich ein dreieckiges Papierhütchen auf den Kopf, bindet sich eine besonders große Serviette um den Hals und macht sich dann im Freundeskreis über die kleinen Meerestierchen her. Wer es besonders stimmungsvoll mag, hängt noch ein paar Lampions auf – die Krebssaison ist eröffnet! Allerdings kommen heute die Krebse meist nicht aus schwedischen Gewässern, sondern werden aus der Türkei und den USA importiert.

Was den Süd- und Mittelschweden ihre Krebspremiere, ist den Nordschweden ihre ***surströmmingpremiären.*** *Was das ist? Surströmming ist in Dosen zum Gären gebrachter, gewürzter Ostseehering, der halbverfault vor sich hinstinkt und streng genommen völlig ungenießbar ist. Trotzdem greifen am dritten Donnerstag im August immer wieder mutige Männer und Frauen zum Dosenöffner und machen sich über die von den Gärungsgasen verformte Dose her. Danach greifen sie todesmutig den Fisch, wickeln ihn in Fladenbrot ein und schlingen dies herunter. Aus guten Gründen wird zu surströmming bervorzugt Schnaps getrunken.*

Am ***11. November, am Martinstag,*** *dem Gedenktag für Martin Luther, steht ein anderes Tier im Mittelpunkt des Feiertagslebens. Auf den meisten schwedischen Esstischen landet an diesem Tag die sogenannte Martinsgans. Traditionsbewusste Haushalte servieren als Vorspeise* ***svartsoppa,*** *eine Suppe aus Gänseblut. Wer dann zum Essen eingeladen ist, kann alternativ eine Autopanne vortäuschen, verspätet zum Festessen erscheinen und auf diese Weise die Vorspeise umgehen.*

Am 13. Dezember feiert man das ***Luciafest.*** *An diesem Tag begegnen einem überall in Schweden Mädchen in langen weißen Gewändern mit einem Kerzenkranz auf dem Kopf. Jeder Verein, jede Schule und jeder Betrieb – alle haben sie ihre eigene Lucia, die an diesem Tag Kaffee und Pfefferkuchen serviert.*

Weihnachten *ist wie überall in Europa ein Fest der Besinnung – und des Essens. Nur wenige Familien tun sich an diesem Tag noch den* ***lutfisk,*** *eine Art gekochter Stockfisch, an. Beliebter ist da schon der Weihnachtsschinken, oft wird auch ein großes Weihnachtsmörgåsbord, ein traditionelles schwedisches Buffet, aufgebaut. Die Geschenke bringt hier der* ***tomte,*** *die schwedische Form unseres Weihnachtsmannes. Der erste Weihnachtsfeiertag gehört ganz der Familie und der Verdauung. Dann jedoch ist man wieder bereit zu neuen Taten und macht sich am 2. Weihnachtstag auf den Weg, um Freunde und Bekannte zu besuchen.*

und allen Insassen um 110 €). Scandlines verkehrt zusätzlich zwischen Sassnitz und Trelleborg, TT-Line zwischen Travemünde und Trelleborg. Für alle Verbindungen gilt, dass drei bis fünf Abfahrten täglich stattfinden.

Wer über Kiel anreisen will, kann dies mit der Stena Line tun, die von hier einmal täglich nach Göteborg fährt (www.stenaline.com).

Mit dem **Nachtzug** erreicht man von Berlin aus Malmö (Abfahrt 23.25 Uhr, Ankunft 8.01 Uhr). Obwohl die Strecke nicht von der Deutschen Bahn betrieben wird, kann man die Tickets auch an deren Schaltern bekommen. Der Preis im Liegewagen beträgt etwa 90 €, im Zwei-Bett-Schlafwagen 125 € (www.berlin-night-express.com).

AUTOFAHREN

Wer die harten deutschen Autobahnsitten gewohnt ist, wird Autofahren in Schweden schon bald als **reinste Entspannung** empfinden. Überall begegnet man rücksichtsvollen Verkehrsteilnehmern, die ohne Stress ihrem Ziel entgegensteuern. Zwischen den deutschen und **schwedischen Verkehrsregeln** gibt es ein paar Unterschiede. **(Abblend-) Licht ist Pflicht** – und zwar jeden Tag und zu jeder Stunde. Und: Langsam heißt die Devise. Die zulässige **Höchstgeschwindigkeit** außerhalb geschlossener Ortschaften liegt zwischen 70 und 90 km/h, auf Autobahnen darf man zwischen 90 und 110 km/h schnell fahren. Wohnwagengespanne dürfen nie schneller als 80 km/h fahren. Die schwedische Polizei führt häufig Geschwindigkeitskontrollen durch und die Strafen für Geschwindigkeitsüberschreitungen sind empfindlich.

MIT DEM ZUG UM DEN ÖRESUND

Entdeckungsreisen ohne Auto sind in der Öresundregion ganz einfach, denn mit dem ***„Öresund rundt"-Ticket*** *kann man zwei Tage lang zum Preis von 199 SEK bzw. 249 SEK nahezu alle Züge in der Region links und rechts des Öresunds benutzen. Auch auf der Fähre zwischen Helsingør und Helsingborg ist das Ticket gültig. In welcher Richtung man sich auf die Reise macht, ist egal – sie muss, einmal gewählt, dann allerdings beibehalten werden. Darüber hinaus gewährt das Ticket Rabatte bei zahlreichen Attraktionen, darunter u. a. dem Tivoli, dem Planetarium in Kopenhagen und dem Kunstmuseum Louisiana.*

Erhältlich ist die Fahrkarte in Dänemark nur am Kopenhagener Hauptbahnhof und am DSB-Schalter des Flughafens Kopenhagen, in Schweden dagegen an allen größeren Bahnhöfen entlang der Strecke, so auch im Hauptbahnhof Malmö.

› *www.skanetrafiken.se*

Wer mit **Alkohol am Steuer** erwischt wird, für den ist der Urlaub (zumindest mit dem Auto) definitiv zu Ende, den Führerschein ist man dann für einige Monate los. Schon ein einziges Glas Wein genügt, um die erlaubte 0,2-Promille-Grenze zu überschreiten!

ALS BEHINDERTER UNTERWEGS

Schweden ist ein **ideales Reiseziel für behinderte Menschen.** Hotels und Restaurants sind in den meisten Fällen auf den Besuch von Rollstuhlfahrern eingerichtet. Und auch die öffentlichen Verkehrsmittel sind behindertenfreundlicher, als man dies von zu Hause gewohnt ist. Generell ist schon jetzt die **Akzeptanz behinderter Mitbürger** in der Öffentlichkeit deutlich höher als in Deutschland. Und es wird noch besser: Das schwedische Parlament hat beschlossen, dass bis 2010 jedes öffentlich zugängliche Gebäude behindertengerechte Zugänge haben muss. Einen **speziellen Führer** für behinderte Reisende (nur auf Schwedisch) veröffentlicht:

- **Handikappturism,** Tennisvägen 21, SE-15159 Södertälje, Tel. +46 (0)8 55064130, Fax 55087424
- **Weitere Informationen:** De Handikappades Riksförbund, Katrinebergsvägen 6, SE-11743 Stockholm, Tel. + 46 (0)8 189100, Fax 6456541, www.dhr.se

GELDFRAGEN

In Schweden gilt weiterhin die **Schwedische Krone** (Abkürzung: SEK). Im Umlauf sind Banknoten zu 1000, 500, 100, 50 und 20 Kronen und Münzen zu 10, 5 und 1 Krone sowie zu 50 Øre.

Mit Maestro-, Master-, Cirrus-, Spar- und Visacard kann man an nahezu allen Geldautomaten rund um die Uhr Geld abheben. Kreditkarten und Reiseschecks werden von allen Geldinstituten sowie vielen Hotels, Restaurants und Geschäften akzeptiert. Maestro-Karten sind als Zahlungsmittel jedoch nicht anerkannt. Bei einigen großen Ketten kann man auch in Euro bezahlen. Die **Banken** sind von 9.30 bis 15 Uhr, donnerstags bis 17 Uhr geöffnet.

- **Wechselkurs** (Juli 2007): 1 € = 9,16 SEK, 1 SEK = 0,11 €

FEST- UND FEIERTAGE

Folgende Tage sind in Schweden **Feiertage**, an denen auch die Geschäfte geschlossen bleiben: Neujahr, Heilige Drei Könige, Karfreitag, Ostermontag, Tag der Arbeit, Himmelfahrt, Mittsommer, Allerheiligen, Heiligabend, 1. und 2. Weihnachtsfeiertag und Silvester. Seit 2005 ist der schwedische Nationalfeiertag am 6. Juni ein Feiertag, dafür ist Pfingstmontag nicht mehr arbeitsfrei.

Die **Sommerferien** beginnen in Schweden Anfang/Mitte Juni und enden Ende August. Die meisten Betriebe sind den ganzen Juli über geschlossen und dann verschwinden alle aufs Land – **Schweden ist im Juli geschlossen** (gilt selbstverständlich nicht für das touristische Gewerbe). Wenn überhaupt, so kann man dann in den Betrieben und Behörden nur eine Notbesetzung vorfinden.

HAUSTIERE

Bei der Mitnahme von Hunden oder Katzen nach Schweden muss man Folgendes beachten:

- **ID-Kennzeichnung** mit Mikrochip oder durch Tätowierung
- **Tollwutimpfung**
- **Antikörpertest** frühestens 120 und spätestens ein Jahr nach der letzten Tollwutimpfung
- **Entwurmung** auf Zwergbandwurm frühestens 10 Tage vor der Einreise
- **Dokumentation** der durchgeführten Maßnahmen in einem Impfpass

Da sich die Vorschriften häufig ändern, sollte man sich vor Beginn der Reise auf der Webseite des Schwedischen Zentralamtes für Landwirtschaft informieren:

- www.sjv.se

INFORMATIONSSTELLEN

Fragen zu Schweden bekommt man vom Tourismusbüro VisitSweden unter der Tel. 069 22223496 beantwortet. Aus Österreich wählt man Tel. 0192 86702 und aus der Schweiz Tel. 044 5806294. Schriftliche Anfragen müssen direkt nach Schweden gerichtet werden:

- **VisitSweden,** Stortorget 3, SE-83130 Östersund, Fax +46 63128137, E-Mail: germany@visitsweden.com, austria@visitsweden.com, switzerland@visitsweden.com, www.visit-sweden.com (dort kann man auch Broschüren bestellen)

Über Schonen bzw. Skåne informiert das Tourismusbüro der Region:

- **Position Skåne,** Stortorget 9, SE-21122 Malmö, Tel. +46 (0)40 209600, www.skane.com

MEDIZINISCHE VERSORGUNG

Im Falle einer Erkrankung während des Schwedenurlaubs hat man das Recht auf die gleiche **Notfallbehandlung** wie jeder Schwede. Bei einem akuten Notfall ist die Notaufnahme (swe. *akuttmottagning)* der Krankenhäuser zuständig. Man kann sich jedoch auch in einem Gesundheitszentrum *(vårdcentral)* oder von einem Arzt behandeln lassen. Wie jeder Schwede auch muss man dort je nach Behandlung zwischen 150 SEK und 280 SEK **Eigenanteil** bezahlen. Medikamente erhält man auf Rezept bei jeder Apotheke *(apotek).* Auch hier wird eine Eigenbeteiligung fällig.

Der Gang zum **Zahnarzt** *(tandläkare)* kann dagegen teuer werden, denn dann müssen bis zu 70 % der entstandenen Kosten selbst getragen werden.

Das Gesagte gilt übrigens nur für Bürger der EU, für Touristen aus der Schweiz kann ein Arztbesuch in Schweden sehr teuer werden. Für sie lohnt sich auf jeden Fall der Abschluss einer **Auslandskrankenversicherung.** Deutsche und österreichische Reisende erhalten von einer solchen Versicherung meist den geleisteten Eigenanteil zurückerstattet. Ob man dafür eine hohe Versicherungsprämie zahlen will, muss jeder für sich selbst entscheiden.

NOTFALL

Sowohl Polizei als auch Feuerwehr erreicht man unter der **Notfallnummer Tel. 112.**

ÖFFNUNGSZEITEN

Staatlich festgelegte Öffnungszeiten gibt es in Schweden nicht. Geschäfte sind im Allgemeinen werktags von 9 bis 18 Uhr, samstags von 9 bis 14 oder 16 Uhr geöffnet. Die großen **Supermärkte und Warenhäuser** haben bis 20 Uhr, manchmal sogar bis 22 Uhr geöffnet, viele von ihnen sogar am Sonntag zwischen 12 und 16 Uhr. **Banken** haben montags bis freitags von 9.30 bis 15 Uhr geöffnet, am Donnerstag bis 18 Uhr.

Die **Rückerstattung der Mehrwertsteuer (Tax Free)** ist für Bürger aus Nicht-EU-Staaten wie beispielsweise der Schweiz möglich.

POST

Postämter sind in der Regel werktags 9–18 Uhr und samstags 9–13 Uhr geöffnet. Das normale **Porto** für einen Brief oder eine Postkarte innerhalb Europas beträgt

10 SEK. Briefmarken *(frimärken)* kann man meist zusammen mit den Postkarten in den Souvenirgeschäften kaufen.

SPORT UND ERHOLUNG

Golf

In Schweden mag vieles teurer sein als in Deutschland, Golfspielen ist es definitiv nicht. Da im Drei-Kronen-Reich Golf ein **Volkssport** ist, den nicht nur Manager und Chefärzte spielen, sondern auch Rentner, Studenten und Hausfrauen, ist die Atmosphäre auf schwedischen Plätzen viel entspannter als hierzulande.

› **Weitere Informationen:** Svenska Golfförbundet, Box 84, Kevingestrand 20, SE-18211 Danderyd, http://sgf.golf.se

Radfahren

Schweden im Allgemeinen und Südschweden im Speziellen sind **ideal für Fahrradurlaube.** Vielfach gibt es ausgezeichnete Fahrradwege, aber auch die wenig befahrenen Nebenstraßen eignen sich gut für Radtouren. In allen größeren Städten kann man Räder ausleihen.

Von der Tourismusbüro Position Skåne (vgl. „Informationsquellen") erhält man eine kostenlose **Broschüre** zum Thema „Radeln in Skåne", in der die besten Touren durch Schonen aufgeführt sind. Wer etwas Schwedisch versteht, findet auf der Homepage der Schwedischen Fahrradvereinigung gute Tipps für Fahrradtouren im ganzen Land:

› www.svenska-cykelsallskapet.se

Reiten

Speziell in Skåne gibt es ausgezeichnete Möglichkeiten für Reiterurlaube. Informationen über Veranstalter von Reiterferien erhält man auf der sehr guten Website von Sveriges Ridlägerarrangörers Riksförbund (leider nur auf Schwedisch):

› www.ridlager.org

072kh Abb.: rk

Wandern

Sicherlich bieten Mittel- und Nordschweden spektakulärere Wandergebiete als die ruhige Region um den Öresund. Nichtsdestotrotz kann man auch dort einige sehr schöne Touren unternehmen. Der Wanderweg **Skåneleden** führt über 950 km kreuz und quer durch die südschwedische Provinz.

› www.skaneleden.se (Seite auch auf Deutsch)

SPRACHE

Schwedisch ist eine nordgermanische Sprache und wird heute von etwa neun Millionen Menschen gesprochen. Außer in Schweden selbst spricht man auch noch in Teilen Finnlands Schwedisch. Auffallend bei der **Aussprache** ist der „musikalische Akzent" der Sprache: ein für Ausländer ungewohntes Auf und Ab in der Sprachmelodie. Die **Grammatik** der Sprache ist relativ einfach. Es gibt z. B. – mit Ausnahme des Genitiv-s – keine verschiedenen Kasusendungen und bei den Verben kommen keine Personalendungen vor.

LITERATURTIPP

Schwedisch – Wort für Wort

Der Sprechführer aus der Reihe Kauderwelsch orientiert sich am Reisealltag und vermittelt ohne lästiges Büffeln das nötige Rüstzeug, um schnell mit dem Sprechen beginnen zu können.

• wichtige Redewendungen • Wörterliste Schwedisch-Deutsch und Deutsch-Schwedisch • Wort-für-Wort-Übersetzung • Aussprachehilfe • einfacher Einstieg in die Grammatik • Verhaltenstipps …

REISE KNOW-HOW Verlag, Bielefeld

EXTRATIPP

Einige Hinweise zur Aussprache

› å wird ähnlich dem deutschen o ausgesprochen
› u wie ü
› v wie w
› g vor e, i ,y, ä ,ö wie j

Das schwedische **Vokabular** weist Ähnlichkeiten mit dem Deutschen und Englischen auf. Wer diese beiden Sprachen spricht, etwas Fantasie hat und gerne knobelt, kann auch ohne Vorkenntnisse schon einiges in einer schwedischen Tageszeitung entziffern. Hört man einen Schweden sprechen, wird man aber zunächst nur wenig verstehen. Die Aussprache und deren Verstehen verlangt viel Übung. Aber ein Trost bleibt: In keinem Land Europas sprechen so viele Menschen so gut **Englisch** wie in Schweden.

TELEFONIEREN

Die meisten Telefonzellen in Schweden sind **Kartentelefone.** Dies ist besonders bei Auslandsgesprächen sehr angenehm, da das ewige Nachwerfen von Münzen entfällt. Telefonkarten gibt es für 25, 50 und 100 Einheiten. Erhältlich sind die Karten bei Zeitungskiosken, Touristenbüros und Geschäften in der Nähe der entsprechenden Telefonzellen. Die jeweils nächste Verkaufsstelle ist in den Zellen angegeben. Öffentliche Telefone, die Kreditkarten akzeptieren, sind mit „CCC" gekennzeichnet.

Seit 1993 besteht die Möglichkeit eines sogenannten **„Country Direct Calls"** nach Deutschland. Dafür ruft man in Schweden zunächst unter der Nummer Tel. 020 799049 (kostet eine Einheit) eine deutschsprachige Telefonvermittlung an, die einen dann mit dem gewünschten Gesprächspartner verbindet. Die Gesprächskosten muss in diesem Fall der Angerufene übernehmen. Der Vorteil liegt auf der Hand: Langzeittelefongespräche sind auch ohne Vorbereitungen (Telefonkarten usw.) möglich.

- **Telefonat nach Schweden:** Auslandsvorwahl mit Landeskennziffer 0046 + Ortsvorwahl unter Weglassung der 0 + Teilnehmernummer
- **Telefonat von Schweden:** 009 49 (nach Deutschland), 009 43 (nach Österreich) und 009 41 (in die Schweiz) + Ortsvorwahl unter Weglassung der 0 + Teilnehmernummer

VERHALTENSTIPPS

Die wichtigste Regel für einen Schwedenurlaub ist einfach umgesetzt: **Seien Sie freundlich.** Denn Freundlichkeit ist Trumpf in Schweden. Man bedankt sich für alles ... wirklich für alles! Selbst derjenige, der jemandem etwas gibt, bedankt sich dafür, dass es der andere annimmt. Das wichtigste schwedische Wort, das jeder Tourist beherrschen muss, heißt deswegen auch simpel „tack" – „Danke". Freundlich sind in Schweden sogar Menschen, die hierzulande scheinbar von Berufs wegen unfreundlich sein müssen. Busfahrer zum Beispiel: „Tack", wird der Busfahrer sagen, wenn man ihm das Geld für ein Ticket gibt, „tack-tack", sollte man dann antworten und wahrscheinlich beendet der Herr hinter dem Steuer schließlich das Gespräch mit einem weiteren „tack". Denn schließlich muss er sich ja dafür bedanken, dass man sich bei ihm bedankt hat.

Allerdings: Freundlichkeit wird nicht mit Förmlichkeit verwechselt. In Schweden **wird jeder geduzt** – egal ob Nachbar oder Ministerpräsident. Einzige Ausnahme sind Mitglieder des Königshauses, aber denen werden Sie wahrscheinlich kaum begegnen. Das führt dazu, dass viele Schweden, die Deutsch sprechen, ihren Gesprächspartner auch in der Fremdsprache duzen. Das hat nichts mit ungebührlicher Distanzüberschreitung zu tun, sondern beruht lediglich auf unterschiedlichen Sprachgewohnheiten. Wenn Sie bemerken, dass Sie von Ihrem Deutsch sprechenden schwedischen Gesprächspartner geduzt werden, steigen Sie einfach darauf ein, das erleichtert ihm und Ihnen die Kommunikation.

Bei aller Freundlichkeit – eine **Begrüßung mit Handschlag** ist in Schweden **unüblich.** Ins Fettnäpfchen werden sie mit einem festen Händedruck zwar nicht treten, sondern eher ein Lächeln für eine liebenswerte deutsche Spleenigkeit ernten. Für viele Schweden ist das „ewige Händeschütteln" nämlich eine typisch deutsche Eigenschaft.

Besonders für Besucher aus Österreicher ungewohnt: **Titel** tragen die Schweden nicht stolz vor sich her. Ein Dr. Johanson wird sich nie als solcher zu erkennen geben und seinen Titel vermutlich nicht einmal auf der Visitenkarte vermerkt haben. Dem sollte man sich anpassen: Eine neue Visitenkarte braucht man sich für den Schwedenbesuch zwar nicht anfertigen lassen, wer sich aber als Doktor Soundso oder als Herr Magister vorstellt, wird schnell als Angeber abgestempelt.

Wenn man von einer schwedischen Familie **zum Essen eingeladen** wird, sollte man **pünktlich** erscheinen. Bei Privateinladungen werden zur Not noch zehn Minuten Verspätung akzeptiert, bei Geschäftsessen sind Verspätungen absolut tabu. Nach Beendigung des Essens – das im Übrigen immer mit einer Tasse Kaffee abgeschlossen wird – bedankt man sich mit einem „tack för maten“ – „Danke für das Essen“. Beim Abschied ist dann ein ausgiebiges Dankeschön für die Einladung fällig. Aber das alles reicht immer noch nicht. Bei der nächsten Begegnung mit seinem Gastgeber bedankt man sich erneut mit einem: „tack för senast“ – „Danke für das letzte Mal“. Wenn man den Gastgeber auf absehbare Zeit wahrscheinlich nicht wieder trifft, bedankt man sich zwei oder drei Tage nach der Einladung telefonisch.

Apropos Besuch zu Hause: Wie im Osten Deutschlands ist es auch in Schweden üblich, beim Betreten der Wohnung die **Straßenschuhe auszuziehen.** Diese Tradition wird zwar in manchen Familien durchaus locker gehandhabt, doch als Gast sollte man zunächst einmal in die Knie gehen und die Schnürsenkel lösen – wenn der Gastgeber darauf keinen Wert legt, wird er einen dann schon darauf hinweisen.

Die Formlosigkeit gilt auch für die **Kleidung**, denn man kleidet sich leger. Allerdings verwechselt man in Schweden leger nicht mit geschmacklos. In Turnhose, farblich unpassendem T-Shirt und Badelatschen, der „Uniform“ vieler Südeuropareisenden, wird man einen Schweden nicht antreffen. Bei Geschäftstreffen kleidet man sich ohnehin konservativ und auch wenn sie abends ausgehen, werfen sich die Schweden gerne mal in Schale. Demzufolge sollte man als Tourist auch darauf gefasst sein, dass manches Lokal einen Dresscode hat und entsprechende Kleidung verlangt. Es ist jedoch egal, wie edel das Restaurant ist, in das man geht: **Trinkgeld** wird dort nicht erwartet.

Aber falls man **Alkohol** konsumiert hat, wird die Rechnung ohnehin hoch genug sein. Denn Hochprozentiges ist im Drei-Kronen-Reich astronomisch teuer. Wahrscheinlich ist es deshalb völlig unüblich, eine „Runde auszugeben“. Außerdem wird nicht in allen Lokalen Alkohol ausgeschenkt und auch im normalen Lebensmittelhandel bekommt man allenfalls Light-Bier. Alles, was einen Alkoholgehalt von mehr als 3,5 Vol.-% hat, wird nur in speziellen Alkoholgeschäften *(systembolaget)* verkauft. Und das auch nicht an jeden: Mindestens 20 Jahre alt muss man sein, bevor man sich alkoholischere Getränke genehmigen darf. In der Öffentlichkeit sollte man auf das Trinken von Alkohol verzichten, denn ansonsten gerät man leicht in den Ruf, Alkoholiker zu sein. Abschätzige Blicke der Vorbeigehenden sind einem dann sicher.

Man kann bei uns immer wieder lesen, wie locker und unverklemmt die Schweden doch seien. So weit, so richtig. In der deutschen Presse und von deutschen Touristen wird daraus aber oft der völlig unzulässige Schluss gezogen, dass **FKK-Baden** überall akzeptiert wird. Oben ohne ist in Ordnung, FKK aber definitiv nicht. Zwar sind die Schweden tolerant genug, auf splitternackte Touristen lediglich mit einem innerlichen Kopfschütteln zu reagieren, aber als peinlich empfunden wird es doch. FKK ist zwar möglich, aber bitte nur an offiziellen FKK-Stränden.

Zum Schluss noch ein Tipp gegen unnötiges Schlange stehen: Sie kommen beim Bäcker nicht dran, warten auf der Post ewig lang und beim Geldwechsel auf der Bank ziehen auch alle an Ihnen vorbei? Dann haben Sie wahrscheinlich noch nie etwas vom sog. **Nummerlapp** gehört. Wenn man einen Laden betritt, zieht man aus einem kleinen Kästchen einen Zettel, auf dem eine Nummer steht. Irgendwo im Raum hängt eine Anzeigetafel, auf dem jene Nummer angezeigt wird, die gerade bedient wird. Der Nummerlapp ist eine skandinavische Erfindung und verhindert, dass sich irgendein hinterhältiger Zeitgenosse an einer Schlange vorbei einfach nach vorne drängeln kann.

ZEITUNGEN, RADIO, FERNSEHEN

Die Schweden gehören zu den **eifrigsten Zeitungslesern weltweit.** Im Schnitt werden 4,3 Zeitungen auf 10 Einwohner verkauft. Die wichtigsten seriösen Tageszeitungen sind die liberale *Dagens Nyheter* (www.dn.se) und das eher konservative *Svenska Dagbladet* (www.svd.se). Beide werden zwar in Stockholm herausgegeben, sind aber landesweit erhältlich. Dasselbe gilt auch für die Boulevardblätter *Aftonbladet* (www.aftonbladet.se) und *Expressen* (www.expressen.se). Die größten lokalen Zeitungen in Südwestschweden sind *Ystads Allehanda, Trelleborgs Allehanda, Helsingborgs Dagblad* und *Sydsvenska Dagbladet.*

Die schwedischen Zeitungen sympathisieren meist mit bestimmten Parteien. Allerdings spiegelt die **politische Ausrichtung der Presse** keineswegs die Mehrheitsverhältnisse im gemeinen Wahlvolk wider. Während die Sozialdemokraten, die Linkspartei und die Grünen etwa die Hälfte aller Wähler hinter sich wissen, beträgt ihr Anteil an der Tagespresse nur etwa ein Fünftel der Gesamtauflage.

Über die Grenzen Schwedens hinaus machte die **Tageszeitung Metro** (www.metro.se) Schlagzeilen. Sie wurde 1995 gegründet und wird seitdem kostenlos in der Stockholmer U-Bahn verteilt. Inzwischen gibt es sie jedoch auch in Malmö. Erstaunlich ist die relativ gute journalistische Qualität dieser nur durch Werbung finanzierten Zeitung. *Metro* hat inzwischen im In- und Ausland viele Nachahmer gefunden.

Fernsehen gibt es in Schweden seit Mitte der 1920er Jahre und seitdem hatte lange Zeit (wie in Deutschland auch) ein Monopolunternehmen das Sagen. Das Schwedische Fernsehen, *Sveriges Television,* war und ist „dem Nutzen der Allgemeinheit“ verpflichtet. Die Sendungen werden auch heute noch durch Teilnehmergebühren finanziert. Werbung ist nicht erlaubt.

Seit dem Ende der 1980er Jahre gibt es auch **Privatfernsehen** in Schweden. Den Anfang machte 1987 der Satellitenkanal *TV 3.* Er sendete zwar aus London und war auch nur von wenigen Haushalten zu empfangen, doch ein Tabu war gebrochen: Erstmals war Werbung auf schwedischen Bildschirmen zu sehen. *TV 4* zog 1991 nach und sendet seitdem landesweit. Das Fernsehen hat übrigens einen nicht zu unterschätzenden Anteil daran, dass die meisten Schweden über sehr gute Fremdsprachenkenntnisse verfügen. Alle Filme werden nämlich im Original mit Untertiteln ausgestrahlt und so wird jeder Fernsehabend zu einem kostenlosen Fremdsprachenkurs.

Von der Einführung des **Radios** 1925 bis zum Jahre 1955 hatte Schweden nur einen einzigen einheimischen Rundfunkkanal, nämlich *Sveriges Radio.* Heute sendet *Sveriges Radio* auf fünf Kanälen, u. a. das multilinguale *SR International.*

ANHANG

LITERATURTIPPS

GESCHICHTE

- *Findeisen, Jörg Peter:* **Dänemark – Von den Anfängen bis zur Gegenwart,** Regensburg 1999. Nicht mehr ganz aktuell. Trotzdem: Umfassende Schilderung der politischen Geschichte Dänemarks von der Frühzeit bis (beinahe) heute.

KRIMIS

Was *Hennig Mankell* mit seinem Kommissar Wallander für Ystad ist, ist *Dan Turèll* für Kopenhagen. Die meisten Krimis des 1993 im Alter von nur 47 Jahren verstorbenen Schriftstellers spielen in der dänischen Hauptstadt. In Deutschland sind sie beim Lübbe-Verlag erhältlich. Der Verlag hat *Turèlls* Bücher in den Jahren 2005 und 2006 im Taschenbuchformat neu aufgelegt. Folgende Titel sind erhältlich: **Mord im Straßengraben, Mord in der Dämmerung, Mord im März, Mord im Waschsalon** und **Mord im Herbst.**

BIOGRAPHIEN, LITERARISCHES

- *Barz, Paul:* **Der Leibarzt des Königs,** Berlin 2002. Geschichte von *Johann Friedrich Struensee,* dem Berater des geisteskranken dänischen Königs *Christian VII.*
- *Enquist, Per Olof:* **Der Besuch des Leibarztes,** Frankfurt 2003. Packender Roman, in dem der schwedische Schriftsteller das Leben von *Johann Friedrich Struensee* nachzeichnet. Auch als hervorragend gemachtes Hörbuch 2002 beim Hörbuchverlag erschienen.
- *Helleberg, Maria:* **Die Winterkönigin,** Berlin 2002. Die Biographie Königin *Margrethes I.* (1353–1412), etwas nüchtern erzählt.
- *Mylius, Johan de* (Hrsg.): **Kierkegaard für Gestresste,** Frankfurt 2000. Dank dieses Buches können auch Laien den dänischen Philosophen verstehen.

SPRACHE

- *Hoffmann, Roland:* **Kauderwelsch Dänisch – Wort für Wort,** Reise Know-How Verlag, Bielefeld. Vermittelt auf einfache Weise das für die Reise Notwendige.
- *Hoffmann, Roland:* **Dänisch – Kauderwelsch AusspracheTrainer (CD),** Reise Know-How Verlag, Bielefeld. Dänisch nur durchs Lesen zu lernen ist nahezu unmöglich – der AusspracheTrainer aus dem Reise Know-How Verlag hilft.

074kh Abb.: rk

MÄRCHEN

- **Die allerschönsten Märchen von H.C. Andersen,** München 2004. Sehr schönes Vorlesebuch für Kinder.
- **H.C. Andersen Märchen,** Weinheim 2005. Zum Andersen-Jubiläum im Jahr 2005 erschien dieser Prachtband mit 43 der bekanntesten Andersen-Märchen (mit 120 Bildern).

PERSONENVERZEICHNIS

- **Anderberg, Axel Johan** (1860–1937): Schwedischer Architekt, der u. a. die Oper in Stockholm baute.
- **Bindesbøll, Michael Gottlieb** (1800–1856): Einer der berühmtesten dänischen Architekten des 19. Jahrhunderts, erbaute das Thorvaldsens Museum 7.
- **Dahlerup, Jens Vilhelm** (1836–1907): Dänischer Architekt, der mehrere Gebäude in Kopenhagen entwarf, u. a. das Königliche Theater 15, das Statens Museum for Kunst 32, die Ny Carlsberg Bryggeri und die Ny Carlsberg Glyptotek 2.
- **Eigtved, Nicolai** (1701–1754): Dänischer Architekt, wurde in Dresden ausgebildet und brachte den Baustil des Rokoko mit nach Dänemark.
- **Eriksen, Edvard** (1876–1959): Der dänische Bildhauer schuf die Kleine Meerjungfrau 31, wurde 1932 mit dem höchsten dänischen Orden, dem Danneborg, ausgezeichnet.
- **Jacobsen, Arne Emil** (1902–1971): Weltberühmter dänischer Designer und Architekt, arbeitete im Stil des Funktionalismus. Stark beeinflusst von *Mies van der Rohe.*

◄ *Dänischer Nationaldichter: H. C. Andersen*

- **Juel, Niels** (1619–1697): Dänischer Admiral, der sich in mehreren Seeschlachten gegen Schweden auszeichnete und dabei einige legendäre Siege errang.
- **Larsen, Henning** (*1925): Einer der bekanntesten lebenden dänischen Architekten, erbaute die Neue Oper 44 in Kopenhagen, den Anbau an die Stadtbibliothek von Malmö und das saudi-arabische Außenministerium in Riad.
- **Nørgaard, Bjørn** (*1947): Der Bildhauer, Grafiker und Performancekünstler war von 1985 bis 1994 Professor an der Königlich Dänischen Kunstakademie. Politisch aktiv im Kampf gegen den Vietnamkrieg. Sein Hauptwerk sind die 50 Pop-Gobelins im Schloss Christiansborg 6, die Königin *Margrethe* zum 50. Geburtstag erhielt.
- **Nyrop, Martin** (1849–1921): Architekt des Kopenhagener Rathauses und des Østre Gasværks – dem Gaskessel, in dem heute das gleichnamige Theater beheimatet ist.
- **Rahbek, Knud Lyne** (1760–1830): Der Schriftsteller legte ein umfangreiches, aber literarisch nicht unumstrittenes Gesamtwerk vor. Sammelte viele andere Schriftsteller um sich und hatte einen großen Einfluss auf die dänische Literatur des 19. Jahrhunderts.
- **Saxo Grammaticus** (~1140–~1220): Dänischer Geschichtsschreiber und Geistlicher. *Saxo* verfasste ab 1185 auf Veranlassung von Bischof *Absalon,* dem Stadtgründer Kopenhagens, eine 16-bändige Geschichte Dänemarks.
- **Thorvaldsen, Bertel** (1770–1844): Bedeutendster dänischer Bildhauer des 18. und 19. Jahrhunderts.
- **Zettervall, Helgo** (1831–1907): Schwedischer Architekt, der u. a. für den Umbau des Doms von Lund verantwortlich war. Hier zeichnete er sich ebenso wie in Mariestad für den Anbau der Türme ans Kirchengebäude verantwortlich.

KLEINE SPRACHHILFE DÄNISCH

Die Sprachhilfe entstammt dem Kauderwelsch-Sprechführer „Dänisch – Wort für Wort“ aus dem Reise Know-How Verlag.

AUSSPRACHE

Hier sind diejenigen Buchstaben(kombinationen) aufgeführt, deren Aussprache abweichend vom Deutschen ist bzw. sein kann.

a	kurzes/langes „a“ oder „ä“
å	kurzes/langes „o“ wie in „d**o**ch“ / „H**o**se“
æ	kurzes/langes „ä“ wie in „**Ä**ste“ / „z**ä**hlen“
ø	kurzes/langes „ö“ wie in „H**ö**lle“ / „h**ö**ren“
y	kurzes/langes „ü“ wie in „M**ü**ll“ / „f**üh**len“
eg, ej, ig	wie „ai“ in „H**ai**“
øj, øg	wie „oi“
øv	wie „öu“ (zusammengezogen gesprochen)
eu, ev, äv	wie „äu“, aber getrennt wie „N**äh**-**U**tensilien“
iv	wie „**iu**“ (zusammengezogen gesprochen)
yv	wie „**üu**“ (zusammengezogen gesprochen)
ov, og	„ou“, wie „o“ in englisch „g**o**“; in einer unbetonten Silbe wie „o“
ag	vor Mitlaut wie „au“ in „M**au**l“; vor Selbstlaut oder am Wortende „ä“
av	wie „au“ in „M**au**l“
af	als Vorsilbe wie „au“ in „M**au**l“
c	vor **e, i, y, æ, ø** stimmloses „s“ in „Wa**ss**er“ vor **o, u, å** wie „k“ in „**K**artoffel“
d	Nach **g, l, n** ist das **d** stumm. Zwischen zwei Selbstlauten oder nach einem Selbstlaut am Wortende hört es sich wie das weiche engl. „th“ in „**th**ese“ an.
g	zwischen Selbstlauten wie „w“ nach **o, u, å** wie „j“ nach **a, e, i, y, æ, ø;** vor **l** stumm
h	am Wortanfang vor **j** und **v** stumm
k, p, t	in der Silbenmitte wie **g, b, d**
r	nach Selbstlaut kaum hörbar wie in „seh**r**“
s	stimmlos wie „ss“ in „Wa**ss**er“
v	wie „w“ in „**W**asser“
z	stimmloses „s“ wie in „Wa**ss**er“

DIE WICHTIGSTEN RICHTUNGSANGABEN

til højre/venstre	till hoier/wänster	nach rechts/links
lige ud	lije uul	geradeaus
på den modsatte side	po den molsädde side	gegenüber
langt/i centrum	langt/i sentrum	weit/im Zentrum
i nærheden	i närheden	in der Nähe
(lige) her/der	(lije) här där	(gleich) hier/dort
udenfor byen	ulenfor büün	außerhalb der Stadt
kryds/trafiklys	krüss/trafiglüüs	Kreuzung/Ampel
om hjørnet	om jörned	um die Ecke

DIE WICHTIGSTEN FRAGEWÖRTER

hvem?	wämm	wer?, wem?, wen?
hvad?	wäll	was?
hvordan?	wordän	wie?
hvor?	wor	wo?, wie?
hvorfra? – hvorhen?	worfra - worhän	woher? – wohin?
hvor meget/længe?	wormall/worlänge	wie viel?/wie lange?
hvorfor?	worfo	warum?
hvornår?	worno	wann?

ZAHLEN

0	**nul** null	18	**atten** äddn
1	**en** een	19	**nitten** niddn
2	**to** to	20	**tyve** tüwe
3	**tre** tree	21	**enogtyve** eenotüwe
4	**fire** fier	22	**toogtyve** tootüwe
5	**fem** fem	23	**treogtyve** treeotüwe
6	**seks** sex	30	**tredive** tralwe
7	**syv** süu	40	**fyrre** för
8	**otte** ode	50	**halvtreds** hälträs
9	**ni** ni	60	**tres** träs
10	**ti** ti	70	**halvfjerds** hälfjärs
11	**elleve** elwe	80	**firs** fiers
12	**tolv** toll	90	**halvfems** hälfäms
13	**tretten** treddn	100	**hundrede** hundrede
14	**fjorten** fiordn	200	**tohundrede** tohundrede
15	**femten** femdn	1000	**tusind** tusn
16	**seksten** saisdn	2000	**totusind** totusn
17	**sytten** süddn	1 Mio.	**en million** een million

DIE WICHTIGSTEN FRAGEN

Findes der ...? finnes där	Gibt es ...?
Har du ...? haar du	Haben Sie ...?
Jeg leder efter ... jai leder efter	Ich suche ...
Jeg vil gerne have ... jai will gerne häw	Ich hätte gerne ...
Hvor kan man købe ...? wor kä man köbe	Wo kann man ... kaufen?
Hvad koster ...? wä koster	Wie viel kostet ...?
Hvor ligger / er ...? wor ligger / är	Wo liegt / ist ...?
Jeg vil til ... jai will till	Ich möchte nach ...
Hvor langt er der til ...? wor langt är där till	Wie weit ist es bis nach ...?
I hvilken retning ligger ...? i wilken rätning ligger	In welcher Richtung liegt ...?
Hvornår afgår færgen til ...? wornor augor färwen till	Wann geht die Fähre nach ...?
Findes der en toget til ...? finnes där en towet till	Gibt es einen Zug nach ...?

DIE WICHTIGSTEN FLOSKELN

ja – nej jä – nai	ja – nein
tak – værsgod tak – wärsgo	danke – bitte
Det var så lidt! de war so litt	Keine Ursache.
God morgen! gomoorn	Guten Morgen!
Goddag! goddä	Guten Tag!
God aften! goafden	Guten Abend!
Farvel! farwell	Auf Wiedersehen!
Hvordan går det? wordän gor de	Wie geht's?
Det går. de gor	Es geht.
Tak, fint. tak fint	Danke, gut.

Udmærket. udmärked	Ausgezeichnet.
Hej! haj	Hallo!
Vi ses! wi sees	Bis bald!, Ciao!
Velbekomme! wälbekomme	Guten Appetit!
Skål! skool	Prost!
Jeg vil gerne betale. jai will gerne betäle	Ich möchte gern zahlen.
Til lykke med ... till lügge mel	Herzlichen Glückwunsch zu ...
Held og lykke! held og lügge	Viel Glück!
Undskyld! unsküld	Entschuldigung!
Det er jeg ked af! de är jai kelä	Das tut mir Leid!
Det er synd. de är sünd	Das ist schade.
Kan du hjælpe mig? kä du jälpe mai	Können Sie mir helfen?

NICHTS VERSTANDEN? – WEITERLERNEN!

Det har jeg ikke forstået.
de har jai igge forsdoed
das habe ich nicht verstanden
Das habe ich nicht verstanden.

Jeg taler kun lidt dansk.
jai täler kun litt dänsk
ich spreche nur etwas dänisch
Ich spreche nur ein bisschen Dänisch.

Er der nogen, som taler tysk?
är der noen som täler tüsk
ist da jemand, der spricht deutsch
Spricht hier jemand Deutsch?

Vil du være så venlig at gentage?
will du wär so wännli ä gentäe
willst du sein so freundlich zu wiederholen
Würden Sie bitte wiederholen?

Det forstår jeg ikke.
de forstoor jai igge
das verstehe ich nicht
Das verstehe ich nicht.

Hvad behager?
wäbehaar
was beliebt
Wie bitte?

Hvad for noget?
wäforno-et
was für etwas
Wie bitte?

En gang til!
een gang till
ein Mal noch
Noch einmal!

Know-How auf einen Blick

Europa

Mit Reise Know-How ans Ziel

Die Landkarten des **world mapping project** bieten gute Orientierung – weltweit.

- Moderne Kartengrafik mit Höhenlinien, Höhenangaben und farbigen Höhenschichten
- GPS-Tauglichkeit durch eingezeichnete Längen- und Breitengrade und ab Maßstab 1:300.000 zusätzlich durch UTM-Markierungen
- Einheitlich klassifiziertes Straßennetz mit Entfernungsangaben
- Wichtige Sehenswürdigkeiten, herausragende Orientierungspunkte und Badestrände werden durch einprägsame Symbole dargestellt
- Der ausführliche Ortsindex ermöglicht das schnelle Finden des Zieles
- Wasser- und reißfestes Material
- Kein störender Pappumschlag, der nur hinderlich wäre, wenn man die Karte unterwegs individuell falzen möchte oder sie einfach nur griffbereit in die Jackentasche stecken will.

Derzeit über 160 Titel lieferbar (siehe unter www.reise-know-how.de), z. B.:

Dänemark	**1 : 300.000**
Südschweden, Südnorwegen	**1 : 875.000**
Lettland	**1 : 325.000**

world mapping project
Reise Know-How Verlag, Bielefeld

REGISTER

A

B

C

D

E

T

U

V

W

Y, Z

ÜBER DEN AUTOR

Rasso Knoller, Jahrgang 1959, ist Journalist und Sachbuchautor. Nach dem Studium der Politikwissenschaften, Anglistik und – natürlich – Skandinavistik, das er teilweise in Stockholm absolvierte, lebte und arbeitete er mehrere Jahre lang in Nordeuropa. Als Rundfunkjournalist beim Finnischen Rundfunk, als Skandinavienkorrespondent für mehrere deutsche Tageszeitungen und Radiostationen und als freier Mitarbeiter bei Radio Schweden lernte er den gesamten Norden kennen.

Nachdem er sowohl in Stockholm, Helsinki als auch Oslo gelebt hatte, kehrte er Mitte der 1990er Jahre nach Deutschland zurück. Seit 1999 lebt er in Berlin, bereist den Norden aber regelmäßig und veröffentlicht auch weiterhin zu skandinavischen Themen. Bisher sind mehr als 30 Sachbücher aus seiner Feder erschienen, darunter auch mehrere Reiseführer über die Länder Nordeuropas. Im Reise Know-How Verlag wurden von ihm bisher das Urlaubshandbuch Gotland und das Handbuch Paragliding in der PRAXIS-Reihe veröffentlicht.

BILDNACHWEIS

Die Kürzel an den Abbildungen stehen für folgende Fotografen, Firmen und Einrichtungen. Wir bedanken uns für die freundliche Abdruckgenehmigung.

rk Rasso Knoller (Autor)
WoCo Wonderful Copenhagen (www.visitcopenhagen.dk)

CITYATLAS

Dieser Cityatlas beinhaltet das komplette Zentrum Kopenhagens mit allen beschriebenen Hauptsehenswürdigkeiten. Für das Zentrum, in dem sich die meisten Restaurants, Kneipen, Museen etc. befinden, wurde zusätzlich eine Detailkarte in der entsprechenden Stadtteilbeschreibung eingefügt. Das einheitliche Kartengitter in allen Karten ermöglicht das schnelle Orientieren in Text und Kartenwerk.

KOPENHAGEN UMGEBUNG

Orkelljunga
Bjärnum
Broby
Olofström
Jämshög
Tyringe
Perstorp
Hässleholm
Vinslöv
Ljungbyhed
113
Skäralid
Nevlingeåsen
Kristianstad
Höör
Tollarp
Åhus
E22
Bosjökloster
Linderödsåsen
Eslöv
Hörby
Degeberga
E22
Vollsjö
Kivik
Dalby
Staffanstorp
Sjöbo
Vik
Torup
90
Simrishamn
Svedala
89
Tomelilla
Svaneholm
95
Brantevik
E65
Glimmingehus
Skurup
Skivarp
96
92
Löderup
Borrby
Klagstorp
Ystad
97
94
Kåseberga
93
Gislövs
87
äge
Smygehuk
0
25 km

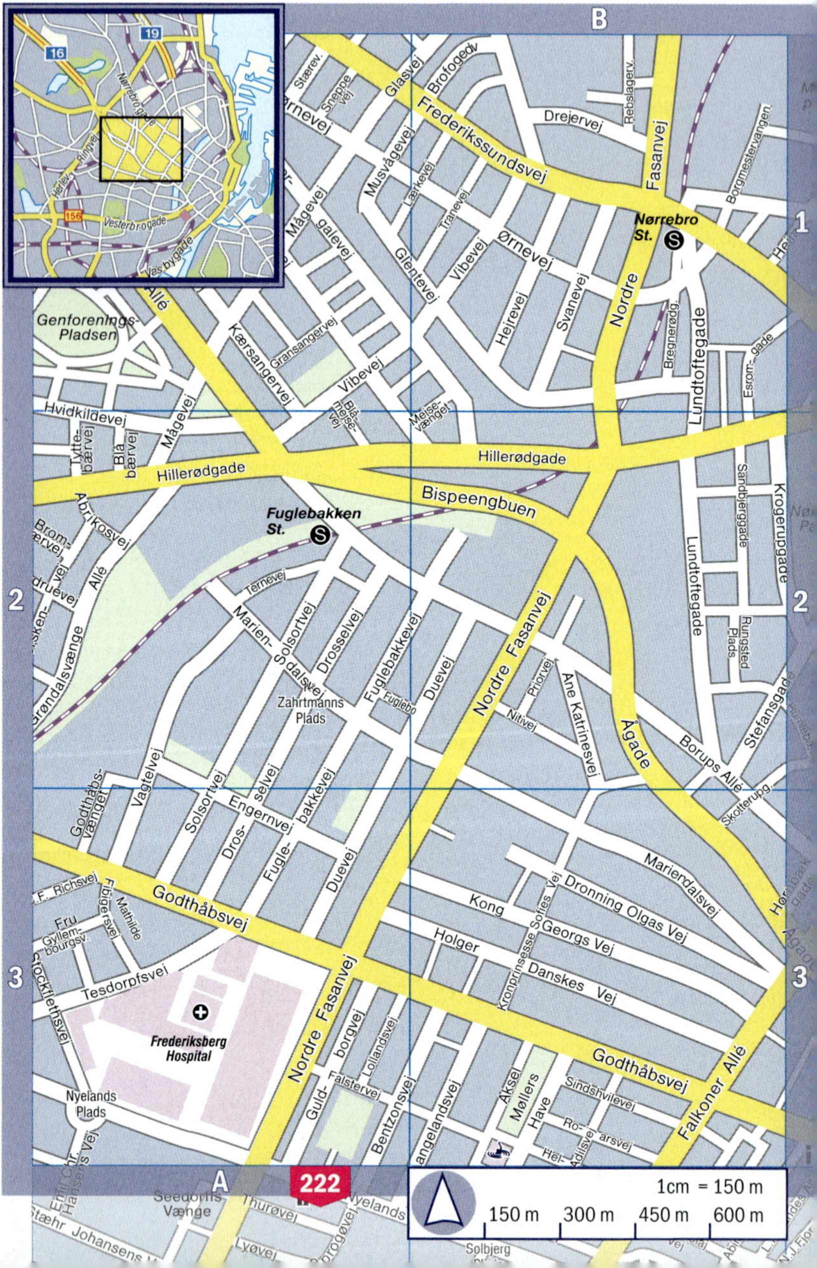
B
1
2
3
A
222
16
19
Nørrebrogade
Ringvej
Herlev
156
Vesterbrogade
Vasbygade
Stærev.
Sneppe vej
Glasvej
Brofogedv
Frederikssundsvej
Drejervej
Rebslagerv.
Fasanvej
Borgmestervangen
Ørnevej
Musvågevej
Lærkevej
Tranevej
Mågevej
galevej
Glentevej
Vibevej
Hejrevej
Svanevej
Nørrebro St.
Nordre
Bregnerødg.
Lundtoftegade
Esrom-gade
Allé
Genforenings-Pladsen
Kærsangervej
Gransangervej
Vibevej
Blå-mejse-vej
Meise-vænget
Hvidkildevej
Tytte-bærvej
Blå-bærvej
Mågevej
Hillerødgade
Bispeengbuen
Fuglebakken St.
Sandbjerggade
Krogerupgade
Abrikosvej
Ternevej
Allé
Grøndalsvænge
Marien-dalsvej
Solsortvej
Drosselvej
Fuglebakkevej
Duevej
Fuglebo
Nordre Fasanvej
Priorvej
Nitivej
Ane Katrinesvej
Ågade
Rungsted Plads
Borups Allé
Stefansgade
Zahrtmanns Plads
Godthåbs-vænget
Vagtelvej
Solsortvej
Dros-selvej
Engernvej
Fugle-bakkevej
Duevej
Skotterupg.
Marierdalsvej
Dronning Olgas Vej
Kong Georgs Vej
Holger Danskes Vej
Kronprinsesse Sofies Vej
F. Richsvej
Fiblgersvej
Mathilde
Godthåbsvej
Fru Gyllem-bourgsv.
Tesdorpfsvej
Stockflethsvej
Frederiksberg Hospital
Nordre Fasanvej
Guld-borgvej
Lollandsvej
Falstervej
Bentzonsvej
Langelandsvej
Aksel Møllers Have
Sindshvilevej
Ro-arsvej
Hel-
Adilsvej
Godthåbsvej
Falkoner Allé
Nyelands Plads
Emil Chr. Hansens Vej
Seedorffs Vænge
Thurøvej
Nyelands
Stæhr Johansens
Lyøvej
Solbjerg
1cm = 150 m
150 m
300 m
450 m
600 m

C
D
1
2
3
Sigurdsgade
Mjølner parken
Tagensvej
Universitetsparken
55
Titangade
Jagtvej
Hamletsgade
dalsgade
Nannasgade
Ægirsgade
Vølundsgade
Nørrebro Hallen
Bragesgade
Baldersgade
Mimersgade
Rådmandsgade
Ydunsg.
Frejasg.
Rigshospitalet
Borgmester Jensens Allé
Henrik Harpestrengs Vej
Juliane Marie
Nørrebrogade
Ægirsgade
Dagmarsgade
P.D. Løvs Allé
Gormsg.
Allersg.
Thorsgade
Odinsgade
Guldbergs Plads
Refsnæsgade
Arresøgade
Fredrik Bajers Plads
220
Nørrebro-Parken
Fensmarkgade
Stevnsgade
Udbyg.
Sjællandgade
Søllerødgade
Holteg.
Julius Bloms Gade
Nørrebros Runddel
Pr. Charlottes G.
Guldbergsgade
Guldbergs Have
De gamles By
Panum Institute
Nørre Allé
Stefansgade
Husumgade
Bjelkes Allé
Jægersborggade
Kronborggade
Hørsholmsg.
Humlebækgade
Hellebækgade
Jagt Allé
54
Assistens Kirkegård
Meinungsg.
Møllegade
20
9
Tinghus
Læssøesgade
Skt. Hans Gade
10
Birkeg.
Egegade
3
50
Elmegade
8
11
4
Fælledvej
Hans Tavsens Park
Hans Tavsens Gade
Hans Egedes Gade
Struenseegade
Skyttegade
Rantzausgade
Skausgade
Hjort Lorenzens Gade
Hornbækgade
Ågade
16
Kapelvej
Bangertsg.
Slotsg.
Stengade
Griffenfeldsgade
Baggesensgade
Ravnsborggade
Sortedam
Todesgade
Blågårds Plads
Korsgade
Gartnergade
Blågårdsgade
H. Rungs G.
Brohusg.
Jægerg.
Åboulevard
Svanemosegårdsvej
Smedegade
Murerg.
Peblinge Sø
Søgade
Søtorvet
12
Rolighedsvej
223
Fuglevangsvej
Julius Thomsens Gade
Nørre

E
F
1
2
3
"Parken"
Øster Allé
Fælled-
parken
Skt. Jakobs G.
Ribegade
C.Johans G.
J.E. Olsens Gade
A.F. Kriegersv.
A.L. Drews-sensvej
Rosenvængets Hovedvej
Næstvedgade
Faksegade
Odense-gade
Triangeln
36
Rosenvængets Allé
Holsteinsgade
Livjæger-gade
Slagelseg.
Ringstedg.
Lipkesgade
Willemoes-gade
ABC Gade
Østerbrogade
Classensgade
Kastelsvej
3
Lille Triangel
Garnisons Kirkegård
Dag Hammarskjölds Allé
Bergensg.
Blegdamsvej
Bogmester Jensens Allé
Frederik V's Vej
Henrik Harpestrengs Vej
Rigshospitalet
219
Helgesens Gade
Ryes-gade
Fugleø
Søgade
Holmens Kirkegård
Visbyg.
Olof Palmes G.
Upsalag.
Fredensgade
Søpass.
Sortedam
Øster
Lundsg.
Malmøg.
Østre Anlæg
Stockholmsgade
Nørre Hospital
Ryesgade
Tinghus
Plejehjem Sølund
Læssøesgade
Dosseringen
Sortedams Sø
33
Sølv torvet
Suensonsg.
Gernersgade
Skt. Paulus Gade
Fredericiagade
Klerkegade
32
Kommune-hospitalet
Øster Farimagsgade
Palmehus
34
Sølvgade
Rigensgade
Øster Voldgade
35
Botanisk Have
Sø torvet
Gothersgade
Frederiksborggade
Vendersgade
11
12
36
1
37
Historiske Sammling
Rosenborg Have (Kongens have)
Kronprinsessegade
Adelgade
Borgergade
18
Dronningens Tværg.
Nørreport St.
224
Kultorvet
1cm = 150 m
150 m
300 m
450 m
600 m

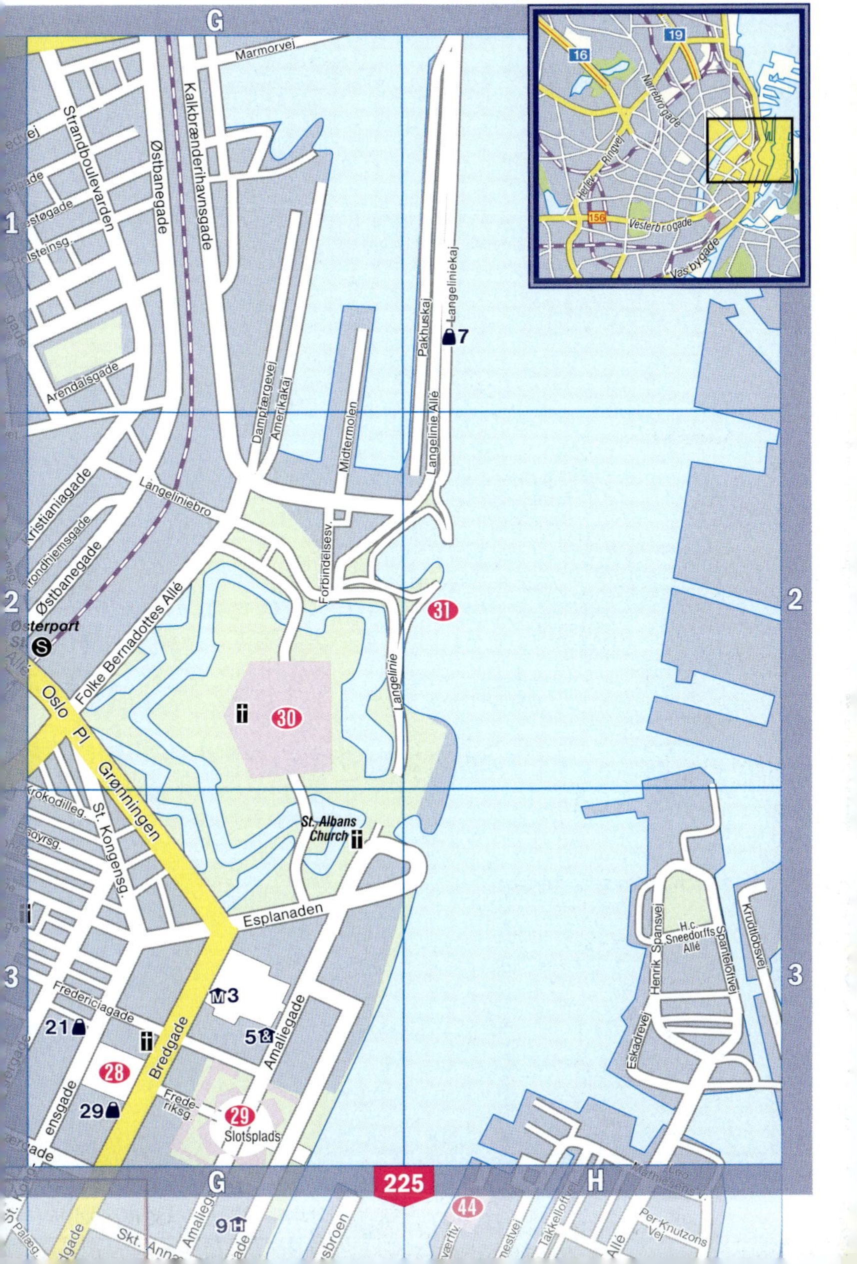
G
Marmorvej
Strandboulevarden
Østbanegade
Kalkbrænderihavnsgade
Holsteinsg.
Arendalsgade
Dampfærgevej
Amerikakaj
Midtermolen
Pakhuskaj
Langeliniekaj
7
Langelinie Allé
Langeliniebro
Kristianiagade
Trondhjemsgade
Østbanegade
Forbindelsesv.
31
Østerport
Folke Bernadottes Allé
Oslo Pl
Langelinie
30
Grønningen
Krokodilleg.
St. Kongensg.
St. Albans Church
Esplanaden
Fredericiagade
3
21
5
Amaliegade
Bredgade
28
Frederiksg.
29
Slotsplads
Henrik Spansvej
H.C. Sneedorffs Allé
Spanteloftvej
Krudtløbsvej
Eskadrevej
1
2
3
16
19
Nørrebrogade
Ringvej
Herlev
156
Vesterbrogade
Vasbygade
G
H
225
44
9
Skt. Anna
Per Knutzons Vej
Takkeloftvej

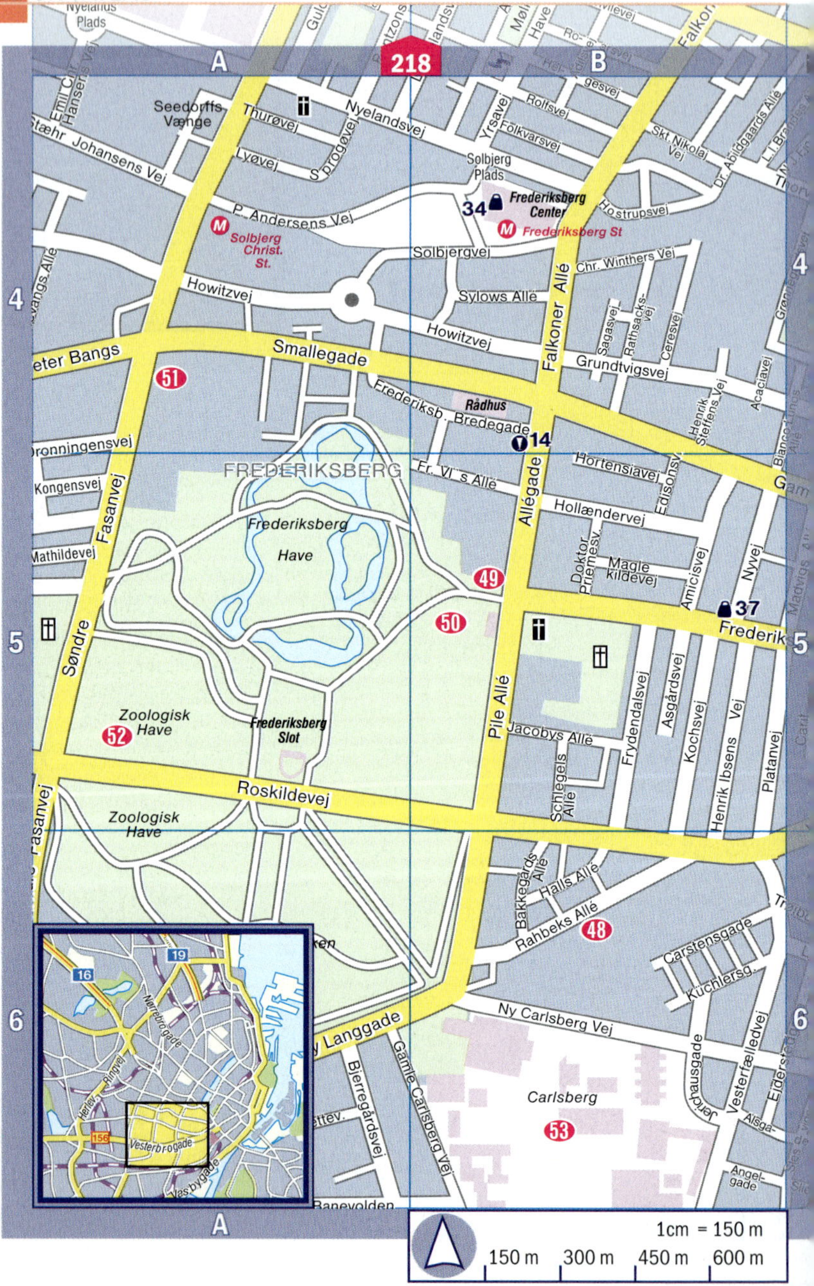
218
A
B
4
5
6
Seedorffs Vænge
Thurøvej
Nyelandsvej
Lyøvej
S. Progøvej
Stæhr Johansens Vej
Emil Chr. Hansens Vej
Yrsavej
Rolfsvej
Folkvarsvej
Skt. Nikolaj Vej
Dr. Abildgaards Allé
Solbjerg Plads
34
Frederiksberg Center
Frederiksberg St
Hostrupsvej
P. Andersens Vej
Solbjerg Christ. St.
Solbjergvej
Chr. Winthers Vej
Howitzvej
Sylows Allé
Falkoner Allé
Smallegade
Peter Bangs
Grundtvigsvej
Sagasvej
Rathsacksvej
Ceresvej
Acaciavej
51
Frederiksb. Bredegade
Rådhus
14
Henrik Steffens Vej
Dronningensvej
Kongensvej
FREDERIKSBERG
Fr. VI's Allé
Hortensiavej
Edisonsvej
Allégade
Hollændervej
Fasanvej
Frederiksberg Have
Mathildevej
Doktor Priemesv.
Magle kildevej
Amicisvej
Nyvej
49
37
50
Frederik
Søndre
Pile Allé
Frydendalsvej
Asgårdsvej
Kochsvej
Henrik Ibsens Vej
Platanvej
Zoologisk Have
52
Frederiksberg Slot
Jacobys Allé
Schlegels Allé
Roskildevej
Fasanvej
Zoologisk Have
Bakkegårds Allé
Halls Allé
Rahbeks Allé
48
Carstensgade
Küchlersg.
Ny Carlsberg Vej
Langgade
Bierregårdsvej
Gamle Carlsberg Vej
Jerichausgade
Vesterfælledvej
Carlsberg
53
Banevolden
Angelgade
Alsgade
19
16
Nørrebrogade
Ringvej
156
Vesterbrogade
Vesterbygade
1cm = 150 m
150 m
300 m
450 m
600 m

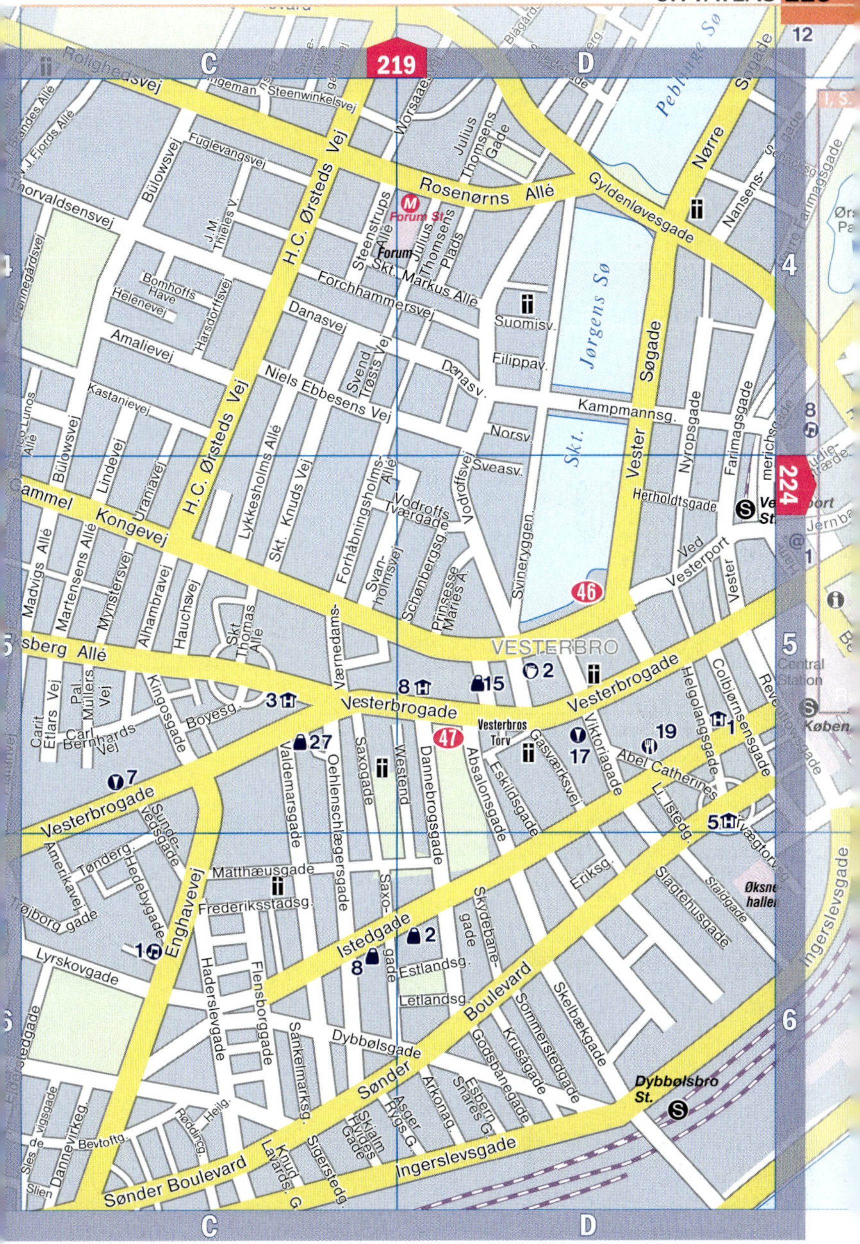

219
224
C
D
4
5
6
12
Rolighedsvej
Steenwinkelsvej
Fuglevangsvej
Bülowsvej
Thorvaldsensvej
J.M. Thieles V.
H.C. Ørsteds Vej
Worsaaesvej
Julius Thomsens Gade
Rosenørns Allé
Forum St.
Forum
Steenstrups Allé
Julius Thomsens Plads
Skt. Markus Allé
Forchhammersvej
Bomhoffs Have
Helenevej
Harsdorffsvej
Danasvej
Amalievej
Niels Ebbesens Vej
Svend Trøsts Vej
Kastanievej
Suomisv.
Filippav.
Jørgens Sø
Skt.
Peblinge Sø
Nørre Søgade
Gyldenløvesgade
Nansens-
Farimagsgade
Vester Søgade
Kampmannsg.
Nyropsgade
Norsv.
Sveasv.
Herholdtsgade
Ved Vesterport
Vester
Vodroffs Tværgade
Vodroffsvej
Lindevej
Uraniavej
Gammel Kongevej
Lykkesholms Allé
Skt. Knuds Vej
Forhåbningsholms Allé
Svanholmsvej
Schønbergsg.
Prinsesse Maries A.
Svineryggen
46
VESTERBRO
Madvigs Allé
Martensens Allé
Mynstersvej
Alhambravej
Hauchsvej
Skt. Thomas Allé
Værnedamsvej
Frederiksberg Allé
Carit Etlars Vej
Pal. Müllers Vej
Carl Bernhards Vej
Kingosgade
Boyesg.
Vesterbrogade
Vesterbros Torv
47
Valdemarsgade
Oehlenschlægersgade
Saxogade
Westend
Dannebrogsgade
Absalonsgade
Eskildsgade
Gasværksvej
Viktoriagade
Abel Catherines
Helgolandsgade
Colbjørnsensgade
Reventlowsgade
Central Station
Køben
Sundevedsgade
Amerikavej
Tønderg.
Hedebygade
Matthæusgade
Frederiksstadsg.
Trøjborg gade
Enghavevej
Lyrskovgade
Istedgade
Estlandsg.
Letlandsg.
Skydebanegade
Li. Istedg.
Eriksg.
Slagtehusgade
Staldgade
Øksnehallen
Ingerslevsgade
Haderslevgade
Flensborggade
Sankelmarksg.
Dybbølsgade
Sønder Boulevard
Godsbanegade
Krusågade
Sommerstedgade
Skelbækgade
Dybbølsbro St.
Arkonag.
Esbern Snares G.
Asger Rygs G.
Skjalm Hvides Gade
Sigerstedg.
Knud Lavards. G
Heilg.
Rødding.
Bevtoftg.
Dannevirkeg.
Slien
Sønder Boulevard

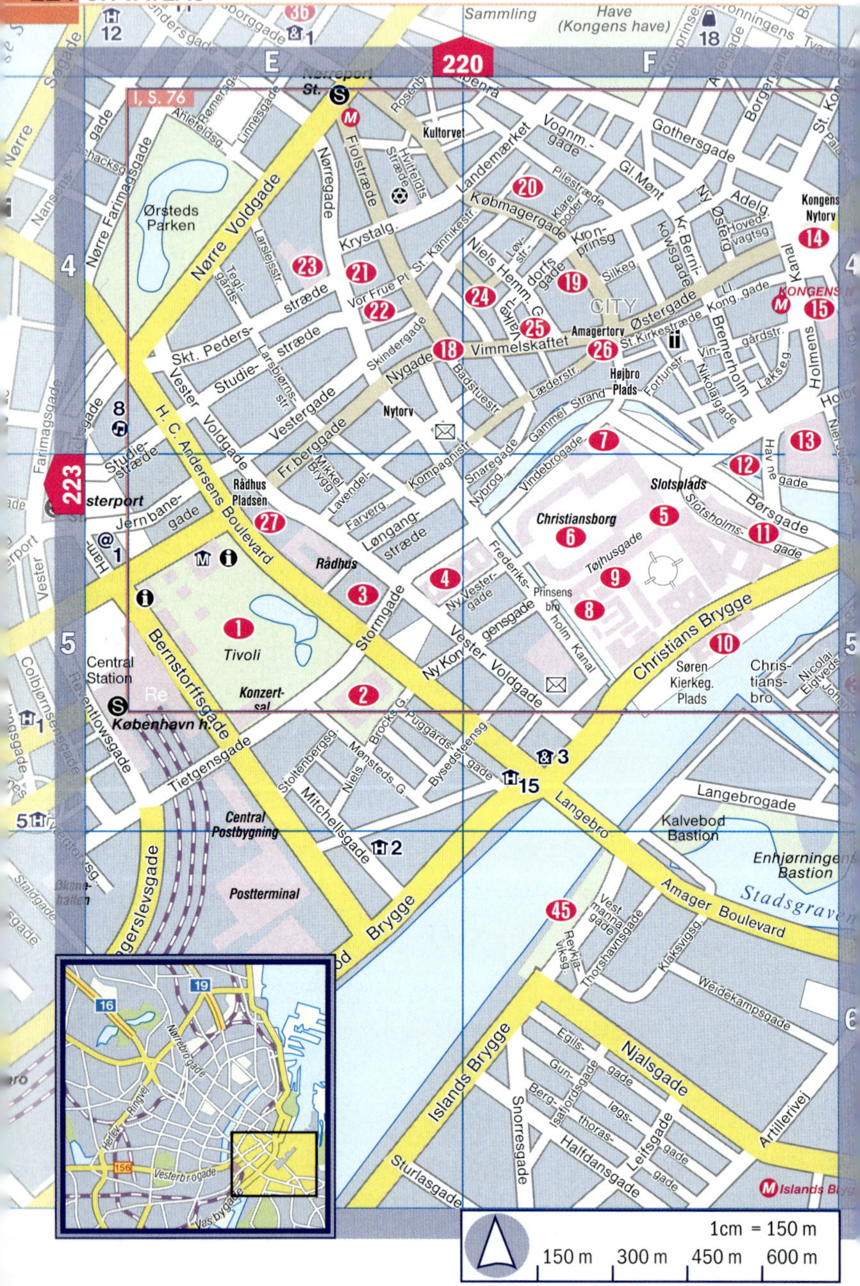
E
F
220
223
4
5
6
I, S. 76
Nørreport St.
Sammling
Have (Kongens have)
Kultorvet
Rømersgade
Linnésgade
Ahlefeldsg.
Schacksg.
Nørre Farimagsgade
Ørsteds Parken
Nørre Voldgade
Nørregade
Fiolstræde
Rosenborggade
Hyltefeldts Stræde
Landemærket
Vognm.-gade
Gothersgade
Borgergade
Gl. Mønt
Pilestræde
Adelg.
Kongens Nytorv
Købmagergade
Klareboder
Kron-prinsg
Hovedvagtsg.
Kanal
Krystalg.
St. Kannikestr.
Niels Hemm. G.
Løvst.
Silkeg.
Kr. Berni-kowsgade
Ny Østerg.
Kongens N
Larsleisstr.
Teglgårds-str.
stræde
Vor Frue Pl.
Skt. Peders-
Studie-
stræde
Larsbjørns-str.
Skindergade
Nygade
Vimmelskaftet
Valkendorfsg.
Amagertorv
CITY
Østergade
St. Kirkestræde
Ll. Kong. gade
Bremerholm
Vingårdstr.
Lakseg.
Holmens
Vester Voldgade
Vestergade
Nytorv
Badstuestr.
Læderstr.
Højbro Plads
Fortunstr.
Nikolajgade
Gammel Strand
H. C. Andersens Boulevard
Fr.berggade
Mikkel Bryggers
Lavendelstr.
Kompagnistr.
Snaregade
Nybrog.
Vindebrogade
Havnegade
Slotsplads
Børsgade
Slotsholmsgade
Studiestræde
Rådhus Pladsen
Jernbanegade
Farverg.
Løngangstræde
Christiansborg
Rådhus
Frederiksholm
Tøjhusgade
Ny Vestergade
Prinsens bro
Stormgade
Vester Voldgade
Ny Kongensgade
Frederiksholms Kanal
Christians Brygge
Tivoli
Konzertsal
Søren Kierkeg. Plads
Christians-bro
Nicolai Eigtveds
Central Station
København h.
Bernstorffsgade
Reventlowsgade
Colbjørnsensgade
Tietgensgade
Stoltenbergsg.
Niels Brocks G.
Mønsteds G.
Puggårdsgade
Bysedsteensg.
Langebro
Langebrogade
Kalvebod Bastion
Enhjørningen Bastion
Stadsgraven
Central Postbygning
Mitchellsgade
Postterminal
Øksnehallen
Staldgade
Ingerslevsgade
Brygge
Amager Boulevard
Vestmannagade
Reykjaviksg.
Thorshavnsgade
Klaksvigsg.
Weidekampsgade
Njalsgade
Egilsgade
Gunløgsgade
Bergthorasgade
Islands Brygge
Snorresgade
Isafjordsgade
Leifsgade
Halfdansgade
Sturlasgade
Artillerivej
Islands Brygge
Nørrebrogade
Ringvej
Vesterbrogade
1cm = 150 m
150 m
300 m
450 m
600 m

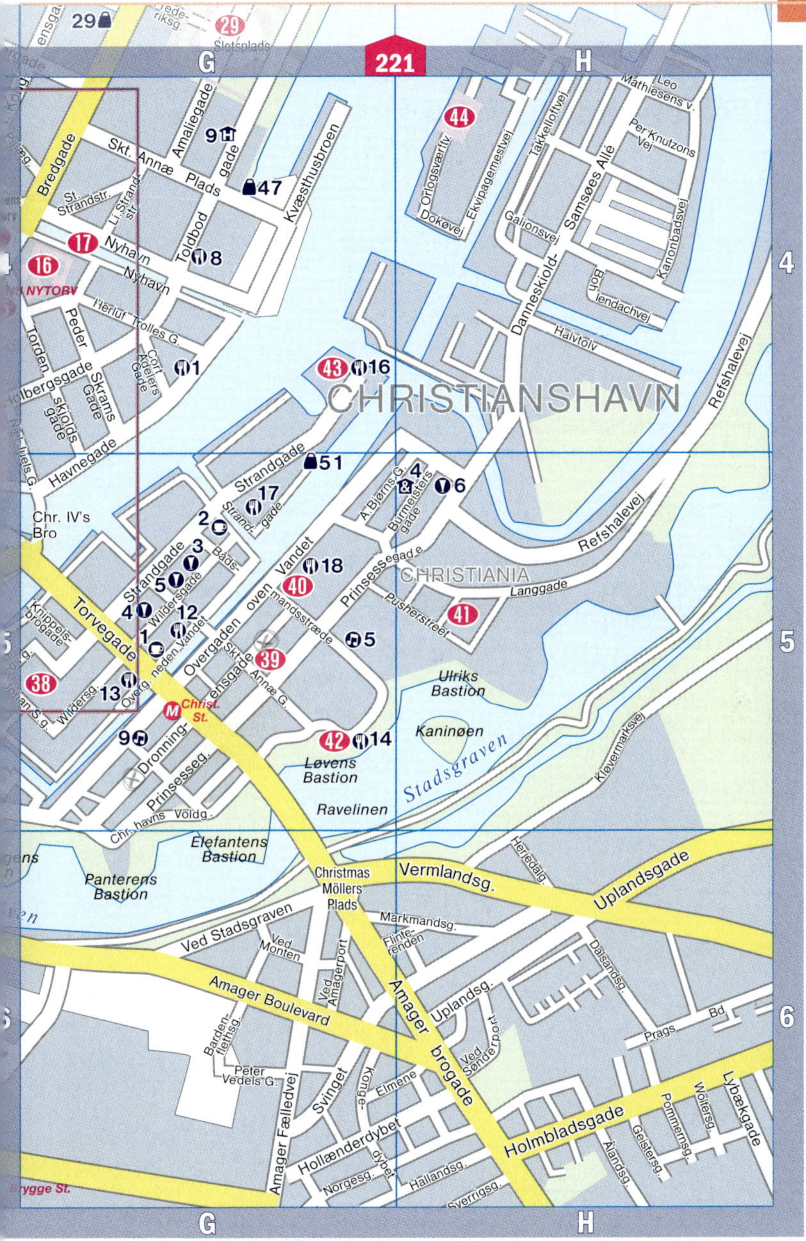
221
G
H
4
5
6
CHRISTIANSHAVN
CHRISTIANIA
Bredgade
Skt. Annæ Plads
Amaliegade
Toldbod gade
Kvæsthusbroen
Nyhavn
Herluf Trolles G.
Peder Skrams Gade
Cort Adelers Gade
Havnegade
Chr. IV's Bro
Strandgade
Torvegade
Wildersgade
Overgaden neden Vandet
Overgaden oven Vandet
Prinsessegade
Pusherstreet
Langgade
Refshalevej
Burmeisters gade
A. Bjørns G.
Dronningensgade
Prinsesseg.
Ulriks Bastion
Kaninøen
Løvens Bastion
Ravelinen
Stadsgraven
Elefantens Bastion
Panterens Bastion
Christmas Möllers Plads
Vermlandsg.
Uplandsgade
Amager Boulevard
Ved Stadsgraven
Amager brogade
Holmbladsgade
Christ. St.
Danneskiold-Samsøes Allé
Halvtolv
Galionsvej
Ekvipagemestvej
Orlogsværftv.
Dokøvej
Takkeloftvej
Leo Mathiesens v.
Per Knutzons Vej
Kanonbadsvej
Kløvermarksvej
Herjedalg.
Markmandsg.
Flinterenden
Dalsandsg.
Prags Bd
Lybækgade
Wolfersg.
Pommernsg.
Geislersg.
Ålandsg.
Hollænderdybet
Norgesg.
Hallandsg.
Sverrigsg.
Amager Fælledvej
Svinget
Elmene
Ved Amagerport
Ved Sønderport
Peter Vedels G.
Ved Monten
Brygge St.
Slotsplads
NYTORV

LEGENDE DER KARTEN- UND TEXTSYMBOLE

66	Hauptsehenswürdigkeit, fortlaufend nummeriert
66	Verweis im Inhaltsverzeichnis und Text auf Hauptsehenswürdigkeit
1	Verweis im Inhaltsverzeichnis und Text auf eine Adressenliste im Buch (z. B. Museen, Restaurants ...)
[L6]	Verweis auf Planquadrat im Cityatlas
[III F8]	Verweis auf Planquadrat in Detailkarte (hier Karte III)

- Anlegestelle
- Arzt, Krankenhaus, Klinik
- Bar, Bistro, Treffpunkt
- Bibliothek
- Café, Teestube
- Flughafen
- Friedhof
- Geschäft, Markt, Kaufhaus
- Hotel, Unterkunft
- Informationsstelle
- Kino
- Kirche
- Kloster
- Metrostation
- Museum
- Musikszene, Konzertsaal, Disco
- Pension, Bed and Breakfast
- Post
- Restaurant
- S-Bahn-Station
- Schwimmbad
- Theater

LEGENDE DER CITYATLAS-EINTRÄGE

3 Kunstgewerbemuseum [G3]
1 Custom House [G4]
8 Told & Snaps [G4]
12 Era Ora [G5]
13 Grisobasowitz [G5]
14 Bastionen & Løven [G5]
16 Restaurant Noma [G4]
17 Restaurant Kanalen [G5]
18 Sofiekælderen [G5]
19 Cofoco [D5]
3 Eiffel Bar [G5]
4 Fingerbøllet [G5]
5 Café Wilder [G5]
6 Café Høvlen [H5]
7 Hackenbusch [C5]
8 Gefährlich [D3]
9 Pussy Galore's Flying Circus und Sebastopol [D2]
10 Nørrebro Bryghus [D3]
11 Ølbaren [D3]
14 Café Intime [B4]
17 Vela [D5]
1 Bådudlejning og café [G5]
2 Café Lynge Larsen [G5]
3 The Laundromat [D3]
1 Vega [C6]
5 Loppen [G5]
9 Sofiekælderen [G5]
20 Rust [D2]
2 Asfalt [D6]
3 Cloud Nine [F2]
4 Fünf [D3]
7 Langelinie Outlet [H1]
8 Lea Sara [C6]
15 Yiip [D5]
18 Keramik & Glasværkstedet [F3]
21 Fil de fer [G3]
27 Urbanite [C5]
29 Raabjerg Antik & Kunst [G3]
34 Frederiksbergs Centret [B4]
36 Cirkus [F1]
37 Frederiksberg Chokolade [B5]
47 Yo-Yo [G4]
50 Finurlighed [D3]
51 Tranhuset [G5]
@1 Boomtown [E5]
2 Det Ny Teater [D5]
1 Absalon Hotel [D5]
2 CAB INN City [E6]
3 Hotel Sct. Thomas [C5]
5 Hotel Tiffany [D5]
8 Bertrams und Carltons Hotel Guldsmeden [D5]
9 Copenhagen Admiral Hotel [G4]
11 Ibsens Hotel [E3]
12 Hotel Kong Arthur [E3]
15 Danhostel Copenhagen City [F5]
16 Sleep in Heaven [C3]
1 Windsor [E3]
3 At Carstens Guest House [F5]
4 Tine Junker [H5]
5 Puk & Holger de la Cour [G3]

1 Tivoli [E5]
2 Ny Carlsberg Glyptotek [E5]
3 Zentrum für dänisches Design [E5]
4 Nationalmuseum [E5]
5 Slotsholmen [F5]
6 Schloss Christiansborg [F5]
7 Thorvaldsens Museum [F4]
8 Königliches Zeughaus – Tøjhus [F5]
9 Jüdisches Museum [F5]
10 Königliche Bibliothek [F5]
11 Börse [F5]
12 Holmens kirke [F5]
13 Nationalbank [F4]

LEGENDE DER CITYATLAS-EINTRÄGE (FORTS.)

- 14 Kongens Nytorv [F4]
- 15 Königliches Theater [F4]
- 16 Schloss Charlottenborg [G4]
- 17 Nyhavn [G4]
- 18 Strøget [E4]
- 19 Museum Erotica [F4]
- 20 Der Runde Turm – Rundetårn [F4]
- 21 Universität [E4]
- 22 Vor Frue Kirke [E4]
- 23 Sankt Petri Kirche [E4]
- 24 Gråbrødretorv [F4]
- 25 Helligåndskirke [F4]
- 26 Amagertorv [F4]
- 27 Rathausplatz [E5]
- 28 Frederikskirke (Marmorkirche) [G3]
- 29 Schloss Amalienborg [G3]
- 30 Kastell [G2]
- 31 Kleine Meerjungfrau [H2]
- 32 Dänische Nationalgalerie – Statens Museum for Kunst [F3]
- 33 Hirschsprungsche Sammlungen [F3]
- 34 Geologisches Museum [F3]
- 35 Botanischer Garten – Botanisk Have [E3]
- 36 Arbeitermuseum – Arbejdermuseet [E3]
- 37 Schloss Rosenborg – Rosenborg SLott [F3]
- 38 Christianskirke [G5]
- 39 Vor Frelsers kirke [G5]
- 40 Museum der Dänischen Marine – Orlogsmuseet [G5]
- 41 Christiania [H5]
- 42 Lille Mølle [G5]
- 43 Nordatlantisches Haus – Nordatlantens Brygge [G4]
- 44 Opernhaus [H4]
- 45 Islands Brygges Folkepark [F6]
- 46 Tycho Brahe Planetarium[D5]
- 47 Stadtmuseum [D5]
- 48 Bakkehusmuseum [B6]
- 49 Revymuseum [B5]
- 50 Storm P. Museum [B5]
- 51 Royal Copenhagen Welcome Centre [A4]
- 52 Zoo [A5]
- 53 Carlsberg Brauerei [B6]
- 54 Assistens Kirkegård [C2]
- 55 Zoologisches Museum [D1]